国家社科基金青年项目"寓言理论视阈下的
本雅明翻译思想研究"（16CYY009）结题成果

文明互鉴研究文库　　总主编 ◎ 周　敏

寓言理论视阈下的
本雅明翻译思想研究

高　乾　著

Walter Benjamin's Translation Thoughts:
A Perspective of Allegory Theory

ZHEJIANG UNIVERSITY PRESS
浙江大学出版社
·杭州·

图书在版编目（CIP）数据

寓言理论视阈下的本雅明翻译思想研究 / 高乾著.
杭州：浙江大学出版社，2024. 10. --（文明互鉴研究文
库 / 周敏总主编）. -- ISBN 978-7-308-25434-2

Ⅰ. H059

中国国家版本馆 CIP 数据核字第 2024NC3967 号

寓言理论视阈下的本雅明翻译思想研究

高　乾　著

策划编辑	黄静芬	
责任编辑	黄静芬	
责任校对	杨诗怡	
封面设计	周　灵	
出版发行	浙江大学出版社	
	（杭州市天目山路148号　　邮政编码310007）	
	（网址：http://www.zjupress.com）	
排　　版	杭州林智广告有限公司	
印　　刷	杭州高腾印务有限公司	
开　　本	710mm×1000mm　1/16	
印　　张	13	
字　　数	209千	
版 印 次	2024年10月第1版　2024年10月第1次印刷	
书　　号	ISBN 978-7-308-25434-2	
定　　价	65.00元	

1891 年，约瑟夫·R. 吉卜林（Joseph R. Kipling）在《英国旗帜》（"The English Flag"）一诗中写道："只了解英格兰的人，又能对英格兰有何了解呢？"（And what should they know of England who only England know?）① 众所周知，吉卜林有着丰富的海外生活经历，他在这里所哀叹的是英国人的狭隘，因为他自身的经历告诉他，如果只了解本土的英国，而不了解世界之中的英国，就不能算是真正了解英国。在全球冲突和碰撞不断加剧的当今，我们比吉卜林时代的人们更需要审视不同文明的交流与发展，也更需要了解和团结不同的文明形态，以便更好地理解我们自己的文化和时代。放眼世界，呈现在我们面前的是百年未有之大变局。因此，我们必须从人类命运共同体的高度来审视这个新时代的文化状况与审美结构的更新，协调国家之间、文明之间的关系；我们不能只盯着自己的观念，而要以互鉴的胸襟和眼光对人类文明进程中所产生的各种文明形态进行观察和研究。

习近平总书记指出："文明因交流而多彩，文明因互鉴而丰富。"② 交流互鉴是文明发展的必要条件，其基础在于比较，而比较之所以成为可能，从共时的视角来看，是因为任何文明都对应着时代的精神和现实的语境；从历时的视角来看，任何文明都是历史发展过程中的文明，都是连续性和阶段性、传统性和创新性的统一。雷蒙·威廉斯（Raymond Williams）在《文化与社会：1780—

---

① Kipling, J. R. The English Flag. [2023-01-26]. https://www.kiplingsociety.co.uk/ readers-guide/rg_englishflag1.htm.

② 习近平. 习近平谈治国理政. 北京：外文出版社，2014：258.

1950》（*Culture and Society: 1780–1950*）一书的前言中指出："我们生活在一个文化迅速膨胀的时代，可是，我们却不仅不去努力理解这种膨胀的性质和状况，反而耗费大量的精力去对文化迅速膨胀这一事实表示遗憾。"[①] 身处目前这个文化冲突不断加剧的时代，我们不该仅仅对这些冲突表示遗憾，而应该努力理解这些冲突的性质和状况。要理解这一切，比较互鉴的视角自然必不可少。

"明哲之士，必洞达世界之大势，权衡校量，去其偏颇，得其神明，施之国中，翕合无间。外之既不后于世界之思潮，内之仍弗失固有之血脉，取今复古，别立新宗。"[②] 诚哉斯言！正是外部的世界之思潮与内在的固有之血脉，共同构成了决定人类命运的文化的"星丛"。从"星丛"的视角考察文化，我们秉持的是一种整体性的文化观，其不仅仅是马修·阿诺德（Matthew Arnold）提出的"人类所思所言之精华"[③]，更是威廉斯所谓之"全部的生活方式"[④]。也就是说，我们只有深入了解人类的全部生活方式，才能了解人类文化的全貌，才能锻造出真正的文化自信。这种自信，建立在整体性的基础之上，而不是同一性的基础之上，因为"星丛""并不使相似的东西成为同一，它将各个极端组成整体"，其中，"个体都成了差异的存在，都成了一种总体性"。[⑤] 这种整体性，就是"星丛"文化观的内在逻辑，其中有非同一性，有差异，有个体。将文化的整体性和差异性在比较中呈现出来，就是这套"文明互鉴研究文库"的初心所在：在比较互鉴中实现古今与中外的对话，别立新宗，达至理解和通融。

现在，我们就将文明的比较互鉴研究呈现给读者。请加入我们，并开启您与本文库以及其中各文化现象的互鉴研究的对话吧。

是所望焉。谨序。

周　敏

2023 年 6 月于杭州

---

① Williams, R. *Culture and Society:1780–1950*. New York: Anchor Books, 1960: vi.
② 鲁迅 . 文化偏至论 // 鲁迅 . 鲁迅全集（第 1 卷）. 北京：人民文学出版社，1956：192.
③ Arnold, M. Literature and Science//Arnold, M. *Discourses in America*. London: Macmillan, 1912: 82.
④ Williams, R. *Culture and Society:1780–1950*. New York: Anchor Books, 1960: xiv.
⑤ Benjamin, W. *Origin of German Tragic Drama*. Osborne, J. (trans.). London: Verso, 1977: 35.

前言

　　本雅明，一个在 20 世纪中西学术史上熠熠生辉的名字。他犀利深刻、神秘难解的思想让后世学者惊叹不已，他在 1940 年希望的曙光初现前的自我了断令人无比唏嘘。

　　我初遇本雅明的名字，是在 2007 年学习当代西方翻译理论史的时候。那时候国内外的翻译理论专著在论及解构主义学派时，基本上都会提及本雅明，甚至会将其列为解构主义学派的奠基人或代表人物；但令人遗憾的是，多数著作都着眼于本雅明的"纯语言"等主题概念，或者把他的翻译观点与德里达等解构主义学者的观点合并论述。出于兴趣，我一边梳理和阅读有关本雅明翻译思想的国内外研究成果，一边钻研本雅明的著作。随着我对他本人愈加了解，我对他的翻译思想也愈加着迷，也愈加感到仅凭对《译者的任务》一文的文本细读难以真正解读本雅明翻译思想的内涵，无法廓清他与解构主义学派的区别，因此，我决定从他的文学批评和哲学思想中寻找其翻译思想的源头，从而溯源追本、厘清脉络。这也为我的博士论文选题奠定了基础。然而，在正式进入博士论文写作阶段后，我才遇到了真正的问题：一方面，本雅明著述卷帙浩繁，涉及多个学术领域，他的思想庞杂多变，语言艰涩难解，国内外相关研究成果又极为丰厚，即便我将关注重点放到他的文学批评和哲学领域上，也依然很难从中梳理出一个鲜明的母题概念，从而贯穿其文学批评和哲学思想并且统摄其翻译思想；另一方面，《译者的任务》一文篇幅短小、结构松散、逻辑内敛、善用隐喻、观点发散，不是一篇学术论文，更像是一篇散文，因此很难把握到本雅明翻译思想的主旨脉络，更谈不上与他的文学批评思想和哲学思想相互印证。

感谢我的恩师苗菊教授在我研究的至暗时刻不断指导、勉励、宽慰我，让我在近乎"绝望"的处境中依然坚信自己能够找寻到出路，使我得以顺利完成博士论文。感谢刘士聪教授、王宏印教授、崔永禄教授等南开大学的贤师们对我的悉心培育和教导，感谢杭州师范大学外国语学院对拙作出版的大力资助，也感谢浙江大学出版社对拙作的认真审定。

这部著作倾注了我多年的心血，是我博士论文的拓展、深化和完善，也是我主持的国家社科基金青年项目"寓言理论视阈下的本雅明翻译思想研究"（16CYY009）的结题成果。本人水平有限，书中错误或不妥之处在所难免，欢迎读者批评指正。

导　言

在 20 世纪的西方学者之中，德国犹太裔学者瓦尔特·本雅明（Walter Benjamin）无疑占有重要的一席之位。他思想深邃，学识广博，极富创见，当世少有；他一生著述颇丰，其研究遍及哲学、语言学、历史学、社会学、文学艺术等众多领域，且建树斐然；他生前不为人知，死后却名声大振。20 世纪 60 年代，本雅明的价值重新被人发现，一时之间，西方学术界掀起"本雅明热"，众多学者纷纷从不同视阈、不同学科对他的思想进行了剖析和阐释。但是由于思想丰富多样，他注定是一位难以界定和归类的学者，因此，众多学者对他评价不一，鲜有共识。不过，毋庸置疑的是，他的思想对西方学界乃至中国学界都产生了难以估量的深远影响。而在本雅明涉足的众多领域的研究中，其翻译思想可谓独树一帜。这不仅是因为他的翻译思想本身卓然不群，更是因为它蕴含着丰富的哲学、语言学、历史学和美学等众多学术思想，因而其在深度和广度上都不同于当世其他学者的翻译思想。他的翻译思想 [集中体现在他为法国诗人夏尔·皮埃尔·波德莱尔（Charles Pierre Baudelaire）的诗集《巴黎风景》（*Tableaux parisiens*）德译本所写的导言《译者的任务》（"Die Aufgabe des Übersetzers"，1923）] 直接对后世的后现代学派和解构主义学派产生过巨大影响，因此，"本雅明的理论代表翻译研究中的一种思潮，它的历史意义和现实意义都值得研究"[①]。

第一节　本雅明思想概观

本雅明既称不上是一位文学翻译家，因为他的文学译著数量甚少，且在当时的文学评论界影响力有限；也称不上是一位翻译理论家，因为他并未专门从事翻译研究，他对翻译问题的探讨也仅限于《译者的任务》一文，而且该文

---

① 方梦之. 翻译学辞典. 北京：商务印书馆，2019：15.

只是他为自己翻译的法国诗人波德莱尔的诗集《巴黎风景》德译本所写的导言，旨在阐述自己的翻译理念并推销自己的译本，因此，可以将《译者的任务》视为本雅明对自己翻译实践的全面总结。该文尽管篇幅不长，未能全面阐明本雅明的翻译观，但较为完整地展现出本雅明对翻译研究基本论题（如翻译的本质、可译性、原作与译作的关系、译者的地位以及读者的地位）的真知灼见。正是依托有关这些基本论题的探讨，本雅明得以建立一种迥异于以往传统翻译理论的寓言式翻译观。

然而，纵观目前国内外的本雅明研究成果，其焦点主要是本雅明的哲学、文学艺术、文化、宗教、社会学等方面；相比之下，有关本雅明翻译思想的研究成果较为匮乏。其中，国外对本雅明翻译思想的研究主要包括以雅克·德里达（Jacques Derrida）为代表的解构主义学派学者们的阐释以及其他翻译理论家对本雅明翻译思想的简要介绍和评论，而国内的本雅明翻译思想研究以述评和介绍居多。总体而言，国内外本雅明翻译思想研究呈现的共性趋势是：单视角、单维度孤立地研究本雅明的翻译思想。有的研究只关注《译者的任务》一文中显性的翻译论题阐述，并不剖析其中蕴含的本雅明的其他学术思想，这些研究孤立地看待其翻译思想，得出的结论创见不多。有的研究则从本雅明的哲学观、语言观、历史观、美学观等单一的视角片面地阐释其翻译思想，缺乏统一的理论体系，未能全面地、完整地呈现其翻译思想的实质和内涵。事实上，本雅明的翻译思想是他众多学术思想的集中体现，是一个有机整体，若仅从某一学术思想出发进行研究，势必无法全面地反映其思想的整体性。因此，应当寻找一个可以囊括其众多学术思想并能揭示其翻译思想本质的理论体系，但目前国内外的本雅明翻译思想研究缺乏这一方面的探索。

寓言（allegory）是一种古老的文体形式，在西方最早可追溯到古希腊、古罗马时期，它历经中世纪和文艺复兴时期以及浪漫主义时期等重要发展时期，后经本雅明详加阐释，成为其文论思想中的核心概念。本雅明最早在其申请大学讲师职位资格时写的论文《德意志悲悼剧的起源》（"Ursprung des deutschen Trauerspiels"[①]）中论述德国巴洛克时期的悲悼剧时提出这一概念，并力图为这一文体形式正名，改变它一直以来备受诋毁的地位。寓言与象征相

---

① Trauerspiel 常译作"悲悼剧"，也有译作"悲苦剧""哀悼剧"的。

对。在象征艺术中，物质与精神、形式与内容、形象与意义紧密结合在一起，构成一个整体，具有瞬时性、统一性和完满性。而在寓言中，物质与精神、形式与内容、形象与意义之间出现断裂，不再是密不可分的整体，而"言此意彼"，不具有瞬时性、统一性和完满性，而具有断裂性、多义性和流动性。本雅明认为，自人类堕落以来，人类崇尚以理性征服自然，隔绝了原初人类与自然和谐共处的关系。尤其是到了现代资本主义时代，商品经济大肆发展，物欲横流，拜物主义滋生，人类在不断用新的科学技术创造新的技术工具并征服自然的同时，也使自身臣服于自己所制造的工具之下，导致人性被压制、物化甚至被扭曲。人类所面对的再也不是过去与之和谐相处、可以张扬人性的原始自然，而是一个冷冰冰的、机器化的物化世界，人类与自然所保持的完整、统一的经验和记忆全部被碎片化了。

本雅明的语言观则是从语言起源和堕落的角度来阐释这一主题的。他借助基督教的创世神话阐述了人类语言的起源和本质。他认为，上帝用语言创造了世界之后，按自身形象创造了亚当，将语言赐予了他，但是，免去了他的创造性，只保留了他的认知性和接受性，让人类通过给万物命名来共同完成创造万物的过程。"在伊甸园中，上帝示意每种动物走上前来，由亚当命名，受到了命名的动物各个表现出无比的幸福，表明名毫无遗漏地再现了物的本质，因此亚当的命名也就纯认知、纯接受、纯称谓，他不仅能从万物中认识和接受宇宙之道，并能加以表征。"[1] 亚当的语言就是人类堕落之前的语言，但是自人类堕落之后，人类的语言就再也不是命名语言，语言再也不"只言说自身"，形式与意义、能指与所指[2] 再也不是浑然一体的了，而是发生了断裂，由此导致了语言多义性的产生，语言的意义不再稳定，处于不断变化流动之中。众多世俗语言成为原初语言即纯语言整体的"碎片"，纯语言所表征的"宇宙之道"也一同散落在世俗的语言之中。人类所能做的就是通过翻译彰显各语言之间的差异，重拾"碎片"，回归纯语言，从而得到救赎。

---

[1]　郭军. 序言：本雅明的关怀 // 郭军，曹雷雨. 论瓦尔特·本雅明：现代性、寓言和语言的种子. 长春：吉林人民出版社，2003：序言 6.

[2]　结构语言学的一对范畴。瑞士语言学家索绪尔"把意指作用中用以表示具体事物或抽象概念的语言符号称为能指，而把语言符号所表示的具体事物或抽象概念称为所指，所指也就是意指作用所要表达的意义"（黄颂杰，等. 现代西方哲学辞典. 上海：上海辞书出版社，2007：392 ）。

因此，面对如此破碎、不断衰败、僵死、毫无生气、毫无意义的世俗世界，人类唯有采用寓言这种文体形式才能表征现实。一方面，可以通过"废墟""尸体"等"毫无意义"的形象不断堆积的过程来表现现实不断衰败的过程；而另一方面，在这种无意义形式表征之下却潜藏着人类获得救赎的热望。本雅明进而将寓言这种文体在形式上上升为一种思维方式，其特点是以物质与精神、形式与内容、形象与意义的破碎性和意义的多重性来表征现实世界，期望获得救赎，回归神性世界，他的哲学观、美学观、语言观和翻译观都深深地打下了寓言的烙印。由此，寓言这一概念可为本雅明翻译思想研究提供一个统一理论框架，借此可以将本雅明翻译思想中蕴含的哲学思想、文论思想、语言观全部揭示出来，深化对其翻译思想本质的认识。

第二节　本雅明其人其事

本雅明是犹太裔德国人，全名瓦尔特·本迪克斯·舍恩弗利斯·本雅明（Walter Bendix Schonfles Benjamin）。在德国，本雅明是犹太人的专有姓氏。本雅明于 1892 年 7 月 15 日出生于德国柏林的一个犹太商人家庭，其父埃米尔·本雅明（Emil Benjamin）是一位成功的投资商人。由于家境殷实，本雅明自小就接受了较好的家庭教育和学校教育。他于 1901 年就读于弗里德里希大帝学校，但由于身体孱弱和先天的近视，他对以运动、纪律、体能训练与军事操练为基本教学内容的学校教育，常常心怀厌恶和恐惧，因此，这样的环境逐渐造就了他忧郁、内向的性格。值得庆幸的是，他在回家养病期间曾就读于豪宾达学校，在那里，他遇到了对他今后生活具有重要影响力的老师：古斯塔夫·维内肯（Gustav Wyneken）。正是维内肯独特的教学方式激发了本雅明对哲学和美学的兴趣。

1912 年，本雅明成功地通过了弗里德里希大帝学校的中学毕业考试。为了奖励他，父亲允许并资助他独自去意大利旅行。这次意大利之行彻底激发了他对游历生活的渴望。他在旅行日记中写道："旅游难道不是对我们多年发展起来的对周边环境的爱恋的超越或者割舍，因而，难道它不是一个开发新的爱恋的良机？毫无疑问，这是一种变化了的感情。"①

　　1912 年 4 月，本雅明进入弗赖堡大学，然而，他却对当时的大学教育充满了失望。他听各类讲座，广泛阅读文史哲类书籍，却很少坚持听完一节课，他认为自己成了学术的牺牲品。因此，他把大部分精力和时间投入争取自由和自治的学校改革运动中。他曾担任柏林自由学生会主席，积极参加当时维内肯领导的"青年文化运动"，号召青年团结起来改革现有的教育体制，倡导一种能"塑造未来"的新文化和新教育。其间，本雅明结识了重视犹太传统、从事犹太复国主义活动的激进学者格肖姆·朔勒姆（Gershom Scholem），并与他开始了长期的密切交往。但是，随着 1914 年第一次世界大战的爆发，"青年文化运动"的旗手维内肯最终臣服于代表旧文化、旧传统的德国政府，开始为战争暴行辩护。自此，本雅明与维内肯决裂，并对所有的政治解放运动都失去了信心，醉心于思辨哲学思想研究和美学研究。

　　1916 年，本雅明进入慕尼黑大学攻读博士学位。早期"青年文化运动"的失败以及第一次世界大战的爆发，让他开始冷静地思考人生与文学艺术、伦理道德与历史法律等学科之间的关系。他早已对反理论的实证主义哲学失去信心，便转向了德国思辨哲学。他反对将语言看作单纯的交流工具，坚信这种旨在交流的目的性并不是语言先天固有的，而只是人们在使用语言进行表达时人为赋予语言的，因此，他认为这种强调语言交际性的观点是在"蛊惑人心"。本雅明强调语言的纯洁性，任何对语言目的性的使用只会导致灾难和毁灭，其批判矛头直指当时德国政府打着"爱国"的旗号为其战争罪行进行辩护，并且号召青年应征参战的丑恶行径。这些观点直接促成了 1916 年 11 月《论原初语言与人的语言》（"Über Sprache überhaupt und über die Sprache des Menschen"）一文的发表。自此，本雅明开始从罪恶的社会现实中退却，逃避到哲学思辨的王国。他开始对伊曼努尔·康德（Immanuel Kant）的哲学产生兴趣，并尝试在澄清康德思想重要性的基础上，建立一种区别于康德式的感性经验的高级经验的认识论体系，为的是从脱离了经验世界的真正形而上学的层面上解释世界的理论模式。基于此，1917 年 11 月，本雅明开始写《未来哲学论纲》（"Über das Programm der kommenden Philosophie"），并于 1918 年 3 月连同"附录"

---

① 布罗德森. 本雅明传. 国荣，唐盈，宋译宁，译. 兰州：敦煌文艺出版社，2000：37.

（"Der Nachtrag"）一并完成。同时，本雅明在研究康德思想时受到启发，开始关注艺术与真理的关系，并于1917年考虑撰写博士论文《德国浪漫主义的艺术批评概念》（"Der Begriff der Kunstkritik in der deutschen Romantik"）。他曾在1918年3月写给朔勒姆的信中解释道："只有在出现浪漫主义后，下面的观点才开始盛行：一件艺术作品内在的和附属的本质，无须借助于理论或者伦理，单单依靠思索就可以理解，而且，那个思索它的人完全可以做到公正。艺术作品的相对独立性，或者说得更准确点儿，艺术作品对艺术本身独特的、超验的依赖已经构成浪漫主义艺术批评的前提条件。"[①] 本雅明在1919年中期完成初稿并顺利通过答辩，获得博士学位。

20世纪20年代前期，本雅明曾先后向柏林大学、海德堡大学、基尔大学和法兰克福大学四所大学申请大学讲师资格，但都以失败告终。1925年5月，他为申请法兰克福大学讲师资格而写的论文《德意志悲悼剧的起源》也未受到关注，但他却在这段时间内结识了法兰克福学派的重要人物特奥多尔·维森格伦德·阿多诺（Theodor Wiesengrund Adorno）和马克斯·霍克海默（Max Horkheimer）。1925年7月，本雅明申请大学教职的努力彻底归于失败，他从此只能以自由撰稿人的身份来谋生。随后的两年内，他大部分时间流亡于巴黎，并从事翻译工作。值得一提的是，1924年本雅明在意大利度假期间，结识了苏联女导演阿丝娅·拉西斯（Asja Lacis）。在这位苏联女共产党员的影响下，本雅明开始对马克思主义产生兴趣，并于1926年前往苏联。当时本雅明对德国的社会现状和政治局势深感绝望，便转而开始对苏联这个无产阶级政权的国家充满了希望。然而，在苏联逗留的两个月里的所见所闻却令他备受打击，苏联糟糕的经济状况和严峻的政治环境让他的希望完全落空。本雅明返回巴黎之后，开始吸收马克思主义思想，并以苏联的"失败"来探索一种新的历史唯物主义。

从1928年前后到1933年初希特勒上台的这五年时光，本雅明主要是在柏林度过的。他曾两次计划移民，但由于不愿意离开自己的出生地，两次移民皆未成行：一次是拉西斯帮助他移民苏联，另一次是朔勒姆帮助他移居巴勒斯坦。1933年，德国纳粹党执政，开始大肆屠杀犹太人。3月中旬，本雅明被迫

---

① 布罗德森. 本雅明传. 国荣，唐盈，宋译宁，译. 兰州：敦煌文艺出版社，2000：124.

逃离德国，开始第二次流亡，巴黎是第一站，随后他移居西班牙的伊维萨岛，之后的八年时间辗转于法国与西班牙之间。在颠沛流离的流亡期间，本雅明的思想发生了重大改变，他将自己的文学生涯分为 1933 年前、1933 年后两个阶段。之前，他尽管对德国不断恶化的政治局势深感绝望，但仍对自己的祖国依依不舍，一方面，他在文学作品中流露出对早先"美好的"德国生活的怀念和向往，如《单行街》（*Einbahnstraße*）和《1900 年在柏林的童年时代》（*Berliner Kindheit um 1900*）；另一方面，他在其他理论著作中苦苦寻觅医治德国社会病症的良方，如《未来哲学论纲》。而在这一次流亡中，本雅明不再关心德国的命运，开始以忧郁冷峻的目光注视着周遭发生的一切灾难，寻找一切可能的革命力量，思索能够彻底结束这一噩梦的"世界革命"，但同时，他在作品中又不断透露出绝望和无奈。这一时期的主要作品有《作为生产者的作者》（"Der Autor als Produzent"）、《机械复制时代的艺术作品》（*Das Kunstwerk im Zeitalter seiner technischen Reproduzierbarkeit*）、《讲故事的人》（"Die Erzähler"）、《弗朗茨·卡夫卡》（"Franz Kafka"）、《历史哲学论纲》（"Geschichtsphilosophische Thesen"）等。同时，他还为早年开始的《巴黎拱廊街》（*Das Passagen-Werk*）的研究做了大量的笔记和思考，最终完成了其中的三篇论文：《巴黎，19 世纪的首都》（"Paris, Hauptstadt des XIX Jahrhunderts"）、《波德莱尔时代第二帝国的巴黎》（"Das Paris des Second Empire bei Baudelaire"）、《波德莱尔的几个母题》（"Uber einige Motive bei Baudelaire"）。之后，第二次世界大战爆发，德国攻陷法国。1940 年 9 月 26 日，身处巴黎的本雅明为躲避盖世太保的迫害，逃亡至法国与西班牙边境，被西班牙政府拒绝入境后，于绝望之中吞药自杀，年仅 48 岁。

第三节　本雅明翻译经历

在回顾本雅明的翻译经历前，有必要结合他的通信集（1994）和毛姆·布罗德森（Momme Brodersen）为他所作的传记（1996），简要列举一下他的重要译作。

1923 年翻译并出版了波德莱尔诗集《巴黎风景》的德译本。

1924 年在《基础结构杂志》(*Die Zeitschrifte für elementare Gestaltung*)上翻译并发表了超现实主义诗人特里斯唐·查拉(Tristan Tzara)的《反面照片》("La photo de l'envers")诗作,还为一本"短命"杂志《诗与散文》(*Vers und Prosa*)翻译波德莱尔的四首诗歌。

1925 年出版了巴尔扎克(Honoré de Balzac)的《于许勒·弥鲁蔼》(*Ursule Mirouet*)德译本,但只翻译了第一部分。

1926 年与赫塞尔合作翻译法国作家马塞尔·普鲁斯特(Marcel Proust)的意识流作品《追忆似水年华》(*A la recherche du temps perdu*),但最终只出版了两卷,即《在花枝招展的少女们身旁》(*A l'ombre des jeunes filles en fleur*)和《盖尔芒特家那边》(*Le Côté de Guermantes*)。

1928 年在《法兰克福日报》(*Die Frankfurter Zeitung*)的内部文学期刊《文学世界》(*Die literarische Welt*)上发表了阿拉贡(Louis Aragon)《巴黎乡下人》("Le Paysan de Paris")的一部分德译本。

1929 年翻译了马塞尔·茹昂多(Marcel Jouhandeau)的小说《村里的新郎》(*Le Marié du village*),并刊登于《新瑞士评论报》(*Neue Schweizer Rundschau*)。

1930 年在约翰·罗斯金(John Ruskin)逝世 30 周年之际,在《文学世界》上介绍并翻译了莱昂·布洛伊(Léon Bloy)关于普鲁斯特的演讲稿;还翻译了《新进法国小说家》(*Neue französische Erzähler*)中的两篇短篇小说。

1932 年在《文学世界》上发表了莱昂·布洛伊《老生常谈的注释》("Exégèse des lieux communs")、马塞尔·茹昂多《纳诺乌的牧羊女》("La Bergère de Nanou")的德译本,在《科隆日报》(*Kölner Stadt-Anzeiger*)上发表了阿德里安娜·莫尼耶(Adrienne Monnier)《睿智的处女》("La Vierge sage")的德译本。

本雅明在获得慕尼黑大学博士学位之后,于 1920 年返回了柏林。三年后,本雅明开始着手翻译法国诗人波德莱尔的诗集《恶之花》(*Les Fleurs du mal*），而《译者的任务》正是本雅明为《恶之花》之《巴黎风景》篇德译本所写的导言。本雅明之所以选择翻译波德莱尔的作品，并非机缘巧合，而是有深层原因的。首先，本雅明翻译波德莱尔是出于个人研究兴趣。之前他早已熟悉波德莱尔，他认为波德莱尔是最优秀的现代主义作家，对波德莱尔作品中所展现出的对 19 世纪法国巴黎都市生活显微镜式的洞察力印象深刻，并希望通过对其作品的研究，解读当时资本主义社会的状况，即"拱廊"研究计划。其次，波德莱尔在当时的德国影响巨大，在 1901—1902 年，已经出现许多波德莱尔作品的全译本及其诗歌和散文的选译本。其中，马克斯·布鲁斯的德译本发行量大、流传广，而最早翻译波德莱尔作品的却是斯特凡·格奥尔格（Stefan George）。他用韵体翻译的《恶之花》，影响力之大胜过所有后来译本。到 1922 年，即本雅明的德译本面世的前一年，格奥尔格的《恶之花》德译本已经出版到第六版。可以说，格奥尔格的译本已经成为当时波德莱尔德译本的范本，为波德莱尔作品的德语翻译树立了一个标杆。因此，对于本雅明而言，翻译波德莱尔的《巴黎风景》的首要难题即在于如何弥补格奥尔格范本的弱点，而不是提升其优点。因此，他写《译者的任务》的目的就是阐述自己的翻译理念并阐明自己译本的优点。

1926 年，本雅明在巴黎逗留期间受一家出版社邀约，与法兰兹·赫塞尔（Franz Hessel）合作翻译法国作家马塞尔·普鲁斯特的意识流作品《追忆似水年华》，但最终只出版了两卷，即《在花枝招展的少女们身旁》和《盖尔芒特家那边》。这一次，本雅明的译作获得了普遍的赞誉。尽管本雅明并不想把翻译作为主要职业继续下去，但他却有意为自己制造名气，除了经济原因之外，还有更为重要的原因。本雅明认为，翻译的重要性在于它可以将异国文化作为一面反光镜来反映德国的历史和政治现实，他将翻译视为一种文化政治任务。因此，在接下来的若干年中，本雅明开始为各种德国期刊翻译法国文学作品。他为《文学世界》翻译了阿拉贡的《巴黎乡下人》的几部分以及普鲁斯特、莱昂·布洛伊、玛塞尔·茹昂多和畅销作家阿里安娜·莫尼耶（Arienne Momnier）的几篇较短的文章。本雅明本打算将茹昂多的作品翻译出版 [包括至今仍未出版的《文明的宫殿》（*le Château de la Polie*）、《莱达》（*Leda*）等作品；这些作品的打字稿现存放在莱比锡彭霍伊尔出版社的档案馆内]，还曾计划写一篇名为《马塞尔·普鲁斯特翻译札记》（"Entraduisant Marcel Proust"）的文章，但因为当时德国时局恶化，本雅明疲于流亡，未能如愿完成这些计划。

　　除以上提到的较为正式的翻译实践外，本雅明也曾偶尔接零散的翻译工作，翻译一些名不见经传的文学作品，包括 1924 年他为汉斯·里希特（Hans Richter）的《基础结构杂志》翻译的斯唐·查拉的《反面照片》、巴尔扎克的《于许勒·弥鲁蔼》的德文本，其中，本雅明只翻译了《于许勒·弥鲁蔼》的第一部分，其余部分由别人代译，全部译完后他也只是粗略地看了一遍译文。可见，本雅明对这些翻译工作并不重视。

　　一言以蔽之，尽管本雅明从事翻译工作部分是出于经济原因，但他却从未将翻译作为一项事业或一门职业来看待，他更愿意将翻译视为一种实验和训练，一种对其早期"青年文化运动"中未偿之诉求的补偿。

第一章

寓言理论的名与实

对于普通人而言，"寓言"是一种东西方共有的传统文学体裁，比如庄子寓言、伊索寓言、拉封丹寓言。而在文学批评和文学创作中，人们也经常用"寓言"来表达象征的、转义的、隐喻的、譬喻的意义。但人们对寓言的深刻内涵并没有充分的认识，忽视了寓言文体和寓言理论之间的联系和区别，从而造成人们对现代语境中寓言理论的意义和价值缺乏了解。实质上，在西方文学语境中，寓言是包括寓言文体和寓言理论的文学范畴，从作为一种文学样式、修辞方法，到作为阐释学方法，其自身历经多次变化，具有悠久历史，而本雅明的寓言理论之所以独树一帜，正是因为他在《德意志悲悼剧的起源》中正式地将其救赎式翻译思想的内核或"种子"——"寓言"，开创性地用作文学批评方法。为了更好地阐明本雅明寓言理论的独特内涵和价值，有必要对寓言文体和理论的内涵、特征以及发展历程做一番细致梳理。

第一节　寓言的内涵与特征

从词源上看，英文的 fable、parable、allegory 三个词均译为"寓言"，常常被不加区分地运用于文学创作和文学批评中，实际上，这三个词是有区别的。"fable 主要是指以动物或植物为主角进行虚构的短小精悍的故事"[①]，一般说来，它多通过鸟兽鱼虫和花草树木之类的动植物，以及无生命事物的拟人化，即以它们作为故事的角色，以简单易懂的方式从中归纳出某种伦理训诫。parable 注重宗教寓言，"专用以表示有意传播神或宗教真理而虚构的短篇叙事作品"[②]，而 allegory 一词源自希腊文 alleon，与拉丁文 alienum 或 diversum 意思相同，意指"相异""其他"或"另外一种言说"，常译为"寓言""讽喻""寄喻""寓意"。因此，allegory 指直接叙述某一件事而目的在于暗示另一件事，

[①] 罗良清. 西方寓言文体和理论及其现代转型. 北京：中国社会科学出版社，2015：3.
[②] 罗良清. 西方寓言文体和理论及其现代转型. 北京：中国社会科学出版社，2015：2.

是强调言此意彼关系的文学表达方式，常运用象征手法和拟人手法，用以传达个人对社会习俗或文学传统的讥讽或反抗，或宣讲伦理道德或精神教训。简言之，fable、parable 一般指道德说教故事，注重故事性，而 allegory 的内涵更加深刻，着力于对深刻寓意的阐释和说明，有时人们也将 fable、parable、道德剧归为 allegory 的范围。本书的研究重点以及本雅明的"寓言"理论指的便是 allegory，它既是一种文学样式、一种叙述方法或修辞手法，又是一个理论范畴。

通常而言，寓言由寓体（即主体故事）和寓意（隐含寓指意义）构成。拉封丹曾形象地界定道："一个寓言可以分为身体和灵魂两部分，所叙述的故事好比是身体，所给予人们的教训好比是灵魂。"[1] 寓言借助源自现实生活的通俗易懂的故事来阐发深刻的哲理、经验教训和寄寓道德教训。通俗而言，寓言是依据意义来创作故事，即"把思想穿上衣裳，辅以血肉，而使之形象化"，以强化说服力，使读者信服和接受寓意。黑格尔曾将寓言的特点总结为：第一，它符合自然界的事实，而不是虚构的、无中生有的；第二，它所讲述的故事或事例，是一种具体的、个别的真事，而不是就它的普遍性来讲述的；第三，寓言的原始形式具有高度的素朴性。

为了区分隐喻和寓言，18 世纪法国语法学家迪马塞（Du Marsais）在其专著《论转义》（*Traité des Tropes*）中指出两者表意方式的本质区别："寓意是首先以本义形式出现的一种话语，它的表达形式和需要让人理解的内容截然不同，它只是作为比喻使人理解一种没有表达出来的意义。隐喻则把作辞格的语词加在某个本义词上，如'您眼中的火焰'里'眼'是本义；相反，寓意中每个语词都先有一个辞格意义，也就是说，表示寓意的一句话或一段话里的所有语词先形成一种字面意义，但要让理解的却是另外一种意义……"[2] 在寓言中，叙事因寓意的表达需要而生，两者之间并无必然的、内在的、浑然天成的逻辑关系，而是外在的、人为的、偶然的关系。简言之，寓言的典型特点在于其所言说的内容与所表达的寓意是两回事，即意在笔先、言此意彼、言意分裂，完全不同于神话、小说、叙事诗、戏剧等"言此意此"的文学样式。

---

① 陈蒲清. 世界寓言通论. 长沙：湖南教育出版社，1990：17.
② 托多罗夫. 象征理论. 王国卿，译. 北京：商务印书馆，2004：99. 着重号为笔者所加，下同。

所谓"寓言性"，就是指表面的故事总是含有另一个明显或隐秘的意义，这把故事表面的事实性引向故事之下或之上的寓意性，把"这个"转换为"那个"，并在这种可替代性中透露一种道德教义或一种精神的普遍性。而寓言的意思便是从后者出发重述或重写前者，即从寓意出发重写故事。因此，寓言内含一种物质性（故事）与精神性（寓意）的平行关系，即一种二元论的并行；在这种并行中，历史事件或叙事事件成为一种道德或精神性的显现。

第二节　寓言文体和理论演变历程

事实上，只有考察寓言文体和理论的历史演变才能真正洞悉寓言的内涵和特点。从起源来看，寓言文体的西方历史最早可追溯到古希腊时期，历经中世纪和浪漫主义时期，最后进入 20 世纪，成为本雅明手中用来批判和反抗现代性的叙事样式和文学批评方法。

一、古希腊时期的寓言文体和理论

古希腊时期，社会生产力水平低下，普通民众生活艰难，尤其是阶级矛盾产生后，人际关系复杂化，人们日渐对现实生活和统治阶级产生了不满情绪，于是便创作了许多短小精悍的寓言故事来宣泄心中愤懑、总结个人生活经验和教训。据记载，现存最早的古希腊寓言故事可追溯至公元前 8 世纪古希腊诗人赫西俄德（Hesiod）在其诗作《工作与时日》（"Works and Days"）中引用的鹞子与夜莺的故事。诗人用鹞子与夜莺的关系寓指贵族与平民的关系，借擒住夜莺的鹞子之口说出"以拳头称义"的寓意："谁敢和比自己强的对着干，准是呆鸟；打输作贱算啥，还要羞辱你到死哩。"而公认的最早成体系的古希腊寓言是《伊索寓言》（Aesop's Fables）。这些由下层劳动人民集体创作的故事往往通过动植物主角的叙事来讽喻现实的不合理性，由此奠定了经典寓言故事的基本形制。

相比之下，寓言作为一种阐释方法的起源可以追溯到公元前 6 世纪哲学家们对"荷马史诗"（"The Odyssey of Homer"）的阐释。前苏格拉底学派把自己的阐释意义赋予荷马（Homer），为的是将诗歌的内容转换为抽象真理的图式。古希腊哲学家柏拉图（Plato）非常熟悉这种阐释方法，被认为是"寓言之父"。他的许多哲学观点都是在寓言故事及其阐释中得以表达的，但他并不喜欢寓言。他曾批评道："它（即寓言——笔者注）跟反映现实本质的思维方式相反，也就是说，它反映的不是，或者说基本上对立于感觉和理性所确认的论据。"① 在柏拉图看来，寓言（思维）不同于当时古希腊以模仿现实真实性为目的的认识方式，因为寓言不是由感性和理性来认识和把握现实的，而是一种迂回的表达方式或思维方式。换言之，寓言不直接反映现实本质，讲述的故事与实际所指没有必然的联系，而追求不同于或完全相反于字面意义的意义。与柏拉图的观点不同的是，亚里士多德认为，寓言是一种有效的修辞方法，因为"寓言最宜用于政治言说；历史上的类似的例子很难找，寓言却容易编，只要像编比喻那样，能看出事物的相似之点就行了"② 。此外，古罗马修辞学家马库斯·法比尤斯·昆体良（Marcus Fabius Quntinlianus）把寓言与隐喻相提并论，认为寓言具有反讽的特点，为中世纪的寓言理论提供了发展契机。

二、中世纪的寓言文体和理论

欧洲中世纪文化实质上是基督教文化，这一时期的艺术特点是以基督教思想为题材或背景，旨在解释或宣扬基督教教义，因此，寓言文体在中世纪的发展也是出于维护基督教统治及其教士僧侣的宣传布道服务的目的，特别是伴随着市民文学的发展，新兴的市民阶层创作了很多惩恶劝善的训诫诗体寓言作品，如《天路历程》（*The Pilgrim's Progress*）、《玫瑰传奇》（*Le Roman de la Rose*）、《巨人传》（*Gargantua et Pantagruel*）、《列那狐故事》（*Le Roman de Renart*）、《金驴记》（*Metamorphoses*）、《木桶的故事》（*A Tale of a Tub*）。

也正是在这一时期，神学家们和僧侣们开始把对"荷马史诗"的寓言阐释法用于宗教典籍的诠释。据记载，公元 1 世纪初的哲学家斐洛·尤迪厄斯（Philo Judeaus）最早运用寓言来阐释希伯来《圣经》，开启了中世纪基督教对《圣经》的诠释研究，即"《圣经》释义学"。希腊基督教长老奥利金（Origen）明确指出，《圣经》是寓言性的，不能从字面上理解，必须从字面义中读出

---

① 刘进. 弗雷德里克·詹姆逊文化诗学研究. 成都：巴蜀书社，2003：67.
② 罗良清. 西方寓言文体和理论及其现代转型. 北京：中国社会科学出版社，2015：12.

精神义。圣奥古斯丁（St. Augustine）则据此提出了《圣经》四重诠释解经法，主张从四个层面对《圣经》做出解读：（1）字面——历史意义；（2）寓意；（3）道德意义；（4）奥秘意义或末世论意义。诗人但丁·阿利吉耶里（Dante Alighieri）在《致斯加拉大亲王书》（"Letter to Can Grande della Scala"）中对寓言的内涵做了详细解释，将后面三种意义统称为寓言义，即超越字面意义的象征意义。或者说，但丁认为，字面指涉之外的意义，都是寓言的；而字面指涉之外既可以是形象事实，也可以是观念。值得注意的是，但丁并未区分寓言与象征，二者在但丁看来似乎具有等效性。

寓言解经法之所以在中世纪备受欢迎，是因为高压统治使得民众厌恶现实世界，而寓言阐释可以把个人的受难和德行等一切俗世生活都提升到普遍的意义上，都解释为由上帝的意旨和教导所致。"所有中世纪意义上的现实主义都导致了一种神人同形同性论。它把一个实际存在归结为某一观念，人们总想目睹活生生的观念，这种效果只能通过拟人化来达到。由此产生出寓言"[①]，从而教育、劝诫民众膜拜上帝，实现其统治人民意志的目的。自此，寓言真正发展成为一种阐释方法，作为西方阐释学的源头深刻地影响了 20 世纪的文学批评。

三、浪漫主义时期的寓言文体和理论

浪漫主义文学产生于 18 世纪末，在 19 世纪上半叶达到繁荣期。18 世纪末至 19 世纪 30 年代的欧洲，革命和战争频仍，动乱不已。政治的黑暗、社会的不平等，使人们感到法国大革命后确立的资本主义制度远不如启蒙思想家描绘的那样美好。社会各阶层，特别是知识分子，对启蒙思想家设想的"理性王国"深感失望，努力寻找新的精神寄托，于是对寓言文体的发展产生了重要影响。寓言文体的虚构性和"言此意彼"的讽喻特性在这一时期获得了新的发展，短篇道德训诫寓言故事和长篇诗体寓言演变成了长篇寓言小说。

然而，从理论层面来看，浪漫主义时期是寓言被冷落和贬抑的时期。浪漫主义诗人们在创作诗歌时追求以想象或象征意象来实现主客体统一，以有限

---

① 赫伊津哈. 中世纪的衰落. 刘军，等译. 杭州：中国美术学院出版社，1997：213.

的方式表现无限，达到对外部世界的总体性把握。因此，象征（symbol）被尊崇为艺术的本质，而寓言却由于"言此意彼"或内容与形式的分离和抽象的哲理表达而受到批评。在浪漫主义者看来，象征与寓言的最大区别即表现在对整体性之意义无限性的展现上。"象征的特征即在于它以一种半透明的方式在个体中显现出了特殊，在个别中显现出了一般，在一般中显现出了普遍，尤其在时间中显现出了永恒"①，寓言"作为一个符号仅仅指示一个具体的意义，一旦被解码，其意义可以被迅速穷尽……因此，在指意过程中，寓言往往呈现出一种枯燥的理性和说教意味，它自己并不构成该意义的一部分；而象征却被认为是建立在感官意象与该意象所暗示的超感觉之整体性的密切统一的基础上"②。

事实上，象征与寓言作为一组对立概念是浪漫派的发明。约翰·沃尔夫冈·冯·歌德（Johann Wolfgang von Goethe）第一次在《论造型艺术的对象》（"Über die Gegenstaende der bildenden Kunst"）中提出了象征与寓言的对立："现在也有些艺术作品以理性、俏皮话、献殷勤来引人注目，我们把所有的寓意作品也归入这一类；大家不必期待这类作品会产生出什么好东西。因为它们同时也破坏了人们对表象现象本身的兴趣，也可以说把才智赶了回去，并使它无法看出真正复现的东西。寓意与象征的区别就在于后者以间接的方式，而前者却以直接的方式来指称。"③歌德认为，寓言和象征两者都可以复现或者指称某物，但是指称方式大相径庭。"在寓意里，能指层即刻就被穿透以便理解所指的东西，而在象征里，能指层保持它自身的价值，保持它的不透明性。"④从歌德的论述中可以推断出，象征是一个从特殊（物体）到一般（即到理念）的过程，因此，象征意象是例证性、样板性和典型性的，可以把它看作某种普遍规律或无限性的展现；寓言则是从一般到特殊，"把现象转换成概念，把概念转换成意象，并使概念仍然包含在意象之中"⑤。

塞缪尔·泰勒·柯尔律治（Samuel Taylor Coleridge）继承了歌德的观点，秉承古典主义的艺术模仿论，认为艺术应当模仿事物，凭借象征对我们说话；

① 张旭春. 寓言与象征. 外国文学评论，2013（3）：164.
② de Man, P. *Blindless and Insight、Essays in the Rhetoric of Contemporary Criticism*. Minneapolis: The University of Minnesota Press, 1983: 188-189.
③ 转引自：托多罗夫. 象征理论. 王国卿，译. 北京：商务印书馆，2004：254.
④ 转引自：托多罗夫. 象征理论. 王国卿，译. 北京：商务印书馆，2004：256.
⑤ 转引自：托多罗夫. 象征理论. 王国卿，译. 北京：商务印书馆，2004：261.

而寓言则是机械呆板的，其能指和所指都是非物质实存性的空洞形式，实在不适合诗歌表达。弗里德里希·谢林（Friedrich Schelling）相信象征能从特殊具体的意象中寻找共同的特征，实现个别和普遍的联系。文学批评家特里·伊格尔顿（Terry Eagleton）曾对浪漫主义"贬寓言、尊象征"的做法做出过精彩论述：对于浪漫主义，象征确实成为解决一切问题的灵丹妙药。在他看来，浪漫主义诗人们似乎把日常生活中无法解决的一切矛盾或对立项——主体与客体、普遍与特殊、物质与精神、感觉与概念统统置于"象征"的视野内解决，那么寓言作为寄寓教义的空洞载体被浪漫主义美学贬抑也是顺理成章的。

尽管寓言在浪漫派美学中不值一提，但仍有人注意到了寓言的价值。其中，弗里德里克·克罗伊策（Feiedrich Creuzer）和卡尔·威廉·费迪南德·佐尔格（Karl Wilhelm Ferdinand Solger）为寓言的再次兴起做出了重要贡献。克罗伊策的特殊贡献在于他把象征—寓言这组对立同时间范畴联系了起来。他认为，象征可以把无限的、不可言喻的意义在一瞬间闪现出来，产生某种统一而不可分割的事物，如同"突然照亮黑夜的闪电"，"只要一眼，直觉一下子就形成了"，而寓言"吸引我们去尊重和遵循在意象中隐匿着的思维过程"；或者说，寓言使时间暂停，迫使我们做出非时间性的解释。相比之下，佐尔格直接颠覆了浪漫派关于象征与寓言的对立观点，而是按照弗利德里希·冯·施莱格尔（Friedrich von Schlegel）对象征和寓言的区分方法来区分古典派和浪漫派，但令人惊讶地将古代艺术视为象征艺术，而把寓言视为现代浪漫艺术的基本表现方式。他认为，"在古代艺术中象征占据统治地位"，"在古代艺术的精神里，本质和表现总是在活动中象征性地统一起来的，而在这里（在现代艺术里），它们却处在一组寓意的对立中，这组对立只有用才智作为中介，它把事物间的孤立联系集中在一起，因而也突出了它们的孤立性"。[①]实际上，佐尔格毫不赞同浪漫主义美学对象征和寓言区别的论述，反倒认为，寓言与象征是一样的，只不过在寓言中更能感受到思想的活动，而在象征里思想活动已经完成了，呼应了克罗伊策的观点。但佐尔格的观点似乎更加"激进"，他指出寓言与广义象征同义，主张象征与寓言享有同等的权利。如此一来，歌德、谢林等浪漫主义诗人们对寓言不可避免的贬损就消失了，佐尔格甚至把寓言的地位

---

① 苏维理·托多罗夫. 象征理论. 王国卿，译. 北京：商务印书馆，2004：278.

置于象征之上，认为象征的优越性在于以感性存在的形式把整个思想集中在某一点上进行表达，而寓言能把真实的物体作为单纯的思想或理念来把握，同时又能保持物体的物质属性，对于表达更深刻的思想具有无穷的优越性。

四、20 世纪的寓言文体和理论

进入 20 世纪后，西方资本主义生产方式的扩张带来了西方社会的工业化、商业化和城市化，导致随着现代化发展，人口流动性增大，形成陌生化社会，而浪漫主义和现实主义文学已经无法表征消费时代碎片化、断裂式、瞬间性、非个人化的社会现实。在这种语境下，寓言凭借"言意断裂"的优势获得了巨大的发展空间。寓言的文体样式也从单一型走向了复合型，促进了寓言小说向寓言性小说和寓言性作品的发展，成为 20 世纪以来最重要的文学艺术样式，涌现出弗兰兹·卡夫卡（Franz Kafka）、乔治·奥威尔（George Orwell）等著名的寓言作家。

从寓言理论角度来看，寓言已经从一种文学体裁和宗教寓意表达方式中解放出来，上升成为一种表征和认知现实世界的有效方式。面对主客体二元分裂的现代西方社会，传统的模仿艺术已无能为力，"替代摹写的是寓言，至少从本雅明开始，我们就把这个概念同中世纪和现代艺术联系起来"[①]。社会理论家们注意到，寓言字面义与寓指义之间的非对应性或断裂性恰好可以用来反映现代社会的不确定性、差异性、多义性，指涉现代社会的真实存在状态，尤其是随着 20 世纪语言学转向的到来，寓言成为阅读文本的主要方式，从文学文本走向政治、社会、文化的泛文本研究，如本雅明的寓言理论、德·曼的阅读寓言和弗雷德里克·詹姆逊（Fredric Jameson）的民族寓言等。

第三节　本雅明的寓言理论

如上文所述，在 20 世纪的西方世界，寓言不再主要作为一种文学体裁而存在，而主要作为一种社会批评方法甚至是思维方式而存在。西方学术界对寓

---

① 　de Man, P. *Resistance to Theory*. Minneapolis: The University of Minnesota Press, 1986: 67.

言的理论化阐释和运用最早可追溯至瓦尔特·本雅明。可以说，"本雅明是第一个真正给寓言以全新阐释的理论家。他跳出传统寓言论者对寓言言意断裂的片面抨击，而力图实现二者的沟通"①。本雅明回顾了18世纪西方浪漫主义时期象征获得的尊崇地位后，指出浪漫派把美视作一种象征构造，导致了现代艺术批评的荒芜，从而为寓言正名："寓言——如下文所示——不是一种戏耍的形象技巧，而是一种表达方式，正如言语是一种表达，而实际上，书写也是一种表达一样。"② 实际上，本雅明对于寓言的阐释主要基于对20世纪西方资本主义社会现代性的解读。

一、寓言与现代性

本雅明继承了德国古典哲学的传统，批判浪漫主义的艺术自主及其"为艺术而艺术"的审美理想，坚持艺术的真理维度，认为美学不仅仅是艺术哲学，而且是关于真理和现实，关于从人类自己生活理想的观点来看现实应当是什么样子的一门学问，因此，本雅明认为现代艺术的任务应当是表征现代社会的本质、揭示现代生活的症候。既如此，什么是现代社会（特指20世纪发达资本主义社会）的本质，或者说什么是现代社会区别于前现代社会或古代社会的特征，又或者说现代性问题成为本雅明美学的关注重点也就不足为奇了。

简单来讲，"现代性"是一个关涉现代社会本质的概念，是科学技术进步、工业革命和资本主义带来的全面经济社会变化的产物，主要是对近代以来随着宗教改革、工业革命、启蒙运动而出现的对现代社会的一种描述，或者说，"现代性是指欧洲中世纪结束文艺复兴开始以来，尤其是欧洲启蒙运动以来西方历史和文化的一种性状"③。现代性包含以下几个方面的内涵：从经济层面看，现代性等同于现代化；从文化层面看，现代性意味着世俗化；从社会层面看，现代性意味着高度的理性化；从时间角度看，现代性意味着一种进步的历史观；从价值论层面看，"自由"是现代社会最为根本的价值。广义而言，"现代

---

① 刘进. 弗雷德里克·詹姆逊的寓言理论评析. 四川师范学院学报（哲学社会科学版），2003（1）：41.
② 本雅明. 德国悲剧的起源（节选）// 本雅明. 本雅明文选. 陈永国，马海良，编. 北京：中国社会科学出版社，2011：123.
③ 于闽梅. 灵韵与救赎——本雅明思想研究. 北京：文化艺术出版社，2008：3.

性不仅代表一段历史过程，代表着启蒙时代以来人以及社会文化等方面的全面转变，它还代表了一种不断改造世界的内在要求。就狭义而言，现代性是以工业文明（技术与科学等的发展）为标志的，包括人在内的整个文明结构的重新调整和塑造"①。简言之，"现代性"催生了"进步"论、对科学技术造福人类的盲目信仰、"可测度时间"观（在工具理性的观照下，时间成为一种可以买卖的商品，从而像其他商品一样具有可计算价格）、对理性和商品的崇拜，在抽象人文主义框架中得到界定的"自由、博爱、平等"理念。

然而，"理性、科学、进步"的现代景象却是光怪陆离的海市蜃楼。在产生之初，现代性是启蒙思想家在变革激情之下对未来提出的理想蓝图，但实际上，现代性并未如原初所设想般地给人类带来永恒的福音，而是给人类带来了史无前例的灾难。现代性是伴随着西方欧美国家的工业化与殖民化而产生的，西方资产阶级在庆祝启蒙时代以来现代文明的胜利时，却忽视了在这一进程中产生的个体化、世俗化、工业化、文化分化、商品化、城市化、科层化、理性化等诸多分化现象。现代人在用理性的光芒打破非理性的、蒙昧的黑暗，从幻觉的世界走向真实世界的同时，又受困于现代的理性神话而无法逃离，从而陷入了前所未有的人性分裂困境或危机，西方学术界称之为现代性问题。正如本雅明所言："这个世界是被它自己的幻境主宰着——用波德莱尔的说法，这就是'现代性'。"② 在目睹 19 世纪拿破仑三世（Napoléon III）和乔治 – 欧仁·奥斯曼男爵（Baron Georges-Eugène Haussmann）为了镇压巴黎市民革命、驱赶穷人而拆毁巴黎旧街区的现代化"进步"后，法国现代抒情诗人波德莱尔将满腔激情化作诗作中的忧郁，并且最早在《现代生活的画家》（"Le Peintre de la Vie Moderne"）一文中将现代性界定为"短暂性、易逝性、偶然性"，直指现代性神话之"恶"。卡尔·海因里希·马克思（Karl Heinrich Marx）等一批历史唯物主义哲学家纷纷揭露现代社会的症候：资产阶级理性王国不仅未能在大地上实现，反而给人类带来更为恐怖的灾难，产生了"第二自然"，使人脱嵌、物化、异化、商品化、非个人化，成为"单向度的人"和"主客体分裂的人"，催生了现代人的焦虑。

---

① 于闽梅. 灵韵与救赎——本雅明思想研究. 北京：文化艺术出版社，2008：3-4.
② 本雅明. 巴黎，19 世纪的首都. 刘北成，译. 北京：商务印书馆，2013：59.

正是在这样的语境下，本雅明开始思考如何借助美学对现代社会进行批判。本雅明在继承德国浪漫主义内在批评的基础上指出，以追求总体性、瞬间性、超越性为目的的象征艺术根本不能表征破碎化的现代社会和揭露现代人的困境。他认为，古典艺术属于象征艺术，而现代艺术一定是寓言艺术。本雅明认为，以象征为特点的古典艺术旨在反映物质与精神、形式与内容、形象与意义紧密结合为一体，具有瞬时性、统一性和完满性。但到了现代，象征在"范畴上坚持形式与内容不可分化的统一性"的特性被浪漫主义和唯美主义滥用了，这种神学意义上的象征的物质与超验客体的统一关系被错误地用来表征现实世界表象与本质的关系，或者更具体一些，即现代性。从这里也可以充分看出，本雅明反对艺术自主性，主张艺术介入现实，提倡运用艺术批评来戳穿现代性的幻象，直抵"不清醒的时代"的真相。"象征所表现的是一个生机勃勃的明白晓畅的世界。而巴洛克时代的艺术家所面对的则是一个混乱不堪、残缺不全的社会。这是一个废墟的世界。巴洛克的艺术家不可能用认同现实、与现实同步前行的象征去表现，而只有选择寓言。在事实领域是废墟的地方，在思维领域就是寓言。"[①] "如果象征是基于连续性的经验，是人、上帝和自然之间和解的经验，那么，寓言则是基于一种不为连续性所困扰的经验，表现为死亡、忧郁、异化的经验。在象征中，神性是内含的，而对寓言来说，神性'完全是超验的，是永远的缺席，是看不见的上帝'。"[②]

二、寓言与悲悼剧

本雅明在为申请法兰克福大学讲师资格而写的论文《德意志悲悼剧的起源》中首次全面阐释了他的寓言理论，并对被德国巴洛克悲悼剧视作典型的"寓言"艺术加以赞扬。本雅明开篇便痛斥道，"一百多年来艺术哲学一直受着一位篡位者的暴虐统治，这位篡位者是在继浪漫主义之后的混乱中登上权力宝座的"，这便是象征。基于这样的认识，本雅明发现了被传统美学贬抑的 17 世纪德国巴洛克悲悼剧的价值。不同于以象征作为表征模式的古典艺术，德国巴洛克悲悼剧以寓言的形式，揭示出在象征模式中所展现的现代社会现象与本质

---

① 刘进. 弗雷德里克·詹姆逊文化诗学研究. 成都：巴蜀书社，2003：70.
② 于闽梅. 灵韵与救赎——本雅明思想研究. 北京：文化艺术出版社，2008：159-160.

的一致性以及真善美的和谐统一是虚构的。

"巴洛克"（Baroque）一词的本义是畸形、怪异的珍珠，其形容词"barocco"则暗含"俗丽凌乱"之意，用来形容一切奇异、怪诞或者令人震惊的事物。"巴洛克"一词与 16 世纪至 17 世纪中叶整个欧洲和拉美所普遍出现的一股文化思潮有关，它产生在反宗教改革时期的意大利，发展于欧洲信奉天主教的大部分地区，此后随着天主教的传播，其影响远及拉美和亚洲国家。巴洛克艺术涉及诸多艺术领域，包括绘画、音乐、建筑、装饰艺术等，其内涵极为复杂，难以界定，其显著特点是打破文艺复兴时期严肃、含蓄和均衡的艺术风格，崇尚奢华、怪诞，注重表现强烈的情感，追求振聋发聩、动人心魄的艺术效果。巴洛克既被视为一个特殊的历史时刻，又被认为是一种冲突的美学，还被认为是一种全新的艺术再现模式，是一个"最为罕见的充满了文本却没有理论的现象"[①]。然而，在本雅明的研究语境中，他并不想把"巴洛克"看作一个历史分期，也不想把它作为一个艺术风格或流派加以辨析，而是将它作为一种完全区别于古代艺术的现代再现方式，作为美学与政治、文本与历史之间的符号关联方式。在本雅明看来，巴洛克悲悼剧绝非对古希腊悲剧的漫画式的拙劣模仿，它们两者在以下四个方面存在本质的区别：罪与命运的关系；表现形式；语言；救赎意义。

1. 罪与命运的关系

在古希腊悲剧中，英雄始终处于命运的支配下，其死亡的时间与其不朽的实现时间合而为一。因此，观众所见证的正是悲剧英雄在死亡中向命运屈服、与众神和解、获得救赎的时刻，而悲悼剧中人物的救赎不在历史时间之内，不是人物的死亡时刻，而是在尘世生命的不断重复中得以完成的，因此，人物形象和意义的充分展现是非个人的，不具有历史的普遍性，而是"具有重复性的混合形式"[②]。这种结构如同一个坐标轴上的两根抛物线，分别代表了无限的神圣世界和有限的凡俗世界，两者永远都不会相交，但凡俗世界的规则是神圣世界的反映，人的有限生命注定了人之生命的实现无法如同神圣世界一样绝对无限，而是一个个有限生命在不断地死亡，周而复始，近似于无限，这便

---

① 秦露. 文学形式与历史救赎：论本雅明《德国哀悼剧起源》. 北京：华夏出版社，2005：30.
② 秦露. 文学形式与历史救赎：论本雅明《德国哀悼剧起源》. 北京：华夏出版社，2005：32.

是悲悼剧的世界，"悲悼剧的原则是重复"①。

2. 表现形式

古希腊悲剧在形式上是统一、完整的，人物在戏剧框架之内被塑造完成，而悲悼剧的人物带有拟人化的品质，旨在把美德与恶习以人的面目体现出来，剧情与合唱之间、剧情与幕间剧之间存在不协调，两者是"两个相互脱离的世界"，就像梦和现实一样，解决这种不协调的办法永远都不在戏剧自身的内部。对立、语义双关，从一个极端过渡到另一个极端是悲悼剧的本质。它不重视戏剧效果的连贯性、整体性，而是强调舞台演出的断裂性和碎片性，尤其注重运用亚历山大诗体中猛烈而突然的中断和应答过程中的戛然而止，阻挡即将喷涌而出的情感。可以说，悲悼剧意图借助形式的矛盾和对立来展现现实的灾变性。

3. 语言

悲剧的语言与悲剧性紧密联系在一起，是具有纯粹意义的不受外界影响的语言，而悲悼剧注重华丽铺排的书面辞藻，运用大量的意象、警句、格言式的标题、提示性文字，甚至杜撰新词新语。在本雅明看来，悲悼剧借助字母换位、拟声短语等修辞手段使语言摆脱了意义的联系，语音与意义正如语言与书写一样，讽喻般地互相矛盾，因此，它根本就不是为了演出，而是供人阅读的。按本雅明的说法，悲悼剧的语言从它的构成因素之中脱落了，意图在语音与意义的对立或分裂中揭示出悲剧性。"寓言的基本特点是含混和多义性；寓言，以及巴罗克②，都以其语义的丰富为荣。"③

4. 救赎意义

古希腊悲剧中的英雄本人并不知道自己的"命运"，只能用死亡来赎罪，而在死亡时刻，英雄的"不幸"或者"罪"在观众那里以"同情"的方式被"净化"，悲剧英雄自身的命运并未改变，改变的只是观众对自身之可能"命运"的

---

① Benjamin, W. *Selected Writings* (Volume 1). Bullock, M. & Jennings, W. M. (eds.). Cambridge, MA: The Belknap Press of Harvard University Press, 1996: 57.

② 即巴洛克。

③ 本雅明. 德国悲剧的起源（节选）// 本雅明. 本雅明文选. 陈永国，马海良，编. 北京: 中国社会科学出版社，2011: 137.

理解，因而被净化的或被救赎的其实是观众自身之"罪"。人只有在他人的死亡（罪），而非自己的死亡（罪）中，才能经历"死亡之恐惧"，从而获得"不幸"的反面——幸福，以及"罪"的反面——"无辜"，从而达成人与神的和解，也使现实的秩序和神的权威得以最终恢复。但是，随着现代性精神主导下的"祛魅"或世俗化的发展，人类日益傲慢，失去对神明的敬畏，不愿听从神意、命运的摆布，会出于人自身的立场而为古代悲剧英雄鸣不平，不再因目睹英雄作为神裁之不公平待遇的牺牲品而引发同情，从而实现对自己的救赎，因此，古代悲剧在现代社会衰落了。然而，悲悼剧却提供了另一种救赎办法。

悲悼剧借助悲剧中神意控制下的命运的严酷性，使现代观众对命运产生不满和疑问，转而彻底抛弃神意，以人的自然生命面对死亡的畏惧。悲悼剧不再以古代悲剧中的英雄人物为主人公，而是聚焦于殉难的尘世君主，即君主至高无上的统治权力与其不相称的统治能力之间的对照（换言之，君主被赋予决断的权力，却缺乏决断能力）。在悲悼剧中，君主在行使至高权力时的无所顾忌、随心所欲的僭主形象，也是犹豫不决、反复无常、毫无决断能力的殉难者形象。但是，他缺乏决断的能力绝对不是他个人能力或者道德上的缺陷，而是作为人，他根本配不上被赋予的神圣权力和尊严，转而成了"神授的无限等级尊严与卑微的人性之间不成比例的受害者"①。对他的垮台，观众很难从中获得道德感的满足，因为君主的殉难体现的不仅是他个人的失败，更是作为统治者以人类和历史的名义的失败。每一个作为自我僭主之人都必然是命运的殉难者，虽然命运被现代性祛除了"神意"维度，但无常的命运依然是拥有自然生命之人必须面对的常态。

本雅明总结道："中世纪戏剧展现尘世事件的徒劳和造物的生命无常，并把这些作为通往救赎之路的站台。而巴洛克戏剧完全关注尘世状况的绝望。这种救赎驻扎于这种宿命本身的深度中，而不在拯救的神圣计划的实现中。"②悲悼剧的"悲悼"效果在于昭示失去了上帝恩宠保证的造物的自然已经不是那个和谐的创世自然，历史变成了无常流逝的命运，失去了其道德意义，但实际上，纯粹造物的自然在历史循环变更的无常中，反而被赋予了命运的新含义，

---

① 秦露. 文学形式与历史救赎：论本雅明《德国哀悼剧起源》. 北京：华夏出版社，2005：172.
② 秦露. 文学形式与历史救赎：论本雅明《德国哀悼剧起源》. 北京：华夏出版社，2005：175.

被"净化"为人的新自然。简言之，悲悼剧的救赎意义在于通过君主的僭主／殉难者的双重身份，即王冠与紫袍下的血肉之躯之间的不相称，来暗示这种地上—天上二元王国的不可行，以紧紧拥抱尘世的姿态暗含着摧毁尘世的暴力，意图将悲剧中等待救赎的负罪的历史，还原到创世状态下的自然历史，也就是人没有罪的自然状态。

本雅明正是从巴洛克悲悼剧与古典悲剧的区别中发现了巴洛克艺术的寓言内核，或者说只有在"寓言"的观照下，巴洛克艺术的真正价值才能被人认识。浮华、虚饰、夸张的巴洛克悲悼剧表面看来延续了文艺复兴时期对尘世生活的赞颂，但它既不遵循基督教末世论否认世俗生活意义的做法，又反对满足于世俗生活而完全取消神圣的维度，而是尽情展现失去常态的、荒芜的、残缺不全的日常的悲惨世界，为了有朝一日作为灾难性的力量摧毁尘世。"在17世纪的悲悼剧中，尸体也不过是一种突出的寓意属性。没有尸体，升天就几乎是不可想象的。"[①]从这个意义上来讲，在巴洛克奔放华丽的外表下，掩盖着一种完全不同的真实，是寓言破坏了整体性的假象。在悲悼剧的表演中，现实被描绘为从内部撕碎的、不完整的、不自由和被抛弃的。可以说，巴洛克本身就是一种寓言形式，它所直接描绘出来的东西事实上表现的是别的东西，甚至可能是和所描绘的事物意义相反的东西，其本意就是揭露现实美妙的感性外表之下的灾变本性，而这种本性不是在现实的繁荣景象中自动呈现或反映出来的，而是在衰败中作为某些萨图尔诺斯般的、恶的东西表现出来的。"它的主导情绪是悲苦，这既是寓言之源，又是寓言的内容。"[②]

如前文所述，本雅明对巴洛克艺术和寓言的推崇完全源自他对现代性的认识和批判。现代性意味着一种人与历史和传统的彻底断裂、自然与人自身存在的彻底决裂，人类所面对的再也不是过去和谐相处、可以张扬人性的原始自然，人类与自然所保持的完整、统一的经验和记忆全部被碎片化。现代人的内心无处依托，被抛入空虚、茫然、孤独的境地。人首先是商品的一部分，而

---

① 本雅明. 德国悲剧的起源（节选）// 本雅明. 本雅明文选. 陈永国，马海良，编. 北京：中国社会科学出版社，2011：176.

② 本雅明. 德国悲剧的起源（节选）// 本雅明. 本雅明文选. 陈永国，马海良，编. 北京：中国社会科学出版社，2011：188.

商品则"登上了使人膜拜的宝座，它四周的超然之气熠熠闪光"①，它不断地创造着新的时尚，使得生命屈服于无生命物的诱惑。商品的最大功绩莫过于将人与人的关系、人的自然本性从原始的、传统的血缘纽带中拉出来，并打碎了这个纽带所编织的古典梦幻。因此，本雅明认为，就人类的生存而言，现代性带来的发展绝不是进步，而是人类生活中可怜的、虚假的幸福时刻，是现代人颓废、忧郁、困惑、废墟般的生存危机。

在本雅明看来，假如只有将幸福时代的覆盖物掀掉后才能显示出历史的真面目，即死亡的没有生命的面具（希波克拉特的面具），那么唯有寓言才能做到，现实的真理就在破坏与牺牲之中，以废墟的形式出现。"如果我们考虑到那无数的尸体，部分由于蔓延的疾病，部分由于战争的武器填满了不仅只我们德国，还有几乎整个欧洲的那些尸体，那么，我就必须承认，我们的玫瑰已经变成了荆棘，我们的百合花已经变成了荨麻，我们的天堂已经变成了墓地，事实上，我们的整个存在都变成了死亡的意象。"②本雅明甚至指出，寓言产生于"主观性的胜利和对事物的专制统治"，肇始于"知识之树"引起的人类堕落中、资产阶级语言观以及主客体分裂——勒内·笛卡儿（René Descartes）二元论——的产生中。在寓言家的眼里，"任何人、任何物体，任何关系都可以绝对指别的东西……被用于意指的一切事物，从它们都意指别的事物这个事实而言，都衍生于一种力量，这种力量使它们似乎不再与鄙俗的事物相称，把它们提到较高的层面，事实上，也可以把它们变成神圣的东西。那么，从寓言的角度考虑，鄙俗的世界是既被抬高又被贬值了"③。寓言通过展示普通世俗事物来意指一般之物或神圣之物，在寓言中，世俗事物被赋予指向神圣维度的意义，"它现在已经没有任何能力发放自身的意义或意味；它所具有的意义，现在则要从寓言家那里获得。他把意义置于寓言内部，然后支持它"，"在他手里，客体变成了不同的东西；通过客体，他开始讲一种不同的语言，它是打开隐蔽知

---

① 本雅明. 发达资本主义时代的抒情诗人. 张旭东，魏文生，译. 北京：生活·读书·新知三联书店，1989：185.
② 本雅明. 德国悲剧的起源（节选）// 本雅明. 本雅明文选. 陈永国，马海良，编. 北京：中国社会科学出版社，2011：190.
③ 本雅明. 德国悲剧的起源（节选）// 本雅明. 本雅明文选. 陈永国，马海良，编. 北京：中国社会科学出版社，2011：135.

识领域的钥匙；他也敬之为这个领域的象征"。① 因此，寓言的二律背反性② 在于，这种赋予世俗事物意义的行为本身就带有寓言家的主观性（表现为意义的偶然性、任意性和多重性），"同一个客体既可以意指美德，也可以意指邪恶，因此可以说指任何事物"，意义一经产生就烙上了主客体分裂的印记。寓言家想借助这种外在的意指行为来超越主客体浑然不分、完满统一的神圣领域，但这种尝试完全是徒劳无功的。就在意指行为发生的一瞬间，世俗世界即可获得神圣价值，但又因有限与无限之间、主客体之间的分裂所限而失去了价值。"寓言两手空空地走开了"，"寓言所意味的恰恰是它所表现之物的非存在"，尘世的一切都不是真实的，只在忧郁的寓言家的主观视野中才能存在。正因如此，本雅明最终将寓言这种文体形式提升为一种美学批判方法，以物质与精神、形式与内容的断裂性和意义的多重性来表征和对抗破碎的、不断衰败的、僵死的、了无生气的、毫无意义的现实世界。"因为恰恰是种种狂热毁灭的幻象揭示了给寓言思辨而非理想品质设定的界限，在这些幻象中，世俗事物全都坍塌成一堆废墟。墓地的荒凉无序，这可以被看作是当时数百幅雕刻和描写的寓言形象的基本图式，这不仅仅是人类生存荒芜景象的象征。"③

在本雅明看来，只有在寓言家忧郁、哀悼的凝视下，现代性才暴露出"人面兽心"的本来面目：它越是展现出同一性、进步性的神话模样，就越暴露出其分裂、邪恶的内心。"自然并非就是蓓蕾绽放，而是风烛残年，其造物已经腐朽。"现代社会愈呈现为"进步的"假象，也愈具有"新巴洛克"（neo-Baroque）的特征，展现为现代人殉难的"寓言"。"巴洛克悲悼剧和现代主义都反对浪漫主义和古典主义的'象征'手法，都反映了悲观的历史哲学——意义从世间逃遁，留下的是难以解读的'物'的'符号'。"④ 在寓言的世界中，一切

---

① 本雅明. 德国悲剧的起源（节选）// 本雅明. 本雅明文选. 陈永国，马海良，编. 北京：中国社会科学出版社，2011：144.

② 康德哲学中的重要概念。中文根据日文的译法译出。又译"二论背反""二律背驰""互相冲突"。康德认为人类的认识能力只能把握现象，但人类理性认识的辩证本性却总想超越自己认识的经验界限去把握自在之物，误把宇宙理念当作认识对象，用把握现象的方式去把握宇宙理念，"但是，康德对矛盾的认识是消极的、不彻底的，其目的也主要是证明自己哲学在自在之物与现象界之间划界是正确的，因此，他关于二律背反的思想受到了黑格尔的严厉批判"（谭鑫田，龚兴，李武林，等编. 西方哲学词典. 济南：山东人民出版社，1991：117）。

③ 本雅明. 德国悲剧的起源（节选）// 本雅明. 本雅明文选. 陈永国，马海良，编. 北京：中国社会科学出版社，2011：190.

④ 于闽梅. 灵韵与救赎——本雅明思想研究. 北京：文化艺术出版社，2008：160.

事物，包括知识、思想、语言、经验，都是破碎的、分裂的、矛盾的，甚至连人类自己都是非同一的、异化的，沉湎于物欲享受而精神空虚，面临死亡和无常命运而无望获得拯救。所以，人们必须通过死才能进入那种生。正是在寓言中，本雅明开始解读人类的历史、社会、文化和语言，寻找现代人的救赎之路，而他的寓言式翻译观也在这一解读中得以产生。

第二章

蕴含寓言萌芽的语言哲学

本雅明的寓言式翻译思想之所以独树一帜，是因为他的翻译思想之苗深深植根于其丰饶的哲学思想的沃土之中。本雅明寓言式的翻译思想并非无根之木，无源之水，而是有其丰富的哲学渊源的。无论是他"星座、起源、单子"的早期形而上学思想还是"语言只言说自身"的浪漫主义语言观，无不是滋润其翻译思想的沃土和源泉。如果没有这些思想，本雅明的翻译思想是否还会如此卓尔不凡，我们尚无从得知，但唯一可以肯定的是，离开这些思想，本雅明的寓言式翻译思想将会变得玄奥难解。如果单纯研究本雅明翻译思想而不去探究其背后深层的哲学内涵，那么这一研究就不仅是片面的、不完整的，而且其研究方法本身就是错误的。如此一来，所能获知的就仅仅是局限于《译者的任务》这一文本内的表层信息，其丰富的哲学意蕴及其对于译学研究的重大意义将是难以企及的，可以预料到的则是千篇一律、毫无创见的研究结论。毋庸置疑，要对本雅明的翻译思想进行研究，必然要探究其哲学渊源，剖析其翻译思想的内涵，揭示其寓言性翻译思想在哲学、历史、社会等诸多层面的重大意义。

至此，本雅明寓言式翻译思想与其哲学思想的关系得以确立。但是，随之而来的是以下这些问题：

（1）本雅明翻译思想中的"寓言性"是如何在其哲学思想中得到体现的，抑或本雅明哲学思想中的哪些方面直接促成了其寓言式翻译思想？

（2）在本雅明的哲学思考中，"翻译"这一行为的定位是什么，抑或"翻译"的哲学内涵是什么？

（3）翻译的本体论在其哲学思想中是如何得到说明的？

（4）本雅明一生的哲学思想并非一成不变的，那么这不断变化的哲学思想对其翻译思想的影响如何？

（5）最为重要的是：本雅明是将翻译作为一个主题来贯彻和实践其哲学主张的，还是借助其哲学思想来研究翻译这个主题的？

本章将追本溯源，探究以上这些问题，考察本雅明寓言式思想背后的哲学渊源。

第一节　早期形而上学思想

本雅明的早期形而上学思想主要是以对康德认识论的批判为基础的。康德将人类的认识能力区分为作为低级认识能力的感性，以及作为高级认识能力的知性和理性。"感性通过先天的直观形式——空间和时间去接受物自体对感官的刺激而产生的感觉，从而为高级认识能力提供对象和质料。"[①] 通过被对象所刺激的方式来获得表象的能力（接受能力）即为感性，通过感性，对象被给予人类，为人类提供感性直观形式，而这些直观形式又通过知性被人类思考，从而产生出概念。"知性的先天思维形式是所谓纯粹知性概念即范畴（如质、量、因果性、必然性等等），知性运用范畴综合统一感性材料才产生了经验或知识，经验对象或认识对象。"[②] 因此，经验成为一切人类知识的开始，是人类认识的唯一基础，同时也是人类认识不可超越的范围，因为人的感性认识是在物自体的影响下才产生的，人们只能认识外物作用于感官时所产生的现象（表象）。但是，人不可能超越感官去认识物自体，物自体对人来说，永远不可知。所以，作为传统形而上学的研究对象的物自体，如上帝、灵魂和自由意志等本体，实则是人类认识的最后界限。但是，在康德看来，由于外物对感官的作用，人们承认外界物自体的存在。知性依赖于人的先验主体意识，人们必然承认与外界物自体相区别的主体自身（灵魂）的存在，同时，出于实践的需要，人们也必然悬设作为一切现象总和之根据的最高存在体（上帝和自由意志）的存在。它们不是认识对象，却是道德实践的依据。康德把现象和物自体割裂，使认识停留在现象的此岸，把彼岸的本体界留给信仰，突出地表现出调和科学与宗教的性质。

一、对康德认识论的批判

与康德不同的是，本雅明主张"用体验和感悟进入智性世界，探究形而之上，因此，本雅明的认（知）识论从本质上来说是经验论和体验论，这种经验论是对康德禁止探究形而之上这一戒律的突破，同时也是对康德的经验模式的

---

① 康德. 康德三大批判精粹. 杨祖陶，邓晓芒，编译. 北京：人民出版社，2001：19.
② 康德. 康德三大批判精粹. 杨祖陶，邓晓芒，编译. 北京：人民出版社，2001：19.

颠倒，即不是从上到下，以先验的概念模式去收编非概念的物质世界，而是自下而上，是通过对现象的凝思参悟而把握内在的意义"①。在本雅明看来，康德认识论存在三个致命缺陷：第一，为了建立一个真实的时间和永恒意识的哲学体系，"康德想要将知识建立在确定性和真理上的这样的实在是一个低层次，或许是最低层次的实在"②。也就是说，康德想从与纯粹意识和经验意识相联系的无蔽、原初和自明的感性经验——似乎是唯一给定的经验中来获取知识。但是，"这种经验不具永恒性和普遍性。这是启蒙主义世界观，是最低等的世界观。康德以此最无意义的经验为基础来从事著述。他著述的伟大性前提却是这种无内在价值的经验"③。这正是康德认识论的争论点所在。第二，康德的认识论依赖先验的主体意识。在康德知识论中，知识和经验都与先验的主体意识相关。人通过其感官获得感知，在感知的基础上借助先验的主体意识形成观念并获得经验和知识。换言之，康德所倡导的"知识"和"经验"与其说是得自外部世界的表象，毋宁说是"关于个别生存的人和他的意识的知识"④，是主观建构的产物。本雅明将这种知识和经验称为神话，即对自然的人为独断式的占有和主张，甚至康德时代和前康德时代中的所有"知识"一概是神话的，因为"我们知道，所谓'前万物有灵论'阶段的原始人认同于神圣的动物和植物，并按照他们给自己命名；我们知道，精神病人也部分地认同于他们感知的对象，这些对象因此不再是对象"⑤。"我们知道，病人不是把他们身体的感觉与他们自身相联系，而是与其他生物相连，还有占卜者，他们声称至少能对他人的感觉感同身受。"⑥ 第三，康德的认识论否认通过知识和经验可认识自在之物。"康德时代建立的关于经验的观念不需要形而上学：康德时代所历史地可能的唯一一件事是拒斥它的主张，因为他的同时代人对形而上学的要求就是软弱或装模作样的。"⑦康德的知识论无法否认形而上学的可能性，但是他仅仅将形而上

---

① 郭军. 序言：本雅明的关怀 // 郭军，曹雷雨. 论瓦尔特·本雅明：现代性、寓言和语言的种子. 长春：吉林人民出版社，2003：序言 12.
② 本雅明. 未来哲学纲领. 胡止水，译. 世界哲学，2007（4）：85.
③ 郭军. 序言：本雅明的关怀 // 郭军，曹雷雨. 论瓦尔特·本雅明：现代性、寓言和语言的种子. 长春：吉林人民出版社，2003：序言 12.
④ 本雅明. 未来哲学纲领. 胡止水，译. 世界哲学，2007（4）：87.
⑤ 本雅明. 未来哲学纲领. 胡止水，译. 世界哲学，2007（4）：87.
⑥ 本雅明. 未来哲学纲领. 胡止水，译. 世界哲学，2007（4）：87.
⑦ 本雅明. 未来哲学纲领. 胡止水，译. 世界哲学，2007（4）：86.

学确立为一种最高悬设，这一悬设的目的就是否认形而上学在经验世界实现的可能性。康德的"知识"和"经验"并没有开启形而上学的领域，"因为它自身包含了一种关于无效的形而上学的幼稚成分，这种形而上学拒斥其他任何一种形而上学"①。据此来看，"康德的哲学在本雅明看来不过是神话认识论的一个案例，因此远远无法完成哲学表征真理的任务"②。

在批判康德认识论的基础上，本雅明意欲建立一个未来哲学体系，"从对知识的语言学性质的反思得来的知识概念来建立一种相对应的经验概念"，以区别于康德由感性直观（从科学和数学中）获得的低层次经验概念。这一经验或知识并不与先验主体意识相关联，"经验结构存在于知识结构之中，并从中得以发展"，"经验的主体或客体并不是上帝或人类，但是这种经验依赖于作为典范的纯粹的知识"。③ 未来哲学的任务就是为这种知识"寻找完全中立于主体和客体概念的领域"④，即自主的、内在的知识领域。换言之，要用知识表征真理，贯通经验世界和形而上学世界。对于本雅明来说，未来哲学的真正任务不能理解为对经验世界的描写，而"在于对理念世界的假定描写"⑤。在这种哲学体系中，知识就是这种哲学的意义，而经验仅仅是知识重复的统一和连接。

本雅明所论述的知识是内在于本体语言的理念，完全不同于康德认识论所界定的知识概念。在康德认识论中，知识是由先验主体意识通过感性和知性占有经验世界中的现象而获得的，指的是主观上和客观上都能够被充分地判断为真的东西。本雅明认为，这种知识完全是启蒙主义的观念，它仅仅意味着主体意识对于经验世界的独断占有。"知识是占有。其客体由这样一个事实所决定，即它必须被意识所占有——即便是在某种超验的意义上，占有的性质仍在。"⑥ 在本雅明看来，这种知识无益于认识事物的本质和揭示真理。从这种知识的观念出发，真理不仅成为可直接认识的对象，并且被认为是一种知识，一种能够达成共识、具有一贯性并符合一致性的知识。其中，达成共识指的是得

① 本雅明. 未来哲学纲领. 胡止水, 译. 世界哲学, 2007（4）: 86.
② 郭军. 序言: 本雅明的关怀 // 郭军, 曹雷雨. 论瓦尔特·本雅明: 现代性、寓言和语言的种子. 长春: 吉林人民出版社, 2003: 序言 13.
③ 本雅明. 未来哲学纲领. 胡止水, 译. 世界哲学, 2007（4）: 87.
④ 本雅明. 未来哲学纲领. 胡止水, 译. 世界哲学, 2007（4）: 87.
⑤ 沃林. 瓦尔特·本雅明: 救赎美学. 吴勇立, 张亮, 译. 南京: 江苏人民出版社, 2008: 97.
⑥ 本雅明. 未来哲学纲领. 胡止水, 译. 世界哲学, 2007（4）: 88.

到所有人的一致同意并具有语言的可传达性；具有一贯性指的是具有连贯性，即无矛盾性的标准，意味着某个单一认识判断必须与其他所有判断相协调，无矛盾；符合一致性指的是具有客观现实性，即认识与其对象相符。本雅明渴望摆脱这种错误的认识。他赞同柏拉图的理念论观点，认为"知识客体并不等于真理"，"知识是可随意质疑的，而真理则不然。知识关系到个别现象，但不直接涉及现象的整一。知识的整一——如果确实存在的话——应该包括在一种一致性中，这个一致性只能在个别的真知灼见的基础上，而且在某种程度上只能在其相互修正的基础上得以确立"，[①] 而真理是本质的统一，而非概念体系构建的统一，是超越一切质疑的。最为重要的是，知识依赖主体意识，知识的客体可由概念中固有的意图所决定，而真理"是由理念所构成的无意图的存在状态。因此，接近真理的正确方式不是通过意图和知识，而是完全沉浸并融汇其中。真理即意图之死"。[②] 所以，在本雅明看来，真理不能作为知识的客体被认识，只能由理念来表征。所谓表征，就是寓言式地体现，舍弃所有的获取真理的意图和意义，"真理—内容只有通过沉浸于题材的最微小细节之中才能掌握"[③]。科学理论越是妄图通过纯粹的认知和认知性结构获得真理，越是想用知识体系编织一个蛛网，试图诱捕真理，"仿佛真理是从外部飞来的东西一样"[④]，就越能暴露出知识与真理的矛盾性。

二、"星座"

既然真理只能被理念表征，不能被认识，那么这一表征过程是如何实现的呢？尽管本雅明否认概念可以认识真理，但是他并未忽视概念的重要性。概念的重要性在于它是沟通经验世界和理念世界的中介。经验世界中的现象并不能直接进入理念世界，而理念也无法直接从现象中产生。"现象并未整体地、在其粗糙的经验状态、掺杂着诸种表象地，而仅仅携带着被拯救出来的基本因素而进入理念的领域"[⑤]，因此，概念的任务是剥去现象虚假的统一外衣，将

---

① 本雅明. 德国悲剧的起源. 陈永国，译. 北京：文化艺术出版社，2001：3.
② 本雅明. 德国悲剧的起源. 陈永国，译. 北京：文化艺术出版社，2001：8.
③ 本雅明. 德国悲剧的起源. 陈永国，译. 北京：文化艺术出版社，2001：3.
④ 本雅明. 德国悲剧的起源. 陈永国，译. 北京：文化艺术出版社，2001：2.
⑤ 本雅明. 德国悲剧的起源. 陈永国，译. 北京：文化艺术出版社，2001：6-7.

其进行分化和消解成各个构成因素，从而参与理念的表征和真理统一的过程。"概念的功能就是把现象聚集在一起，而由理智的区别力面所导致的现象内部的分化则更加重要，这是因为这种分化起到了一石双鸟的作用，即现象的拯救和理念的表征。"① 所谓"现象的拯救"，指的就是现象参与理念表征的过程，意味着理念将现象从经验世界中拯救出来。概念在以拯救现象为目的而对其进行分析时，概念就为理念的表征提供了经验现实的媒介，即赋予了理念现实性。现象附属于概念，并不直接包括在理念之中，但理念却是现象的目标，现象只有上升为理念才能得到拯救，同时现象也只有通过概念分析才能与理念发生关联。但是，理念对于现象来说意味着什么？现象得到拯救，成为理念的表征，是否意味着现象得到了认识呢？本雅明认为，理念与现象的关系和概念与现象的关系全然不同。"现象通过其存在、其共性和其差异决定着概念的范围和内容"②，概念包含现象的关系就如概念的种类包括子类一般，而"理念之于客体正如星座之于群星"③。

星座是对当下时间中群星的构型以及相互关系的阐释，并不能使星座中每颗星的性质和内容得到认识。与此类似，理念也只是"对现象的客观阐释——或对现象因素的阐释——决定其相互关系"④，它既不是现象的概念，也不是法则，无益于对现象本身的认识。根据这一星座的构型，概念才可以对现象诸要素进行分化和重新排列，使其进入理念世界和真理故乡。当这一星座去除了一切主观意图和中介之后，真理就产生了。正如本雅明所说，"如此说来，真理的结构就要求一种存在模式，这种存在模式由于缺乏意图性而类似于事物的朴素存在，但其表现却是至高无上的。真理不是在经验现实中实现自身的一种意图；真理是决定这个经验现实的本质的力量"⑤。

三、"起源"和"单子"

为了更好地阐明如何表征理念和拯救现象，本雅明运用"起源"和"单子"

---

① 本雅明. 德国悲剧的起源. 陈永国，译. 北京：文化艺术出版社，2001：8.
② 本雅明. 德国悲剧的起源. 陈永国，译. 北京：文化艺术出版社，2001：7.
③ 本雅明. 德国悲剧的起源. 陈永国，译. 北京：文化艺术出版社，2001：7.
④ 本雅明. 德国悲剧的起源. 陈永国，译. 北京：文化艺术出版社，2001：7.
⑤ 本雅明. 德国悲剧的起源. 陈永国，译. 北京：文化艺术出版社，2001：9.

范畴来进一步界定理念概念。首先，本雅明指出，探讨理念表征的哲学史应该是关于起源的科学，"起源"这一概念能更好地从历史维度说明理念的表征过程。在本雅明看来，尽管"起源"（Ursprung）一词意指起因、开端、源头，即事物在某一特定时间的产生，但是本雅明却赋予这个术语不同寻常的深刻意义。本雅明所指的"起源"尽管也是一个历史范畴，但是与发生学（Entstehung）毫无关系。它不是自然历史概念，即用来描写现存事物产生的原因和发展的过程；而是本质历史概念，在这种历史中，现象揭示自身并得到拯救，使理念得到表征。"起源"源自犹太神学，它代表了一种前自然史状态，和谐完美（伊甸园）的原初状态，后来，随着人类的堕落，这一状态被打破，自然史开始产生，但是，后来在弥赛亚降临之时，这一原初状态失而复得。实际上，本雅明意指的"起源"是一种本质，是一种凌驾于经验世界之上、自然史之前的超验实在，这个超验实在具有最大的统一性和完整性，是现实世界所无法企及的。本雅明预设了这样一种本质的存在，其目的在于：一方面，它昭示了经验世界的本原所在；另一方面，它更指明了经验世界的回归方向或者说获得了救赎的目标。从这个意义上讲，起源就具有了双重意义，"一方面，需要将其视作恢复和重建的过程，但另一方面，而且恰恰是因为这一点，也将其视作不完善和不完整的东西"[①]。本雅明将"起源"视为一种未完成的而亟待不断进行的回归本质的历史过程，这一回归并不是静态意义的简单还原，而是一种不断激活并释放经验世界里现象中蕴含的潜能的还原，这一潜能就是本雅明所说的现象中被拯救的部分。因此，"起源"包含历史，而这一历史不断回归本原的历史，与线性的连续的通常意义上所讲的"历史"相对，本雅明将前者称为本质历史或自然史，而将后者称为启蒙主义世界观的历史。这一本质历史始终是未完成的，直至理念在历史总体性中被完全揭示出来。

"单子"范畴就是本雅明对理念在这样一种本质历史中的存在和特殊性的说明。这一概念借自戈特弗里德·威廉·莱布尼茨（Gottfried Wilhelm Leibniz）的单子论哲学。在莱布尼茨哲学中，"单子"不是物质实体，而是灵魂实体，本质属性是思维性。他认为，世界由无限个单子组成，"一切单子反映宇宙，

---

① 本雅明. 德国悲剧的起源. 陈永国，译. 北京：文化艺术出版社，2001：17.

这并非因为宇宙对单子发生影响，而是因为神给了它一种性质"①。单子与单子之间不发生相互作用，但是一个单子的变化和另一个单子的变化之间有一种"前定的和谐"，从而产生了相互作用的假象。这种"前定的和谐"可用"二时钟说"解释：每个单子都是一个时钟，"所有的钟经造物主安排定在同一瞬间报时，这不是由于它们彼此影响，而是因为这些钟各是一套完全准确的机械"②。这些无限个单子构成一个等级系统，等级高的单子比等级低的单子更能清晰地反映宇宙。在本雅明的思想中，理念被视为一种单子，"携带过去和后续的历史进入单子的那个存在——以自身形式为掩盖的那个存在——也携带着模糊的被缩略的理念世界的其余部分，每个单子都模糊地携带着所有其他单子"③。"过去和后续的历史"指的就是"起源"的本质历史。实际上，本质历史的实现过程可被看作无限个理念的单子的形成过程。每个单子都以缩略的形式概括这个世界的形象，表征着经验世界的本原，表征程度的高低取决于理念单子的等级，"对现象的前稳定表征就寓于单子内部，寓于对现象的客观阐释之中。理念的秩序越高，其包含的表征就越完善"④。每个单子都携带着其他单子，与其他单子相互关联，因此，诸多理念单子构成一个统一的有秩序的整体，共同完成对经验世界本原的表征。这种本原或者说现象的前稳定状态（统一完满的原初状态）总是被现实世界的诸多现象所遮蔽，要想恢复这种状态，进入本质历史，就需要将理念凝结为单子，"理念中存在的这种被拯救状态一旦确立下来，不真实的——即是说自然史的——过去的、后续的、历史的在场就是虚拟的了。它已不再是实用的真实，而作为自然史，它从完成和休息的状态、从本质中推断出来"⑤。一旦理念成为单子，本质历史就成为可能，本原的恢复就指日可待了，但是，它在现实世界中永远是不在场的或者说永远是未完成的，它的在场和完成只能从本质历史中推断出来。"单子的概念因此对传统意义上的哲学使命做了重新界定：'确定现象在其存在中的变化。'"⑥ 换言之，它指明了现象的救赎之路。"单子概念以这样的方式预示了本雅明后来的唯物主义的辩证

① 罗素. 西方哲学史（下卷）. 马元德，译. 北京：商务印书馆，2006：110.
② 罗素. 西方哲学史（下卷）. 马元德，译. 北京：商务印书馆，2006：110.
③ 本雅明. 德国悲剧的起源. 陈永国，译. 北京：文化艺术出版社，2001：19.
④ 本雅明. 德国悲剧的起源. 陈永国，译. 北京：文化艺术出版社，2001：19.
⑤ 本雅明. 德国悲剧的起源. 陈永国，译. 北京：文化艺术出版社，2001：19.
⑥ 沃林. 瓦尔特·本雅明：救赎美学. 吴勇立，张亮，译. 南京：江苏人民出版社，2008：100.

意象理论（即停滞的辩证法），在这种意象中，历史过程——此时不是'本质的'历史，而是真实的历史——被凝结为一种意象，以便于在其自然的被给定性中对其去神秘化，而使之服务于具体的革命目的。"①

无论是星座概念还是单子概念，都统一在具有历史生成特性的"起源"概念之下。起源昭示了一个回归现象本质，表征真理的历史过程，这一过程不能希冀通过对现象的认识来实现，因为它总是被现实世界所掩蔽，唯有通过对现象中蕴藏的理念的表征才可以开启和完成这一历史。本雅明用星座概念描述了当下时间中（不是本质历史的进程中）理念与现象的关系。这一"当下"不等同于"现在"，而意味着"永恒的现在"，换言之，就是现象完成理念表征的那一时刻。在这一时刻，概念将经验世界的现象分解成构成理念星座的诸多基本要素，然后凝结成一个理念单子。"理念遵循这样的法则：一切本质都是完整纯洁的独立存在，不仅独立于现象，而且特别相互独立。正如天体的和谐取决于并不接触的行星轨道，所以，理念世界的存在取决于纯粹本质之间不可沟通的距离。每个理念都是一颗行星，都像相互关联的行星一样与其他理念相关联"②。正是由于在这些诸多理念单子的总体性揭示出真理，本质历史才得以完成。但是，只要不是所有历史现象（处在真实历史进程的经验世界的现象）都凝结成单子，本质历史就会是未完成的，真理也将是未在场的。

然而，本雅明"星座""起源"和"单子"哲学思想的缺陷就在于，无论是在起源内还是在单子内，真实的历史生活都消失在一种"本质历史"的空想领域，这一缺陷只能由本雅明后来的寓言救赎理论来弥补。在这种思想中，本质历史的实现因历史实践活动而得到保证。

第二节　德国浪漫主义语言观

本雅明的语言观与其翻译思想关系最为密切，本雅明关于语言起源、语言本质、语言与思维的关系等的思想更能体现其翻译思想的寓言性，有助于廓清本雅明翻译思想的渊源，其重要性不言而喻。然而，本雅明的语言观并非独

---

① 沃林．瓦尔特·本雅明：救赎美学．吴勇立，张亮，译．南京：江苏人民出版社，2008：100.
② 本雅明．德国悲剧的起源．陈永国，译．北京：文化艺术出版社，2001：10.

创，而是有其深厚的历史渊源的。总体而言，本雅明深受德国浪漫主义影响，因此，为了剖析本雅明的语言观，需要对德国浪漫主义语言观予以澄清，并阐明其对本雅明语言观的直接影响和对本雅明翻译思想的间接作用。

一、概述

浪漫主义（Romanticism），作为一种文艺思潮，最早发源于18世纪末的德国，"是法国大革命、欧洲民主运动和民族解放运动高涨时期的产物。它反映了资产阶级上升时期对个性解放的要求，是政治上对封建领主和基督教会联合统治的反抗，也是文艺上对法国新古典主义的反抗"①。德国浪漫主义作为欧洲浪漫主义运动的一部分，肇始于18世纪90年代，结束于19世纪30年代。它最早产生于以歌德和席勒为代表的德国"狂飙突进"（Sturm und Drang）文学运动，继承了法国启蒙运动的精神，响应让–雅克·卢梭（Jean-Jacques Rousseau）"回到自然"的口号，其影响力遍及德国宗教、哲学、历史、美学、语言学等各个学术领域，对当时的德国乃至整个欧洲意义重大。德国浪漫主义的宗旨是回归自然，解放人性，并以人性的解放来超越理性和批判现实，"试图批判、弥补和纠正启蒙运动的缺失之处，把人的心灵和感情解放，尤其把人的创作自由，提升到更高的层面"②。

德国浪漫主义时期的语言研究同样体现了这一宗旨，即从人与自然的相互关系出发阐明："在从自然向文化过渡过程中，人，作为具有精神创造能力的自然生存者，是如何创造语言和他的文化的。"③"德国浪漫主义者，普遍地在语言中寻求创作的启示和灵感，也在语言中寄托个人的希望和憧憬。"④他们将语言视为人类精神的表达，而不是约定俗成用来指称他物的符号系统。语言不再是人类用来交流信息的简单工具，而成为人与世界、自然和他人进行精神沟通的理想渠道，同时，"又是他们发泄个人情感、理念、幻想和精神探险的符号王国"⑤。换言之，浪漫主义者对语言的研究早已超越语言学的范畴，进

---

① 马小彦. 欧洲哲学史辞典. 开封: 河南大学出版社, 1986: 484.
② 高宣扬. 德国哲学通史（第一卷）. 上海: 同济大学出版社, 2007: 236.
③ 高宣扬. 德国哲学通史（第一卷）. 上海: 同济大学出版社, 2007: 245.
④ 高宣扬. 德国哲学通史（第一卷）. 上海: 同济大学出版社, 2007: 245.
⑤ 高宣扬. 德国哲学通史（第一卷）. 上海: 同济大学出版社, 2007: 245.

入了认识论和本体论的哲学领域。语言不仅是人类认知世界的手段，而且是体现人性、解放人类心灵的倚仗。浪漫主义时期的语言研究以约翰·戈特弗里德·冯·赫尔德（Johann Gottfried von Herder）和威廉·冯·洪堡①（Wilhelm von Humboldt）为代表，他们不但研究语言的起源、性质及其运作机制，试图探讨语言的内容和形式同人类思维、文化演变过程的历史关系，而且不断揭示语言与宗教、文学、哲学、科学、艺术之间的内在交融关系。对赫尔德和洪堡的语言观的深入剖析有助于阐明本雅明语言观的浪漫主义渊源。

二、赫尔德的语言观

赫尔德的语言观是德国浪漫主义语言观的典型代表，是"语言人文主义"（Sprachhumanismus）的杰出代表。1772 年出版的《论语言的起源》（*Abhandlung über den Ursprung der Sprache*）一书是赫尔德语言研究的代表著作。18 世纪中叶以后，语言的起源问题成为欧洲学术界普遍关注的焦点。1769 年，柏林普鲁士皇家科学院甚至设立专奖，征求有关语言起源问题的最佳解答。最终，唯有赫尔德的《论语言的起源》获得该项殊荣，由此可知赫尔德的语言思想在当时的影响力。赫尔德的语言观可分为两大部分：语言的起源和语言的本质。

1. 语言的起源

一开始，赫尔德通过驳斥约翰·彼得·苏斯米希（Johann Peter Süssmilch）的语言神授论与艾蒂安·博诺·德·孔狄亚克（Étienne Bonnot de Condillac）和卢梭的社会规约论为自己的观点奠定了基调。赫尔德在《论语言的起源》一书中开宗明义："当人还是动物的时候，就已经有了语言。"这句话已成为语言思想史上的一句名言。它是一个断言，暗含着下列三个论点：①人与动物有某种共同的东西；②动物也可以有语言；③人类语言由动物语言演化而来。赫尔德指出，动物是感觉的生物，而人首先也是感觉的生物，感觉是人和动物的共性。即使在孤立独处的境况下，他们也都需要表达喜怒哀乐等情感。像人一样

---

① 也有译作"洪堡特"或"洪堡尔特"等的。为保证规范性和一致性，本书在行文中一律采用商务印书馆 2022 年出版的《德语姓名译名手册》（第二版）中的规范译名"洪堡"，对参考文献中"洪堡特"或"洪堡尔特"等译名则不做修改。

的高等动物会自然而然地发出尖啸、呻吟、喊叫、怒吼等声音来表达情感。照赫尔德的说法，这些声音已是一种雏形语言。在我们人类的语言里，至今还存在这种雏形语言的痕迹，譬如感叹词、拟声词、语气词等。

如此说来，语言来源于人的动物本性。更具体地说，语言是从表达情感的自然发声演变而来的。赫尔德把人与动物的这种曾经共有的语言称为"自然的自发语言"，它与人类今天使用的语言完全不同。虽然人类语言还保留着一些自发语言的成分，但这些成分不属于人类语言的本质构造；或用赫尔德的话说，它们不是人类语言的根茎，而是滋润根茎的树液。那么，什么才是人类语言自己的根茎？人类语言是如何从动物语言演变过来的？赫尔德进一步阐明了语言的产生过程。

每一类动物都有某种特殊的本能，即天生的能力。例如，蜜蜂生来会营造蜂房，蜘蛛生来会织网。这类本能总是局限于一定范围的。赫尔德指出，一种动物的活动范围越有限，就越不需要语言。比之动物，人的本能非常弱小，但正因为失去了本能，人才得以扩大生活的领域，提高自由的程度。为了创造语言，人必须拥有某种并非本能的内在力量。这种内在的力量，即赫尔德所谓的"悟性"（Besonnenheit）。"悟性"是赫尔德语言观中的核心概念，根据他的阐述，悟性有五个特征：①是人类独有的能力；②自成整体，不可分割；③具有自发性和有意识性；④以直观感性认识为基础；⑤专门用来创造语言。

赫尔德认为，首先，悟性是人类独有的能力，动物只具备感觉能力，因此，人与动物的最大区别即在于是否具备悟性。具体而言，悟性是人类的内在属性，而语言则是人类的外在标志。

其次，悟性是一个人全部力量的总和，永远以绝对完整、高度和谐一致的形式存在。在赫尔德看来，理论上固然可以按功能对其进行分类，但事实上它是不可分割的或不可单独分析的。他认为，自产生之初，悟性就已然包含着一个人日后持续发展所需要的全部要素。赫尔德把悟性的这一特点比作一粒种子的生命力：一粒种子虽小，却能孕育出整棵大树。

再次，人类初次本能地运用悟性来认知世界，便创造出了语言。因此，语言的创造是一个自发的、自然而然的过程，"好像胎儿一朝长成，期待着出生一样"①。同时，为了创造出第一批语词来表达和认知世界，人类必须集中注意力，努力分辨和认识周围事物的特性。这种认识活动的目的性非常明显。赫尔德说，"悟性的这种活动是有意识的，它的初次表现就是词，而由于词的出现，人类语言就发明了"②。

最后，悟性建立在直观感觉的基础上。人类唯有依靠感觉器官，才能生存于自然世界。赫尔德提出，人类通过眼耳口鼻舌等感官获取的直观感性认识都是悟性的认知基础。尤其是在人类的童年时期，悟性没有感官的帮助就寸步难行。毫无疑问，赫尔德是一个感觉主义者和经验论者。他在《论语言的起源》中反复强调，感觉是一切概念和抽象表达的唯一来源。他认为，在人类接受外部刺激时，听觉是最重要的官能，就语言创造过程而言，人类先通过听觉获取声音素材，然后通过悟性对这些声音素材进行模仿或加工，直至创造出抽象的语音或语词。

总之，作为一个均衡协调的整体，悟性是人类天生的能力，其存在目的便是帮助人类创造语言。虽然赫尔德也谈到人的演化发展，但他深信，人类悟性或心智的种子是由上帝埋下的。悟性之所以发展出语言，是因为它必然要作为上帝最完美的形象而发挥作用。

赫尔德的"悟性"，使人想起笛卡儿的"天赋观念"和康德的"先验范畴"。区别在于，"悟性"不是确定的观念或认知范畴，而是一种先定的认识倾向，而观念只能借助感觉而形成，不可能存在任何独立并先存于感觉的观念。

2. 语言的本质

赫尔德在拒斥语言神授论和社会规约论的同时提出，语言源自人类的悟性创造。他在论述语言的起源时，阐明了语言的本质："语言是人的本质所在，人之成其为人，就因为他有语言。请看，我不是从任何任意的或社会的力量，而是从动物的一般经济原理（Ökonomie）出发来进行推论的。"③从《论语言的起源》全书来看，赫尔德始终在人与其他动物的区别中论述语言的本质。他认为，动物生来具备谋生的技能，比如蜜蜂筑巢、蜘蛛织网，人却不具备动物的

---

① 赫尔德. 论语言的起源. 姚小平，译. 北京：商务印书馆，1998：74.
② 赫尔德. 论语言的起源. 姚小平，译. 北京：商务印书馆，1998：vi.
③ 赫尔德. 论语言的起源. 姚小平，译. 北京：商务印书馆，1998：21.

这种本能，但是人具有动物所没有的禀赋，即悟性或理性。"人的所谓理性，就是一切人类力量的总和形式，就是人的感性本质和认知本质（erkennende Natur）、认知本质和意愿本质（wollende Natur）的结合形式，或更确切地说，是与某种机体组织相联系的唯一起积极作用的思维力量。"① 赫尔德所言的"理性"并不局限于与感性相对的概念、判断、推理等思维形式，而是囊括了人类全部的思维能力和智力表达能力。唯有借助理性，人类才可以感知世界、认识世界、获得生存。人类首次运用理性，就自然而然地创造出了语言并运用了语言。人之所以区别于动物，就因为人具有理性，人也因而具备了语言。赫尔德将语言视为区分人与动物的标志，如果不具备语言，就不能称之为人。

赫尔德认为，语言与思维同一。人在第一次具备感知世界和认知世界的意识时，就具有了语言。"没有心灵的词语、人类最早的自觉意识活动就不能成为现实；事实上，悟性的所有状态都以语言为基础，人的思想的链带也即词语的链带。"② 第一个能被人的心灵所区分和意识到的事物的特征就是词。

譬如，一只羊咩咩地叫着从人身边走过，这时，心灵内在地感觉到了，以人的方式认识到了这一切，因为它明确地认识和命名了一个特征。人从这叫声上识认出羊儿，叫声是一个听到的符号（Zeichen），"心灵通过它想到一个明晰的观念。这不正是词么？整个人类语言不正是这样一些词语的集合么？即使他从未有机会把这个观念传递给另一生物，从未想要发出或不能够发出这一意识到的特征，他的心灵仿佛也在内部咩咩地叫着，因为心灵已选择了这个声音作为记忆的符号；而当心灵凭记忆识认出这个声音的时候，在它的内部就又咩咩地叫了起来，——于是语言就发明了！语言的发明那么自然，对于人那么必不可缺，就像人只能是人一样"③。

换言之，人正是通过语言的特征来意识事物，以语言的方式来思维的。人每时每刻的思维活动都有语言参与，语言是人类心灵的外在表达。没有语言，人就无法思维，人内在的心灵活动就得不到表达，人无法对外在世界做出反应，也就无法认识世界，而如果人不进行思维，不对外在世界进行认识，也

---

① 赫尔德. 论语言的起源. 姚小平，译. 北京：商务印书馆，1998：22.
② 赫尔德. 论语言的起源. 姚小平，译. 北京：商务印书馆，1998：76.
③ 赫尔德. 论语言的起源. 姚小平，译. 北京：商务印书馆，1998：28.

就不存在语言。"精神的这种崭新的、自行生成的感官，在发生之初即又成为一种交往联系的手段。除非与自己的心灵对话，或者试图与其他心灵对话，否则我想象不出最早的人类思想是什么样子，也猜不出悟性的第一个判断是什么。就本质而言，第一个人类思想已准备好与他人对话。所以，我可以这样来总结：第一个区分特征对于自我是区分的符号，对于他人则是传递讯息的词。"①

语言与理性同一，不仅意味着理性与语言同质，而且意味着语言与理性相辅相成。语言与理性并不是停滞不前的，而是处于不断的发展之中。"语言借助理性向前发展，而当语言迈出了最初的几步后，理性也借助语言而不断进步，这是至为明显的事实。艺术作品如诗的产生，文字的发明，一种又一种文体的形成，所有这些都推动了理性的发展。哪里没有人类心灵的映像，哪里就不会有理性的进步，新词就发明不出来，应运而生的新形式也不可能推广开来。"② 人类借助语言不断认知世界，使心灵不断接受新事物刺激，迫使人类突破原先的语言形式所固化的思维方式和精神表达形式，寻求更为合适的思维方式来认识事物。如此一来，人类的思维能力或理性得到锤炼和发展，而理性进步的同时，必定要求人创造新词乃至新的语言表达方式来实现。新词以及新的语言表达方式经过许多人的使用而融入原先的语言系统，反过来必将帮助人类继续认识新的事物，推动理性发展。简言之，理性是人类心灵的内在反映，语言是理性的外在表现，任何一者的发展必将带动另一者的进步。

总体而言，赫尔德拒斥语言神授论和社会规约论，坚持语言源自人的悟性运用。但同时，他又指出，语言始终参与悟性的运用或理性活动，理性离不开语言。没有理性就没有语言，可没有语言也没有理性，因此，只能得出结论，理性与语言同一，同时产生。这样看来，赫尔德在理性和语言孰先孰后的问题上陷入了循环论。既然语言和悟性分不清孰先孰后，那怎么能确定是悟性的运用造就了语言，而不是语言的产生才促成了悟性的运用呢？因此，赫尔德对于语言起源问题的分析依然缺乏说服力。

此外，赫尔德将语言视为人的本质属性，并将语言擢升为人唯一的认知

---

① 赫尔德. 论语言的起源. 姚小平，译. 北京：商务印书馆，1998：36.
② 赫尔德. 论语言的起源. 姚小平，译. 北京：商务印书馆，1998：69.

手段。人要想认识世界，唯有通过语言。语言是人类思维力量的外在体现，没有语言，人就无法形成意识，进行思维，不能获得对外在于内心的世界的认识。赫尔德的语言观带有康德式的唯心主义经验论色彩，所不同的是他将语言视为唯一的经验来源。

三、洪堡的语言观

如果说赫尔德的语言观是语言人文主义的代表，那么洪堡的语言观就是语言人文主义的集大成者。洪堡继承了赫尔德语言观的部分论点，经修正、拓展吸收入他自己的理论学说。伊娃·菲塞尔（Eva Fiesel）指出，19世纪的新语言哲学是在不断深入展开的语言比较研究的条件下，在浪漫主义的土壤上成熟起来的，"而事实上这一切在洪堡尔特一个人身上集中表现了出来。一条目标为通过语言来达到精神认识的道路始于赫尔德，经过浪漫主义者的承续，而终止在洪堡尔特"①。

1. 语言的起源

在语言起源问题上，洪堡与赫尔德的观点是一致的：语言不是神授也不是人为创造的，而是人的天赋属物。"天赋"指的是人的知性，即赫尔德所论述的"悟性"或者理性。知性是人类全部的思维力量，有了知性，人才有自我意识，才可以进行思维，然而，人类知性的运用时刻离不开语言。人类首次运用知性，进行思维之时就有了语言。"所以，语言与第一个反思行为直接相关，并与之一同发生。在含混无序的欲念状态中，客体为主体所吞噬，而在人从这一状态中觉醒并获得自我意识之时，词也就出现了：词仿佛是人给予自身的第一个推动，使他突然静下心来，环顾四周，自我定向。"②但与赫尔德不同的是，洪堡更强调语言整体论。他认为，尽管语言源于人类知性的运用和思维的需要，但它的产生并不是逐步完成的，而只能是一举而成的，或更准确地说，语言在它存在的每时每刻都必须具备使它得以成为一个整体的那种东西，因为知性行为的本质就在于它以把握整个语言为前提。换言之，人类第一次运用知

---

① 姚小平. 洪堡尔特语言理论的历史背景. 外语教学与研究，1987（3）：18.
② 洪堡特. 洪堡特语言哲学文集. 姚小平，编译. 长沙：湖南教育出版社，2001：2.

性、具有自我意识时，人类就已经拥有了完整的、内在联系的语言，否则就不可能进行思维。人类发出的第一个词就已经暗示了整个语言，并以整个语言为前提。"即使在一个很简单的句子里，只要有语法形式可言，语言也表现为一个完整的统一体。再简单的思想联系，一旦获得清晰明确的表达，那么仅从词汇上看就已存在着一个语言的整体。这是因为，哪怕是最简单的概念联系也会促动整个思维范畴的网络。正与负，部分与整体，统一性和多样性，作用与原因，现实性与可能性，必要性，制约与受制约，一种时空维度（Dimension）与另一种时空维度，一种程度的感觉与相邻的感觉等，每一方都以另一方为前提并相互牵制。"① 所以，洪堡认为，语言的原型早已存在于人类的知性本质之中，与知性行为密不可分。

为了更明确地说明语言与知性行为的关系，洪堡描述了人如何借助语言进行知性行为的过程："一方面，他在精神上通过反思（Reflection），在机体上通过发出分节音（Articulation）而把对象分解为要素；另一方面，他又将要素重新组合起来，在精神上借助知性（Verstand）的综合，在机体上借助重音，因为正是重音使音节结合为词，使词结合为语句。"② 洪堡对人类知性行为的描述看似条理清楚，有理有据，但是仔细分析后可以发现，洪堡对语言的起源问题依然"剪不断，理还乱"。洪堡继承了赫尔德的观点，也就意味着他继承了赫尔德语言观的一些缺点。洪堡依然没有解决知性和语言孰先孰后的问题。既然人需要语言才能进行反思，那为什么能说人进行反思时才产生了语言？如果只能承认两者的同时性，那也就取消了语言的起源问题。这或许是浪漫主义语言观始终难以解决的问题，因为浪漫主义者期望从人本身出发对语言的起源做出说明，却在语言与知性行为之间纠缠不清。无论如何详尽地描述两者关系，浪漫主义者都始终无法弄清两者中到底谁才是决定性的。或许最终的解决方法只能在胡塞尔的先验意向性或乔姆斯基的语言天赋论中找到。

2. 语言的本质

正因为在语言起源问题上洪堡与赫尔德的观点如出一辙，都在知性与语言之间陷入了循环论，所以洪堡承认了两者的同一性。正是基于知性与语言的

---

① 洪堡特. 洪堡特语言哲学文集. 姚小平，编译. 长沙：湖南教育出版社，2001：13.
② 洪堡特. 洪堡特语言哲学文集. 姚小平，编译. 长沙：湖南教育出版社，2001：13-14.

同一性，洪堡才得以从语言与精神的同一性角度阐明语言的本质。

洪堡明确指出，相对于动物的本能，语言是人的智性本能。一方面，语言的产生源自人类内在的精神需要。面对外界自然的不断刺激，人类为了认清自身所处环境和继续生存，迫切需要对外界事物的形式、特点、关系等做出明晰的区分，以避免混淆，这是成为人的前提条件。出于这样的需要，在人类第一次开始运用知性天赋对外界做出区分，拥有自我意识和思维的同时，语言应运而生。这也是洪堡循环论的开始：人要产生语言，首先必须成为人，可是要成为人，就必须具备语言。另一方面，语言是人类智性活动的体现，是人类精神存在的彰显。换言之，唯有借助语言，人类知性才能发挥作用，人类才能产生思维活动。也唯有在语言中，人类才能对外界事物做出区分。语言是人类思维的链条，语言的构造方式就是人类精神活动的方式，"语言与精神力量一道成长起来，受到同一些原因的限制，同时，语言构成了精神力量的生动原则。语言和精神力量并非先后发生，相互隔绝，相反，二者完全是智能的同一不可分割的活动"[①]。归根到底，语言与人类精神始终具有同一性。因此，在洪堡看来，语言不能简单地被理解为人类智性活动的产物，而应被视为一种不间断的精神创造活动。语言是一种精神创造活动，不仅意味着在感知和认识自然的过程中人类精神的发展会促进语言的发展，而且意味着语言的发展会推动人类精神的进步。由此，洪堡得出结论：语言是人类内在精神的外在体现。同时，洪堡指出，"事实上，语言必然既属主体，又属客体，它是整个人类的属物"[②]。语言属于客体，因为它具有外在形式（无论是语音形式还是书面形式），一经生成即具有了独立的存在；但同时，语言又属于主体，不能独立地存在，因为在人类每一次具体的思维行为或智性活动中，语言又最终转入思维主体中，在思维中不断更新创造。而正是通过这同一种行为，语言不但每次都以这样的方式经受着人类精神的影响，同时也以自身实存的形式束缚着人类思维的发展。"语言属于我，因为我生成着语言。但语言又不属于我，因为我只能以此种方式生成语言，而由于语言的基础存在于历代人们的讲话行为和所讲的话之中，

---

① 洪堡特. 论人类语言结构的差异及其对人类精神发展的影响. 姚小平，编译. 北京：商务印书馆，1999：52.
② 洪堡特. 洪堡特语言哲学文集. 姚小平，编译. 长沙：湖南教育出版社，2001：300.

它可以一代一代不间断地传递下去，所以，语言本身又对我起着限制作用。然而，语言中限制、确定着我的东西，出自与我有着内在联系的人类本性，因此语言中的异物只是有异于我瞬时的个人本性，而非有异于我原初的真正本性。"①

正是认识到语言与人类精神的同一性，洪堡认为，众多具有个性的具体的多样民族语言必然会体现出一种普遍人类语言，因为它们都具有普遍人类精神的共性。"在语言中，个别化和普遍性协调得如此美妙，以至于我们可以认为下面两种说法同样正确：一方面，整个人类只有一种语言，另一方面，每个人都拥有一种特殊的语言。"②

3. 语言世界观

"语言世界观"是洪堡语言哲学的核心思想，也是其语言人文主义特性所在。洪堡的著名的论断是，"语言不只是表述已知真理的手段；更重要的是，它是揭启未知真理的手段。语言的差异不是声音和符号的差异，而是世界观本身的差异"③。洪堡反对对语言的机械的逻辑分析，因为这种貌似客观的研究方法有悖于人类认知方式，无法企及客观真理。洪堡认为，事物作为客体并不能直接进入人类思维主体，被人类直接认识，而只能借助"一种内在地知觉和创造的方法（Verfahren）"即语言，因为语言与思维同一，人类只能在语言中感知、辨识和思维客体，语言是人类认识世界的唯一方式。一方面，通过语言，人类内在的思维过程或思想才获得了外在的表达；另一方面，借助语言，人类精神才能探索新的事物，新的客体才得以进入思维主体，被主体感知和认识。正是在这个意义上，洪堡才认为语言不仅是表述思想的手段，而且是认知世界的工具，那么语言的差异必然会反映不同语言操持者或思维主体与世界的关系、体认世界的方式、特点和内容等，即世界观的差异。

"语言之所以为世界观，并不仅仅是因为它必须与广阔的世界相对应，只有通过它才能把握每一概念，而且也是因为，语言导致对象发生转变，从而使

① 洪堡特. 洪堡特语言哲学文集. 姚小平，编译. 长沙：湖南教育出版社，2001：301.
② 洪堡特. 论人类语言结构的差异及其对人类精神发展的影响. 姚小平，编译. 北京：商务印书馆，1999：62.
③ 洪堡特. 洪堡特语言哲学文集. 姚小平，编译. 长沙：湖南教育出版社，2001：29.

精神得以认识到自身与世界的观念不可分割的内在联系。"① 换言之，语言参与思维主体对世界的认知过程。置身于世界之中，人通过感官活动接受了外界事物的刺激，获得刺激内容，但如果这些刺激内容不与人的内部精神活动相联系的话，就不能形成思维主体的客体。"感官的活动必须与精神的内部行为综合起来，从这种联系之中便产生了表象；表象成为对立于主观力量的客体。"② 这一客体即关于事物的印象或观念。观念仍独立于主体思维，不能被主体知觉，只有借助语言，观念才成为概念，获得实质的存在，从而为思维主体所把握，借此，客体转入思维主体，被主体认识和掌握并成为主体的一部分。语言使主客体的转化成为可能，也使人类精神得以认识自身与外界事物存在相互转化的联系。因此，"没有语言就不可能有任何概念。同样，没有语言，心灵就不可能有任何对象，因为对心灵来说，每一个外在的对象唯有借助概念才会获得实质的存在。而另一方面，对事物的全部主观知觉都必然在语言的构造和运用上得到体现"③。没有语言，观念或印象无法直抵心灵或人类思维，不能被思维主体感知，那么人类心灵就不会有任何客体对象，与外界相互隔绝。语言使观念转化成概念的同时，心灵也借助这一转化过程掌握了概念，获得了对事物的认识。观念的概念化过程就是心灵认知过程。可见，在概念中包含着三重因素：事物产生的印象、思维主体接受这一印象的方式、语言作为语音的功用。语言不是事物本身的模印，而是思维主体接受事物印象方式的反映，因此，人类对外界事物的任何客观认识、获得的任何概念都不可避免地混杂主观成分，当人以获得语言实存形式的概念来组织思想和认识世界时，其语言形式所体现的思维主体接受印象的方式必然再次对思维主体产生影响，塑造其认知方式，即世界观。

　　"概念经由词才成为思想领域中的个体，词把自身的重要特征赋予了概念。思想通过词而获得确定性，与此同时，它便被套上了一定的桎梏（in gewissen Schranken gefangen gehalten）。"④ 因为，词一方面使我们产生有关一个客体的观念，另一方面也往往在不知不觉中在心灵中烙下原先思维主体感知这

---

① 洪堡特. 洪堡特语言哲学文集. 姚小平，编译. 长沙：湖南教育出版社，2001：298.
② 洪堡特. 洪堡特语言哲学文集. 姚小平，编译. 长沙：湖南教育出版社，2001：270.
③ 洪堡特. 洪堡特语言哲学文集. 姚小平，编译. 长沙：湖南教育出版社，2001：297.
④ 洪堡特. 洪堡特语言哲学文集. 姚小平，编译. 长沙：湖南教育出版社，2001：26.

一观念的方式。"人的思想活动连续不断，与之为伴的感觉活动也是连续不断的；但这一感觉活动的过程受到认识客体的制约。"① 当一个客体出现在心灵中时，自始至终有一个通过语言而获得认识并且一再规律性地反复出现的印象，以及与之相伴的思维方式在对思维主体产生限定。由此，客体本身也就以经过改造的方式得到了认识。可见，人类心灵或思维不仅依赖于每一种具体的语言，而且在一定程度上也为每种具体的语言所限定。"每一种语言都为其操持者的精神设下某些界限，在指定某一方向的同时，排斥另一方向。"② 每一种语言都包含着属于某个人类群体的概念和想象方式的完整体系。

洪堡认为，既然每一种具体的语言都拥有独特的世界观，"那么，这些世界观彼此之间以及它们与所有可想象的世界观的整体之间就一定存在着某种联系。每个成员都从一个特定的方面体现着普遍的理想，但这一普遍理想的全部崇高的本质是同时存在的，不可能以个别化的形式体现出来。个性的形成并不意味着观念表达（Ausserungen）屈从于某种规律，而是意味着人类本性（Wesen）逐渐接近于普遍理想，所以，不论是人和民族还是语言，我们都无法想象其个性似乎正在沿着这样一条道路形成：这条道路的方向虽为普遍理想的观念所规定，却又以普遍理想本身在各方面都达于完美为前提"③。由此，洪堡的语言整体论观点显露无遗。洪堡坚信，尽管不同的个性化语言反映了各自不同的世界观，但是这些语言之间却可以构成互补，共同体现着一种终极完美的世界观，而且这一终极完美的世界观是任何一种具体个别的语言都无法企及的。终极完美的世界观源自普遍的人类精神，语言多样性出自人类普遍精神对于智性活动形式的需要。洪堡有预见性地指出，人类的发展必将是追求普遍的人类精神，但这一目标的实现必须以每一种具体语言体现的人类精神在其语言限定的方向上臻于至善为前提。

总之，洪堡的语言哲学与赫尔德的语言哲学是一脉相承的。在语言的起源问题上，洪堡直接继承了赫尔德的观点，尽管他竭力说明语言起源于人的知性运用，却陷入了循环论。洪堡的最大贡献即在于，明确了语言与人类精神的

---

① 洪堡特. 洪堡特语言哲学文集. 姚小平，编译. 长沙：湖南教育出版社，2001：26-27.
② 洪堡特. 洪堡特语言哲学文集. 姚小平，编译. 长沙：湖南教育出版社，2001：5.
③ 洪堡特. 洪堡特语言哲学文集. 姚小平，编译. 长沙：湖南教育出版社，2001：33.

同一性和语言世界观。实际上，他的语言世界观体现出他的语言认识论倾向，他将语言视为人类认识的唯一手段，他认为语言材料是唯一的经验来源，语言的差异就是认知的差异。更为重要的是，他提出，个别的具体语言体现了不同的世界观，也即不同的个性化人类精神发展方向，个性的精神之间互不相容，互相排斥，却可以构成互补的关系，因为它们发展至完美便可以实现普遍的人类精神。不过，洪堡的这些重要观点均对本雅明的语言观以及翻译思想产生过重大的影响。

四、本雅明的浪漫主义语言观

总体而言，本雅明继承和深化了洪堡等人的语言人文主义思想，他的思想既与浪漫主义的人文主义倾向一脉相承，又与其略显不同。相同之处在于，他们都拒斥语言工具论，重视语言与人类思维、语言与人类精神的同一性，强调语言的普遍性；不同之处在于，本雅明拓宽了语言的概念，确立了语言的认识论，建立了语言本体论思想雏形。

1. 重视语言与人类思维、语言与人类精神的同一性

本雅明在《论原初语言和人的语言》一文的开篇就言明了自己的观点："人类精神生活的任何一种表达都可以理解为一种语言。"[1] 换言之，人类的所有精神活动或思维的表达都可被视为语言。这一观点与赫尔德和洪堡的浪漫主义语言观是一致的。无论是赫尔德还是洪堡，他们都始终强调语言与人类思维、语言与人类精神的同一性，他们认为，语言不仅是人类智性活动的唯一手段，而且是人类精神的外在体现。洪堡更是将语言视为人类世界观的体现，他认为，语言的差异不是语音和符号的差异，而是世界观的差异。与洪堡等人相比，本雅明更重视语言与人类思维、语言与人类精神的同一性，因为他不仅强调人类精神的表达是语言，而且将人类精神的每一种表达都理解为一种语言。"'理解'作为一种真正的方法，随时随地都在提出新问题。"[2] 需要注意的是，本雅

---

[1] 本雅明. 论原初语言和人的语言. 苏仲乐，译 // 本雅明. 写作与救赎——本雅明文选. 李茂增，苏仲乐，译. 上海：东方出版中心，2009：3.
[2] 本雅明. 论原初语言和人的语言. 苏仲乐，译 // 本雅明. 写作与救赎——本雅明文选. 李茂增，苏仲乐，译. 上海：东方出版中心，2009：3.

明并未直接将人类精神的表达界定为或等同于语言，他并不认定人类精神的表达是语言，而是将这种界定或等同行为视作一种方法，突出语言与人类智性行为的同一性。如果人类精神想获得表达，就必须借助一种表达方式，但这种表达方式并非想当然地就是语言，而只能被理解为语言。换言之，人类唯有以语言的方式进行智性活动、组织思维，才能使精神获得表达，如果以其他方式，那人类精神就不能被表达。因此，本雅明说道，只要论及人类精神的每一种表达，那就意味着这种表达就是一种语言，否则人类精神的表达就无从谈起。"可以确信无疑的是，只要认可表达是对精神内容的传达这一前提，那么便可以将一切表达都归结为语言。表达，就其全部内在本质而言，当然只能理解为语言。"① 本雅明的"理解"一词表面上似乎突出了语言与人类精神表达的非同一性关系，但实际上最终强调了语言与人类精神表达的同一性。本雅明一语道破语言的本质：语言是人类智性活动的体现，是人类精神的表达，舍此，便不能称为语言。

2. 拓宽了语言的概念

本雅明对于语言本质的探索并未止步于浪漫主义语言观，他并不将语言仅仅视为人的天赋属物。在本雅明看来，语言并不仅仅是人类智性活动的体现或人类精神的表达，而是世界万物精神内容的传达。本雅明拓宽了浪漫主义的语言概念，语言不再囿于人自身，而被扩展为一种广义的精神表达。"精神内容的一切传达都是语言。"② 同时，"精神"一词的内涵也随之扩大，不再专指人类的智性活动，而是具有了一种广泛的意义：事物的本质，或者说世界万物的存在意义。如此一来，语言的本质就发生了改变，语言不只是人类的精神表达，而是一切事物的精神表达或本质表达。语言不是人的天赋属物，而是一切事物的属物。世间万物皆有语言，人类的语词语言只是其中一种特例。借助语词，人类的智性活动或精神得以表达，人类的本质即得以体现。赫尔德认为，人类的本质在于语言，这与本雅明的观点有相通之处，尽管赫尔德所言的

① 本雅明. 论原初语言和人的语言. 苏仲乐，译 // 本雅明. 写作与救赎——本雅明文选. 李茂增，苏仲乐，译. 上海：东方出版中心，2009：3.
② 本雅明. 论原初语言和人的语言. 苏仲乐，译 // 本雅明. 写作与救赎——本雅明文选. 李茂增，苏仲乐，译. 上海：东方出版中心，2009：3.

"语言"专指人类的语词语言。人类通过自己的语言展现自己的本质，那人类的本质不就是展现于自己的语言的吗？推而广之，"事物的精神本质恰恰在于其语言"①。无怪乎，本雅明说道，"语言存在绝非只与人类精神表达的所有领域——其中总在这样或那样的意义上蕴含着语言——并存，而是与万物并存。无论是在生物界还是非生物界，没有哪种事或物不以某种方式参与着语言，因为传达自己的精神内容根源于万物的本性。我们绝不是在比喻意义上使用'语言'一词的。能够认识到下面这一点可谓意义深远：难以想象任何事物可以不借助于表达便可实现其精神内容的传达"②。语言作为万物的本质体现必然与万物并存。任何事物（包括人类）都以不同的方式始终参与着语言，因为万事万物的本性就是体现自身存在的意义，展现自身的本质，而语言是唯一的表达工具。

3. 拒斥语言工具论

语言是万物精神的表达，但"精神"并不是一个实体存在，那作为实体存在的语言又是如何传达精神的呢？或者语言所能传达的到底是什么？本雅明认为，"语言传达什么？要传达的是和它相符相合的精神存在。个中关键在于，精神存在在语言之中而不是用语言传达自身"③。语言所能传达的只能是符合自身的精神。"符合自身"指的就是恰恰适合于在语言之中传达，而不是用语言传达。换言之，精神不具有实体形式，语言传达精神就是通过语言使精神实体化，或者说以语言存在④承载精神，使内在的精神外化，具有实体存在形式。这一过程只能内在于语言，语言存在的形成就意味着精神存在的完成。精神的实体化或外在表达不能通过语言外在地意指的方式，即用 A（语言）来指称 B（精神）的方式来实现，因为既然精神无实体形式，如何能外在于语言，并被语言所意指呢？所以，语言不能外在地意指。"如果言说意味着用语言传

---

① 本雅明. 论原初语言和人的语言. 苏仲乐，译 // 本雅明. 写作与救赎——本雅明文选. 李茂增，苏仲乐，译. 上海：东方出版中心，2009：4.

② 本雅明. 论原初语言和人的语言. 苏仲乐，译 // 本雅明. 写作与救赎——本雅明文选. 李茂增，苏仲乐，译. 上海：东方出版中心，2009：3.

③ 本雅明. 论原初语言和人的语言. 苏仲乐，译 // 本雅明. 写作与救赎——本雅明文选. 李茂增，苏仲乐，译. 上海：东方出版中心，2009：4.

④ 语言存在指的是具有实体存在形式的语言，如语音和文字，即具体化的语言符号形式，与其相对的概念是无实体形式的"精神"。本雅明所说的"精神存在"并不是指精神所具有的实体存在形式，而是指承载精神的实体。

达的话，那么语言就没有言说者。"① 由此，本雅明得出结论："精神存在在语言之中而不是用语言传达自身，这意味着它不与语言存在外在的同一。只要精神存在能够传达，它与语言存在就是同一的。精神实体中可以传达的乃是其语言实体。因此，语言所传达的乃是事物特定的语言存在，然而，唯其如此，事物的精神存在才直接包含在其语言存在之中，才是可传达的。"② 尽管本雅明拓宽了语言的概念，但是他对语言与精神同一性的认识依然脱胎于洪堡等人的语言人文主义观点。洪堡将语言视为人类精神的表达，所要强调的就是语言与人类精神的内在同一性。无论是赫尔德还是洪堡，都对语言与人类思维、语言与人类精神的关系有过细致论述。人类唯有通过语言形式才能进行智性活动，唯有借助语言才能将外界事物对人类主体刺激形成的观念或印象概念化，人类的思维由此开启，人类的精神由此才得以表达。人类的思维活动或智性活动与人类用语言为观念赋形的过程是同一过程，换言之，人类面对外界刺激，说出语词之时，人类精神就在这一言词的产生过程中得到了表达。本雅明拓展了语言内涵，但是其本质并未改变，他仍坚持精神存在内在于语言，而不是由语言外在地传达。归根结底，本雅明强调的仍是语言与精神的内在同一性。

既然事物的精神承载于语言存在，而且内在于语言存在之中，那么语言的本质是传达事物的精神内容这个观点就意味着语言的本质是传达承载着事物精神的语言存在。其中，承载着事物精神的语言存在就是事物的语言存在。因此，本雅明总结道："语言传达事物的语言存在。然而，存在最清楚的表现形式是语言自身。因此，'语言传达什么'这一问题的答案便是'所有语言都传达其自身'。比如这盏灯的语言所要传达的并不是灯（因为，灯的精神存在——既然它是可传达的——绝非灯本身），而是语言之灯、处于传达之中的灯，在表达之中的灯。"③ 对语言与精神的同一性进行一番考量之后，本雅明将语言的本质归结为传达自身，这并不是同义反复，而是一种深刻的见解，因为具有实体存在形式的语言本身即承载着事物的精神，语言形式即精神表达方式。譬

---

① 本雅明. 论原初语言和人的语言. 苏仲乐，译 // 本雅明. 写作与救赎——本雅明文选. 李茂增，苏仲乐，译. 上海：东方出版中心，2009：4.
② 本雅明. 论原初语言和人的语言. 苏仲乐，译 // 本雅明. 写作与救赎——本雅明文选. 李茂增，苏仲乐，译. 上海：东方出版中心，2009：4.
③ 本雅明. 论原初语言和人的语言. 苏仲乐，译 // 本雅明. 写作与救赎——本雅明文选. 李茂增，苏仲乐，译. 上海：东方出版中心，2009：4.

如，"灯"（lamp）这个词所要传达的并不是作为器物的具体的灯（lamp），而只能是灯的精神存在，或者说只能是"灯"这个词本身（lamp），因为"灯"这个词（lamp）的构成方式就传达了灯的精神。

既然事物在语言中传达其精神存在或语言存在，那么人也在人的语言中传达自己的精神存在或语言存在。但是，人的语言与事物的语言不同，是一种特殊的命名语言，它的语言存在是语词。而语词又是事物的名称，由为其他事物命名的行为生成。换言之，"人的语言存在就是为事物命名"。因此，人通过为事物命名来传达自己的精神存在，或者说人只能在语词或名称中传达自身，而不能通过语词来外在地表达人的精神内在或思想观念。正是基于这样的认识，本雅明才拒斥语言工具论，因为语言工具论者所持的正是这样的观点：人可以通过语词来外在地传达人的思想观念。他们将语言简单地视为人类精神或思维表达的工具，认为语词所意指的事实内容就是对人类精神的传达，语词可以通过传递这种事实内容来做到人与人之间的精神交流。本雅明认为，这种观点是空洞而无效的。在这一点上，本雅明与洪堡等人的观点是相同的。无论是赫尔德还是洪堡，他们都始终坚持语言与人类思维、语言与人类精神的同一性，并认为，人类精神的传达必须是内在于语言之中的，而不能外在于语言并通过语言来意指。简言之，人类的思维或人类的精神是思维主体的内在活动，语言是其外在体现，精神只能在语言存在中得到传达。

4. 确立了语言的认识论

本雅明对洪堡的浪漫主义语言观的最大发展体现在，他确立了语言的认识论。实际上，洪堡的语言观已具有语言认识论的雏形。在语言与人类精神的同一性中，洪堡提出了语言世界观的观点：语言的差异不是语音的差异，而是世界观的差异。难能可贵的是，洪堡认识到了语言对于人类认识世界的重要性，将语言视为表述已知真理的手段和揭示未知真理的手段，其观点已具有了语言认识论的倾向。但可惜的是，洪堡并未继续深入探究语言与人类认知能力的关系，而是止步于语言与人类精神的同一性。而与洪堡不同的是，本雅明拓宽了语言概念，重新阐发了语言与精神的关系，将艺术语言确立为人类唯一的认知手段，并在其《未来哲学论纲》一文中尝试以艺术语言经验为基础，构建一个全新的认知哲学体系。

本雅明借助《圣经》中的上帝创世故事，以隐喻的方式论述了语言的起源，并对语言做了分类。本雅明将语言分为三个等级，最高级的是上帝的语言，最低级的是事物的语言，人类语言居中。尽管这三种语言都在自身中传达各自的精神实在，但是传达方式不同。上帝的语言是语词，具有创造性和认知性，上帝直接用语词创造世界，创造世界万物（不包括人类）。上帝没有用语词创造人，也没有为人命名，因为他不希望人从属于语言。上帝按自身形象创造了亚当，赋予他语言的能力，但是免去了这种语言的创造性，只保留它的认知性和接受性，让他通过给万物命名来共同完成创造的过程。"在伊甸园中，人类示意每种动物走上前来，由亚当命名，受到了命名的动物个个表现出无比的幸福，表明名毫无遗漏地再现了物的本质，因此亚当的命名也就是纯认知、纯接受、纯称谓，他不仅能从万物中认识和接受宇宙之道，并能加以表征。"①因此，人类的语言是继承自上帝的语词，也是一种高级语言，但不具备创造性，唯一的功能是为事物命名，给予事物恰当的名称。人类在为事物命名的过程中传达自己的思想观念，或者说人类在所给予事物的名称中表达自身的精神实在。既然语言没有言说者，或者说语言的本质不在于传达事实内容，而在于传达精神，那我们不禁要问的是：为什么人类要在语言中传达自己的精神？本雅明给出了解释：人类为事物命名，是在向上帝传达自己的精神。与上帝的创造性语言和人类的命名语言都不同的是，事物的语言是一种无声而沉默的低级语言。正因为无声而沉默，所以事物在事物的语言中传达自己的精神，却不为人所知，只能通过人类为事物命名的行为向人类传达；或者说，事物在名称中向人类传达自己的精神。由此，本雅明阐明了上帝的语言、人类的语言和事物的语言三者之间的统一关系：上帝的语言是最高等的创造性和认知性语言，人通过为事物命名或在名称中向上帝传达人的精神或本质；事物的语言无声而不为人知，只能通过人类语言给予的名称向人类传达自身，使自身在名称中被人类所认识。

本雅明将人的命名语言视为一种纯认知性语言，人类通过为事物命名而获得事物的本质认识或者说事物的知识。上帝用上帝的语言创造了事物，赋

---

① 郭军. 序言：本雅明的关怀 // 郭军，曹雷雨. 论瓦尔特·本雅明：现代性、寓言和语言的种子. 长春：吉林人民出版社，2003：6.

予事物本质或关于事物的知识，事物的本质或知识隐于无声而沉默的事物语言之中，不被人类知晓，但是上帝却赋予人类以命名语言，使人类获得了认知能力。人类借助命名语言，给予事物以名称，人在命名中获得了事物的知识，同时也向上帝传达了自己的本质。由此，本雅明将命名语言视为人类认识事物、获得知识的唯一手段。

　　本雅明认为，这种由上帝赋予的纯认知的命名语言是伊甸园中亚当的语言。但是，自从亚当和夏娃偷吃禁果并获得善与恶的判断性知识后，人类便开始了堕落。这种判断性知识使人类的语言走出上帝的名称语言，变成了现在的人类语言。现在的人类语言成为判断语言，不再言说自身，而是必须外在地意指称事物。"语词必须传达一些事物（并非自身）。在这样一个事实中，隐含了语言精神的真正堕落。将语词视为对某物的外在的传达，这无异于是说，语词乃是——当然是通过间接的语词——对上帝那无中介的、创造性的语词的拙劣模仿，而这确乎是亚当那处于上帝语词和人的语词之间、包含福祉的语言精神的败坏。"① 至此，人放弃了名称语言的直接性，把语言作为一种符号、一种途径、一种用来意指事物的工具。"一旦人类将名称的纯粹性损毁，他也就放弃了对万物的凝视观照——在这种凝神观照中，万物之语言向他传达，而这势必会剥夺人类那已然动摇了的语言精神之一般基础。万物纠缠不清，符号也就难免混乱。"② 换言之，现在的人类语言不再为事物命名，而是外在地对事物进行判决，由此，名称的直接性被破坏，成为人强加于事物的一个标签或符记，事物不再在名称中向人类传达它们的本质或精神存在，因此，人类再也无法获得事物的知识，无法认识事物的本质，事物在这种人为强加的符号中难以分辨、混乱不堪。所以，本雅明感慨道，事物"如果不是由神圣的、伊甸园的名称语言所命名，而是由千差万别的人的语言——在这种语言中，名称已然凋敝，尽管按照上帝的旨意，它拥有万物的知识——所命名，那将是何其悲哀。除非是在上帝那里，万物全都没有专名。因为上帝用创造性的语词将万物呼入存在时，所呼喊的正是它们的专名。然而，在人的语言中，它们却被过度命名

---

① 本雅明. 论原初语言和人的语言. 苏仲乐，译 // 本雅明. 写作与救赎——本雅明文选. 李茂增，苏仲乐，译. 上海：东方出版中心，2009：14.
② 本雅明. 论原初语言和人的语言. 苏仲乐，译 // 本雅明. 写作与救赎——本雅明文选. 李茂增，苏仲乐，译. 上海：东方出版中心，2009：15.

了"①。上帝用语词创造了万物，但是并未赋予万物名称，上帝的语词潜藏于事物之中，指引着人类为事物命名。上帝正是通过名称保障人类拥有了万物的知识，但是，人类再也不能通过为事物赋予名称来认识事物，因为人类堕落之后，人类不再凝视事物，不再凭借事物中上帝语词的指引，而是人为地为事物滥加名称，这种滥加的名称是人类任意地赋予事物的辨识符号，不是上帝语词的反映，不能传达事物的精神，势必无法认识事物。

既然本雅明只承认命名语言才是人类认知的手段，而蜕变为判断性语言的人类语言永远无法获得事物的知识，那人类该如何认识事物呢？本雅明为人类指出了另一条道路：艺术语言。"有所谓雕塑语言、绘画语言和诗歌语言。正如诗歌语言部分地——如果不是唯一地——奠基于人的名称语言，不难想象，雕塑或绘画语言是奠基于某种特定的事物—语言；在这些事物—语言中我们发现，事物的语言被翻译成了另外一种无限高级的语言——尽管依然在同一个领域中"。②在本雅明看来，诗歌语言中残存着命名语言，而雕塑语言、绘画语言等无名、无声的语言又不同于命名语言，事物不需要借助名称向人类传达自身，而只需要直接通过事物的物质共性传达事物的语言存在。因此，本雅明认为，唯有借助艺术语言而不是日常语言，人类才能认知事物，获得事物的知识。"尽管语言犯有原罪，但他（本雅明）仍假定语言同名称领域，即事物的精神本质，具有隐秘的、潜在的联系。这里蕴含着他早期语言理论的形而上学的动力。他在专名与语言的魔幻的一面中寻找假定性联系的残余，并在诗与造型艺术作品那沉寂的语言中寻找到了这种联系。在这些作品中发挥作用的，是我们出于经验而认识到的却无法准确说明的东西，比如诗的音韵就是这样。"③从这个意义上讲，本雅明将各种艺术形式视为事物精神的传达，即语言，"要理解各种艺术形式，尝试着将其全部理解为语言，并努力探究它们与自然语言之间的关系，将不无裨益"④。最终，本雅明将他的认识论建立在了艺

① 本雅明. 论原初语言和人的语言. 苏仲乐，译 // 本雅明. 写作与救赎——本雅明文选. 李茂增，苏仲乐，译. 上海：东方出版中心，2009：16.
② 本雅明. 论原初语言和人的语言. 苏仲乐，译 // 本雅明. 写作与救赎——本雅明文选. 李茂增，苏仲乐，译. 上海：东方出版中心，2009：16.
③ 斯文·克拉默. 本雅明. 鲁路，译. 北京：中国人民大学出版社，2008：21.
④ 本雅明. 论原初语言和人的语言. 苏仲乐，译 // 本雅明. 写作与救赎——本雅明文选. 李茂增，苏仲乐，译. 上海：东方出版中心，2009：17.

术语言之上，人类只有在艺术语言中才能认识世界，传达自己的精神实质，这也是本雅明重视文学作品翻译的原因。

5. 建立了语言本体论思想雏形

本雅明不仅在浪漫主义语言思想的基础上确立了艺术语言认识论，而且建立了语言本体论思想雏形。本雅明在论述语言的本质时就言明，语言传达一切事物的精神，而精神内在于语言中并承载其上才能成为可传达的精神存在，所以语言最终所能传达的就是承载事物精神的语言存在，或者说语言自身。换言之，语言唯一的功能就是传达自身。如果将这一论点应用于人的语言（指的是原初的命名语言而不是现在的人类语言），那人的语言同样只传达自己。人通过为事物命名或为事物赋予名称的方式传达事物的本质和人类的精神，人的语言并不能传达任何外在于语言的内容，而只能传达作为语词的名称，其中，名称中承载了事物的本质或精神存在。在本雅明看来，人为事物命名是遵照上帝的旨意，因此，名称不是人为地任意地加诸事物之上的，上帝在用语词创造万物之时，早已用创造性的语词为事物赋予了无声的语言，命名只不过是上帝用其赋予人类的语词将无声的事物语言翻译成人的语言，因此，在名称中闪烁着事物的本质或精神。事物一旦被人类命名，事物的本质就成功地传达给了人类，事物就获得了存在的意义。然而，自人类堕落之后，现在的人类语言开始人为地为事物滥加名称，名称不再与事物的本质或精神同一，而是蜕变成一种毫无意义的外在符号。在这样的名称中或在现在的人类语言中，事物的本质不被人所知，失却了存在的意义。本雅明在论述语言与精神的同一性时旨在确立语言的认识论，并未深入阐发人的语言与万物存在的关系，但是从本雅明关于命名语言的阐释中，仍然可以窥见语言本体论的雏形。人正是通过为万物命名而认识万物本质、获得万物知识的，因而事物一经命名，其本质就在名称中显现出来。这一观点与马丁·海德格尔（Martin Heidegger）的语言本体论何其相似！

海德格尔认为："命名就不是把一个约定的符号加到一个已知的物体上去；相反，命名才开始令一存在者就其存在显现出来，事物通过命名始成其所是而不成其所不是。"① 海德格尔进一步说道："存在亲自遍测自己的畿域。它现身在言词中，于是这畿域得以划分成畿域，语言是存在的畿域，即存在的家。……因为语言是存在的家，所以我们能够随时随刻从这家宅穿来穿去，以这种方式达乎存在者。我们走向井台，我们穿过树林，我们也就穿过了'井'这词，'树林'这个词，哪怕我们没有说出这些词，哪怕我们想也没有去想语言这样的东西。"② 在海德格尔看来，世界万物只存在于语言之中，只有语言言说之时，万物才能获得存在并被人所认识。换言之，万物内在地存在于语言之中，不能独立外在地获得实在形式，可以说，语言之外别无他物。人要想认识事物，也只能在语言言说之中。海德格尔特别强调，语言并不由人支配，人不能使用语言来言说某物，而只能是语言自在自为地言说自身。海德格尔并未将语言看作人类的天赋属物或者人为创造的工具，而直接将其视为上帝一般的本体存在，万物（包括人类）只有在语言的言说中才能获得存在，并被人所认识。语言的特性决定了万物的存在方式。之所以说本雅明的语言观具有语言本体论思想的雏形，是因为本雅明的命名语言源自上帝的语词，尽管不具有创造性，不能在为事物命名的过程中赋予事物以存在的状态，却是纯认知的，能够在名称中获得事物的知识，认识到事物的存在方式。万物（不包括人）尽管在上帝那里已获得了存在，但是并不能被人所认识，因为上帝没有给予它们名称。只有在人类的命名语言中，万物的存在才被揭示出来。本雅明认为，经由人类的命名，上帝创造万物的任务才算完成。尽管本雅明并不像海德格尔那样彻底地将人的语言视为本体存在，而另外悬设了一个自在本体存在，即上帝，但是，他却认为，命名语言与上帝同源，参与了创造世界的工作。在这个意义上，本雅明的语言观已经具有了语言本体论的内涵。

6. 强调语言的普遍性

洪堡在确立了语言与人类精神同一性的同时，强调语言的普遍性。洪堡认为，尽管千差万别的具体的人类语言反映了千差万别的民族精神，但是这些各异的民族精神经过不断发展变化，最终会共同地指向一种人类所孜孜以求的

---

① 徐友渔，周国平，等. 语言与哲学——当代英美与德法传统比较研究. 北京：生活·读书·新知三联书店，1996：153-154.
② 陈嘉映. 海德格尔哲学概论. 北京：生活·读书·新知三联书店，1995：302.

普遍精神，而这一普遍精神的实现有赖于世界上所有一切具体的个性化语言的相互补充。因此，洪堡指出，这些多样的个别语言共同体现为一种总体语言，这一总体语言正是源自普遍精神。本雅明很好地继承了洪堡的这一观点，但是本雅明的总体语言并非源自普遍的人类精神，而是源自上帝。实际上，本雅明所论述的人类的命名语言或亚当语言就是总体语言，是一种完善的纯认知语言。在这种总体语言中，事物的本质得到了彻底的认识，人类获得了事物的知识。

然而，随着人类的堕落，命名语言蜕变为判断性语言，语言与精神不再同一，人类语言开始多样化，产生了多种多样的个别语言，总体的命名语言不复存在。与洪堡的观点不同的是，本雅明认为，堕落之后的人类语言，即现在的人类语言，不再与人类普遍精神同一，人类语言不能在自身之中传达人类的普遍精神，而只能以某种外在的方式间接地意指精神。因此，各种各样的具体语言并不传达人类精神，而是体现了各种各样的语言对人类普遍精神的外在意指方式。尽管如此，本雅明依然认为，这些意指方式可以相互补充，最终恢复语言与精神的同一性关系。"以 Brot（德语：面包）和 pain（法语：面包）这两个词为例，它们的意指是相同的，但其意指方式却不相同……然就其意指来说，二者却完全相同。尽管这两个词的意指方式互相抵牾，但它们各自所属的两种语言的意指方式却是互补的；要而言之，这两种语言的意指方式互补并不断趋近于其意指。"① 所以，本雅明与洪堡一样，认为具体的人类语言之间存在互补关系，它们都意指人类的普遍精神。世界上所有的人类语言只有在相互补充并融会贯通中才能恢复原初的总体语言，重现总体语言与人类普遍精神的同一性。正是在这样的意义上，本雅明才强调，"语言之间超越历史的一切联系都体现在这一点上：就作为整体的每一种单个语言而言，其意指是同一的。然而，这个同一意指并非任何单个的语言所能企及，唯有通过不同语言之间互补的表意所形成的总体方能达到，它就是纯语言"② 。本雅明之所以称这种总体语言为纯语言（reine Sprache），其原因就在于，这种语言与人类普遍精神同一，

---

① 本雅明. 译者的职责. 李茂增，译 // 本雅明. 写作与救赎——本雅明文选. 李茂增，苏仲乐，译. 上海：东方出版中心，2009：62.

② 本雅明. 译者的职责. 李茂增，译 // 本雅明. 写作与救赎——本雅明文选. 李茂增，苏仲乐，译. 上海：东方出版中心，2009：61.

直接在语言之中传达精神。

综上所述，本雅明的语言哲学思想深受洪堡等人的浪漫主义语言观影响，尤其是他的纯语言概念、语言认识论等思想直接源自他对浪漫主义语言观中语言与精神同一性观点的继承。对本雅明语言观的浪漫主义思想渊源进行阐释，有利于我们分析本雅明寓言式翻译思想中蕴含的浪漫主义语言哲学思想，从而剖析本雅明翻译思想的内涵。

第三章

以寓言理论为旨归的美学

本雅明寓言式翻译观不仅有其深厚的哲学思想渊源，而且蕴含着丰富的文论思想。就其本质而言，本雅明的翻译思想受其文论思想影响最大。在本雅明看来，批评绝不是价值判断和评论，而是对艺术作品的完善，不仅能促进艺术作品向艺术理念的自我超越，而且能向世人揭示和展现真理，肩负人类救赎使命。这一观点与他所赋予翻译的使命何其相似！本章将全面阐释本雅明的文论思想，侧重于分析其文论思想对翻译思想的影响。

本雅明的文论思想集中在《德国浪漫主义的艺术批评概念》和《德国悲悼剧的起源》的"认识论批判序言"中，部分散见于《歌德的〈亲和力〉》（"Goethes Wahlverwandtschaften"）中，而《歌德的〈亲和力〉》、《卡尔·克劳斯》（"Karl Kraus"）、《弗朗茨·卡夫卡》等则是他的文学批评实践。本雅明继承了德国浪漫主义的内在批评观，强调文学艺术是脱离目的性和功利性的、自给自足且相对封闭的主体，拒绝任何价值判断和审美体验。此后，他在对 20 世纪西方资本主义社会的审视中，将这一内在批评观发展成为寓言批评观。他认为，寓言才是现代艺术的表现形式，寓言在自我呈现中超越自身、展现真理。可见，他始终是以寓言贯穿其整个文论思想的，用本雅明的传记作者贝尔恩德·维特（Bernd Witt）的话来概括，就是"与其他那些逐步找到自我的文人不同，本雅明在他的著述中是一步到位的"①。

第一节　内在批评观

本雅明的内在批评观（Immanent Critique）完全继承自德国浪漫主义。他之所以称德国浪漫主义批评为"内在批评观"，原因在于，这种批评观区别于任何以主客体关系介入的批评理论，它注重回归作品本身，对作品做整体把

---

① 转引自：朱宁嘉. 艺术与救赎：本雅明艺术理论研究. 上海：上海人民出版社，2009：148.

握，不对作品各要素进行人为的区分、拆解、分析，唯此，才能真正触及文学作品的本质，挖掘出作品的真正意义。本雅明主要从批评与评论的区别、消解主客体关系、回归作品本身等三方面来阐释其思想。

一、批评与评论的区别

本雅明强调，艺术批评应当严格区分批评和评论，因为人们常常将两者混为一谈。本雅明在《歌德的〈亲和力〉》一文的开篇，就对批评与评论做了区分。他指出，评论是出于对艺术作品的文学兴趣和审美体验，寻求的是艺术作品的实用价值和现实意义，而"批评所探寻的是艺术作品的真理内涵"[①]。换言之，评论关乎作品对于人的意义，而批评关注作品对于真理的展现和揭示。因此，"评论家就如同化学家，批评者则如同炼丹士。化学家的分析仅以柴和灰为对象，而对炼丹士来说，只有火焰本身是待解的谜：生命力之谜。与此相似，批评者追问的是真理，真理的充满活力的火焰在曾存在的事物那沉重的柴火上和曾经历的一切那轻飘飘的灰烬上继续燃烧"[②]。评论家通过条分缕析，将作品整体结构一一拆解、细化为单独的要素和单位，从中寻找各要素间的联系和区别，并以此为依据来对作品的整体做出判断，如同化学家分析研究物质的化学成分和特性一样；而批评家却并不拆解作品，而是通过对作品的体验，感受作品在自我展现和自我损毁中对真理的渴望和对自我的超越，如同作品在燃烧自我时迸发的真理的火焰，批评家的任务就是感受这一火焰，探寻火焰的奥秘。

由此，本雅明提出自己的观点：艺术批评必须是以探寻作品真理为目标的。本雅明认为，评论往往依据一定的评判标准对作品做出价值判断，不但不能洞悉作品的真理内容，而且不能对作品做出客观评价。尽管人们为了避免主观任意性、力求客观性，千方百计地建立标准规范评论行为，但是本雅明指出，标准本身就体现了人为任意性，但凡不合乎标准的作品都会招致否定，这样的评论"严格地要求无条件地屈服于它的最任意的、显然也是愚蠢的法

---

① 朱宁嘉. 艺术与救赎：本雅明艺术理论研究. 上海：上海人民出版社，2009：17.
② 本雅明. 德国浪漫派的艺术批评概念 // 本雅明. 经验与贫乏. 王炳钧，杨劲，译. 天津：百花文艺出版社，1999：144.

则"①，具有一种把主体的认识强加于作品的特征。因而，对作品的评论或价值判断不可避免地具有一定的主观任意性或者评判性，这与艺术批评的主旨是背道而驰的。

相比之下，批评则可以避免评论的主观任意性。本雅明赞同德国浪漫主义的观点，即"批评概念指的不是对作品的评判"②，肯定浪漫主义的批评家"避免依据成文或不成文的法规对艺术作品开庭作宣判"③，批评的目的不是对作品做价值评判（critique 或 criticize），即不是把批评者的意图强加给作品，而是力求避免主观性。在"整体上仍然不是评判地估价，而是理解和解释一切"④。也就是说，批评是对作品意义的理解，是置身作品的体己理解。在这一过程中，批评家向作品敞开自己的胸怀，让作品向批评家自我呈现它的真理内容，批评是与客观建设性与冷静创造性联系在一起的。

在真理的问题上，存在人们习以为常的两种错误情况：一是将真理等同于客观，二是将主观反映视为真理。人们使用这个概念（真理），往往表现两种倾向：①它意味着与事实相符、相一致，尤其是外部的现实，即外在于个人的主观的事物或世界；②从原则上讲是能够为有理性的人所确定的⑤。第一种指的是与经验世界相符的真理，这在浪漫派看来是不可能的，在浪漫派看来，"哪里没有自身认识，哪里就根本没有认识；哪里有自身认识，哪里的主体客体关联就被扬弃，甚至也可说，哪里就有一个没有客体关联的主体"⑥。第二种指的是一种主观认识的真理，它往往可能是主体自己编织的真实。关于真理的这两种观念，都是在认识论二元对立思维模式中对真实的把握。

本雅明却认为，真理是那燃烧的火焰，恰恰在无意图中呈现，只要我们

① 本雅明. 德国浪漫派的艺术批评概念 // 本雅明. 经验与贫乏. 王炳钧，杨劲，译. 天津：百花文艺出版社，1999：69.

② 本雅明. 德国浪漫派的艺术批评概念 // 本雅明. 经验与贫乏. 王炳钧，杨劲，译. 天津：百花文艺出版社，1999：93.

③ 本雅明. 德国浪漫派的艺术批评概念 // 本雅明. 经验与贫乏. 王炳钧，杨劲，译. 天津：百花文艺出版社，1999：68.

④ 本雅明. 德国浪漫派的艺术批评概念 // 本雅明. 经验与贫乏. 王炳钧，杨劲，译. 天津：百花文艺出版社，1999：93.

⑤ Atkinson, R. F. *Knowledge and Explanation in History: An Introduction to the Philosophy of History.* London: MacMillan Education LTD, 1978: 70.

⑥ 本雅明. 德国浪漫派的艺术批评概念 // 本雅明. 经验与贫乏. 王炳钧，杨劲，译. 天津：百花文艺出版社，1999：72.

尝试从外部去接近它，认识它，真理就永远是逃逸的。若想真正探寻作品的真理内容，必须消解"事物中的被自身和被另一物认识之间的界线"①。只有消解认识论视阈下主客二分的模式，与作品融为一体，才能体会到作品自身的脉动，才能感受到作品的自我呈现。主客二分模式下的"客观真理"与"主观真理"都是事物的假象，是被主体意识过滤的符合一定范式的所谓的真实。也就是说，"在我们的解释中，我们已经领会到我们首要的、不断的和最终的任务始终是不断偶发奇想和流俗之见将先行具有、先行见到与先行掌握给予我们，而要从事情本身出发来构造这些前结构，以此方式来保障科学性课题的可靠性"②。因此，本雅明强调，只有将作品视为唯一的主体，消解一切加诸作品的主客体关系，才能探寻到作品的真理内容，完成批评的任务。

二、消解主客体关系

"主体"（subjectum）一词源自希腊语（hypokejmenon），意指"眼前现成的东西"。在人类历史的早期阶段，主体不仅指"万物之灵长"的人，而且泛指一切植物、石头以及动物等。到了西方古希腊时代，"人是万物的尺度"成为前主体性思维的体现。自柏拉图以后，特别是从笛卡儿到黑格尔这一阶段，随着人的主体地位的凸显，主体从理性出发来理解世界，主客二分的主体性思维开始确立。人不仅是"理性的存在物"，而且成为自然的"主体"。在近代，随着启蒙主义和人本主义的兴起，人才成为真正的主体：从笛卡儿的"我思故我在"、贝克莱的"存在就是被感知"、康德的"人为自然立法"，到黑格尔的"绝对理念"，"人类的主体性思维演绎出强大的自我意识，演奏出一曲人的主观性、自主性和创造性的千古绝唱"③。

主客体关系的确立意味着主体通过主体意识经由理性感知和认识客体，实现主体对客体观念的掌握，主客体关系一跃成为近代哲学的重要课题。"人的主体性通过人的认识和实践显现出来。自我反思、自我认识、自我完善、自

---

① 本雅明. 德国浪漫派的艺术批评概念 // 本雅明. 经验与贫乏. 王炳钧，杨劲，译. 天津：百花文艺出版社，1999：73.

② 朱宁嘉. 艺术与救赎：本雅明艺术理论研究. 上海：上海人民出版社，2009：：152.

③ 刘军平. 再思翻译的主体性与主体间性——从主客二分到视角共享 // 胡庚申. 翻译与跨文化交流：整合与创新. 上海：上海外语教育出版社：2009：132-133.

我改造以及自我发展成为主体性的基本内涵。"① 因此，在本雅明看来，主客体关系凸显的是人的主观性以及人对客体的支配和控制，处于这种关系之下的客体永远处于从属地位，其本质永远被人的主观性所遮蔽，所能被揭示的也仅仅是符合主观意识取向的表象。

早在《未来哲学论纲》中，本雅明就对康德主客体二元对立的认识论进行了批判。本雅明认为，康德所谓的关于客体的客观知识，只是"关于个别生存的人和他的意识的知识"，仅仅是主观建构的产物，并不能揭示客体的本质。本雅明主张消解主客体关系，取消人对事物的支配权，让事物与认识者融为一体。在浪漫主义者看来，"一事物被另一事物的认识与被认识者的自我认识、与认识者的自我认识以及与认识者的被认识，即被它所认识的事物认识，是叠合的"②。事物和人都可以在这种相互融合之中获得自我认识和相互认识。这是一种作为认识者的人放弃主观性，参与到事物当中，与事物融为一体，在体验和感受事物中一同被认识的过程。在本雅明看来，批评正是这样一种过程：批评家与作品互相交融、彼此渗透，批评者不断参与到作品中，在感受作品自我呈现的过程中实现对作品和自身的认识。批评就是对艺术品的认识，也是艺术品的自我认识，更是批评家对人（包括作者和批评者）自身的认识。参与活动不停止，作品就无限地自我展开，同时也向批评家展现。在作品自我展现、自我反思的过程中，作品的真理内容逐步展现于其中。

本雅明消解艺术批评中批评家对作品的主客体关系的同时，也就取消了建立客观批评标准的必要性。他认为，作品的价值在于"可批评"，值得批评，意味着批评家与作品的融合过程可在具体的语境中展开。在融合中，批评家的主观性受到来自作品的自我认识、自我展现方式的限制，主体自我膨胀的可能性得到了遏制，主客体关系被消解，主体对客体的支配权在这一过程中被筛选和过滤。同时，作品的本质在无主体限制中得以完全展开，原先主客关系下认识的偏颇也在作品的自我展现中得到了修正。浪漫主义批评因而主张从作品出发，"内在批评"由此得以建立。让作品"自己进行思维"，自己呈现，是克服

---

① 刘军平. 再思翻译的主体性与主体间性——从主客二分到视角共享 // 胡庚申. 翻译与跨文化交流：整合与创新. 上海：上海外语教育出版社，2009：133.
② 本雅明. 德国浪漫派的艺术批评概念 // 本雅明. 经验与贫乏. 王炳钧，杨劲，译. 天津：百花文艺出版社，1999：73-74.

思维主观任意性的保证。当然，作品的内省性或自我认识是内在批评的前提，只有作品能够进行自我反思，自我呈现，它才是可批评的，批评家才能融入作品，实现对作品的认识。在作品的内省中，主客关系取消，"客体这一术语所指的不是认识中的一种关系，而是一种无关系"①。因此，浪漫主义的认识论是一种消解主客二元对立模式的认识论，"让思维远远超越一切约束，直至对真理的认识魔幻般地从对约束之错误性的认识中脱颖而出"②。

在浪漫主义内在批评观中，主客体的关系是，被消解之后，作品与批评家都是自我认识的单位。在这种直接认识中建立起来的认识关系中，作品摆脱了主体加诸客体的限制和支配，主体中心和权威由此也就自行消解，作品自身的真理内容才得以展现。在本雅明看来，作品中真理内容的保留和揭示，正是以对主体的中心和权威的抛弃为前提的。正是对教条主义和怀疑主义的摒弃，"可批评"的艺术作品才得以从一个个所谓的客观的批评标准中解脱出来，走向一个永远向批评家开放的批评过程。艺术批评不再是作品客体向批评家主体的呈现，而是批评家与作品的融合中艺术的自我呈现。批评是不断接受作品影响和影响作品的过程，在这一过程中，作品的本质不断地涌现，批评的主客二分得以消除，而评论的主观任意性得到克服。作品也只有在不断的自我展现、自我思考中，才能不断地超越自我，揭示真理。

从这一意义上讲，内在批评"一方面对作品进行完结、补充和系统化，另一方面把作品分解于绝对物之中"③。作品"以毁灭为代价"，逐步得以完成。所谓毁灭，即剔除作品中关涉现实世界的物质内容；所谓完成，不只是促进作品自身的展开和觉醒，更是自身向绝对艺术理念的超越。作品的本质和真理在这一过程中渐渐浮出，它不是作为客体向主体的呈现，而是在作品的自我反思和自我超越中的自行展露。"内在批评"保存了艺术的真理内涵，并实现了批评的绝对客观性和真实性。艺术作品的内在结构提供了"对一切主观性的校正"，而艺术作品内在潜藏的倾向性或内省性不仅是自我展开的动力，而且是内在批

① 本雅明. 德国浪漫派的艺术批评概念 // 本雅明. 经验与贫乏. 王炳钧，杨劲，译. 天津：百花文艺出版社，1999：73.

② 本雅明. 德国浪漫派的艺术批评概念 // 本雅明. 经验与贫乏. 王炳钧，杨劲，译. 天津：百花文艺出版社，1999：67.

③ 本雅明. 德国浪漫派的艺术批评概念 // 本雅明. 经验与贫乏. 王炳钧，杨劲，译. 天津：百花文艺出版社，1999：93.

评的前提。也就是说，艺术批评是作品内在生命力的伸展。"只要批评是对艺术作品的认识，它就是艺术作品的自我认识；只要批评评判作品，它就要以作品的自身评判来进行。"① 这是一个不断损毁作品物质内容、促进作品自身向绝对艺术理念的升华过程，或者说，内在批评是作品不断觉醒、不断展开、无限完成的过程，是一个作品的质变过程，而不是对作品是否具备现实意义和人文价值的判定。作品在自我认识中展开自身内容，批评引导和促进作品的自我展示，正是在艺术的自我呈现或内省中成就批评的客观性。

三、回归作品本身

本雅明的内在批评观强调让作品自我呈现、自我思考。按他的观点，要对现象如其本然，不加干涉地把握。那么，人们怎样才能避免主客观关系的介入，使事物本来的样子展现，或者说，让作品的真理内容如其本然地自行呈现呢？

对此，我们可以从本雅明对于如何让孩子获取关于世界的真正知识的论述中得到答案。本雅明主张让孩子直接面对世界，面对直观教具、玩具和书籍等；而不是面对成人已经建立起来的关于世界的知识，不是面对现代心理学建立起来的学习理论。这不仅仅因为世界充满了无可比拟的吸引孩子们注意力和供他们使用的独特的或者是被成人们废弃的物品，更重要的是因为孩子们在使用这些物品时是按一种新的、具有直觉的关系组合不同种类材料的，他们是在更大的世界中而不是在成人给他们安排好的世界中制作他们自己的、由物品构成的小世界。或许他们的知识，在实践中不仅不适用，而且有危险，但这些知识作为存在，对于孩子还是新的，它们是关于存在的知识，而成人所给定的思想会影响孩子们，使他们无力获取属于自己的关于世界的知识，也因此无力获取关于世界的真知。② 本雅明所强调的是放弃任何从主客体关系中获得的有关事物的"知识"和"经验"，即康德知识论所宣称的人对世界的认识，不带任何先验的主观意识地凝神观照事物。"凝神观照"意味着人作为观察者，不对事

---

① 本雅明. 德国浪漫派的艺术批评概念 // 本雅明. 经验与贫乏. 王炳钧，杨劲，译. 天津：百花文艺出版社，1999：80.
② 本雅明. 单向街 // 本雅明. 本雅明文选. 陈永国，马海良，编. 北京：中国社会科学出版社，2011：370.

物做任何干涉，而是沉浸于事物的发展变化之中，用自身的生命力去感受事物的生命力，细致体会事物的"一举一动"，仿佛与事物融为一体。这种状态就是本雅明语言观中所论述的纯语言时代的人与自然的相处状态。"在这种凝神观照中，万物之语言向他传达。"① 纯语言与精神、真理的同一性正是人类对自然凝神观照的产物，在人类对万物的直观中，万物向人类展现自己的本质，而人类也在直观中向上帝传达自己的精神，获得自身的认识。但是，随着人类的堕落，人类放弃对万物的凝神观照之后，主客体二元关系开始确立，知识便产生了。因此，本雅明强调，只有在对事物的凝神观照中，事物才能自我呈现，而这一切的前提是让事物摆脱主客体关系的羁绊。本雅明认为，由于孩子的心智未发育成熟，未接受过多的"知识"和"经验"，即受到的主客体关系的限制较少，比成人更容易直接触摸并拥抱世界，能以异于成人的眼光看待世界、感受世界，因此，现实世界中对于成人而言毫无"价值"的事物，在孩子的直观中却具有不同的意义。尽管孩子的直观仍然不能与纯语言时代的人类的"凝神观照"相提并论，事物也不可能在孩子的直观中完全展现自身，揭示真理，但起码本雅明为我们指出了与事物融为一体的可能性。

本雅明早期关于"星座"的形而上学思想就已经阐明，人类对真理的探寻必须走出概念世界，挣脱主体建构的意识和思想网络。主体建构的意识和思想网络是对经验世界现象的表征，所捕捉到的仅仅是符合主体意识和概念体系的假象，而事物的本质内容却永远隐不可见，"需要表达的现实并不存在于客体的外表，而在于某个深处，在其中，外表是没有什么意义的"②，事物的本质和意义，是待解的迹，是不可言说的真理，是充满活力的"生命力之谜"。用本雅明的话说，它是燃烧在曾存在的事物那沉重的柴火上和曾经历的一切那轻飘飘的灰烬之上的火焰。"真理并不进入关系之中，尤其是意图性关系。知识的客体实际上是由概念中固有的意图所决定的，所以不是真理。真理是无意图的存在状态，因此，接近真理的正确方式不是通过意图和知识，而是完全沉浸融汇其中。"③ 真理即"意图之死"，任何主客体关系都带有主体认识倾向，在它面

---

① 本雅明. 论原初语言和人的语言. 苏仲乐，译 // 本雅明. 写作与救赎——本雅明文选. 李茂增，苏仲乐，译. 上海：东方出版中心，2009：15.
② 朱宁嘉. 艺术与救赎：本雅明艺术理论研究. 上海：上海人民出版社，2009：156.
③ 本雅明. 德国悲剧的起源. 陈永国，译. 北京：文化艺术出版社，2001：8.

前，真理总是逃避的，人们愈努力去接近真理，真理就愈远离。只有直面作品本身，去除任何主体认识意图，在直观中，以切身的体验感悟生命，融入作品，与作品"共呼吸同命运"，作品的真理内容才会在作品的自我发展变化中自行显现。

本雅明之所以对普鲁斯特给予关注，其原因在于本雅明从普鲁斯特的作品中看到了主客体关系下事物的真实以及直观中事物的真实。在普鲁斯特看来，不论现实主义如何强调事物按其本来面目展现，不论对事物的反映怎样逼真，终归是主体意识在主客体关系中对事物的模仿，仅仅是类真实，是关于真实的神话。普鲁斯特将这种主客体关系中的真实称为体验到的真实，即主体意识所经历到和认识到的事物的本质，普鲁斯特认为这种真实完全是谎言和假象，他所关心的是人经验到的事物的真实，即身心融入事物后所感受、体会、把握到的事物本质。

在体验中，主客体关系存在，人作为主体，只是作为客体的事物的一个旁观者，人以主观性介入事物，寻找相符的内容，排斥相异的内容，而在经验中，主客体关系被消解了，人与事物融为一体，内在于事物之中，与事物共同感受自身的发展和变化。普鲁斯特说："在我们对自然、社会、爱情甚至艺术本身作最无动于衷的观察时，由于每一种印象都是双重的，一般潜藏在对象事物中，另外一半进入到我们身体中，只有我们自己能够了解，所以我们急急忙忙地恰恰把这后者忽略了，忽略了我们应该挖掘的唯一的东西，而只考虑前者，因为前者是浅显的，从而是不能深挖的，用不着我们费吹灰之力。"[1]换言之，体验意味着主体对外在事物的印象和反映，是以主体意识为前提的；而且印象和反映仅仅是现象，是事物存在的外表假象，不涉及事物的本质。相比之下，经验要求人们直面事物，回归到事物自身之中，但是这种返回却不能在现实的直接经验中完成，而只能以回忆为媒介来完成，因为在现实中，主客体关系始终是存在的，不可能做到"凝神观照"事物，也就不能与事物真正融为一体。可见，普鲁斯特同样主张回到事物本身，去探寻事物的本质，这与本雅明内在批评观强调返回作品本身、让作品呈现自我从而展现真理的观点是一致的。普鲁斯特认为，现代社会中人们已经无法经验事物，只能体验事物了，这

---

① 比梅尔. 当代艺术的哲学分析. 孙周兴，李媛，译. 北京：商务印书馆，1999：193-194.

与本雅明语言观的观点——人类堕落之后，放弃了对万物的凝神观照是一致的，不过本雅明依然坚信，只要消除主客体关系，就能恢复对万物的直观，返回到事物本身。因此，本雅明的内在批评观一再强调返回作品本身去揭示作品的真理内容。

本雅明在波德莱尔的寓言诗中寻找了在经验缺失的现代社会中，恢复对万物的直观从而探寻"真理"的可能性，因为他在波德莱尔笔下的游手好闲者身上看到了希望。

游手好闲者张望四周，但从不以观察者的身份注视世界，而是置身于世界，置身于城市所造就的熙熙攘攘的为生计奔波的人群之中，"那些心不在焉地穿过城市，迷失在思绪和忧虑中的人们"①，"没有把这些地方印在他的心上，然而他把心印在了这些地方"②。"在波德莱尔的心目中，他们是什么都可以，唯独不是一个观察者"③，观察者的自命不凡和置身事外更加突出了现代主客体二元认识模式造成的悲剧，即愈是对世界做出概括和认识，就愈陷入体验的世界：一切皆是表象，真相永不可见，擦肩而过的匆匆路人身陷悲剧之中，却懵然不知。而游手好闲者却与那些忙碌的人不同，他仿佛对周围视而不见，一副放之任之的态度，但正是在这种毫无聚焦的目光中，事物摆脱了主客体关系的羁绊，按其本来面目呈现出来，事物本质和真理内容的揭示也就为期不远了。

总之，本雅明的内在批评是让作品在自我展现中实现自我超越，揭示真理。批评家在消解了自身的主体性之后，与作品融为一体，徜徉在作品之中，感受和"经验"作品的生命力，引导和促进作品自我反思、自我超越。在批评家对作品进行的"无意图"凝视中，作品固有的真理内涵便自行展现出来。因而，法国女学者西尔维亚·阿加辛斯基（Sylviane Agacinski）在《时间的摆渡者：现代与怀旧》（*Le Passeur de temps:Modernité et nostalgie*）中说："本雅明思想的魅力所在，与其说是理论上的建设，不如说是他面对事物时发挥的想象，是他唯物的幻想。他没有把我们引向概念，而是引向事物。漫步者让我们

---

① 本雅明. 发达资本主义时代的抒情诗人. 张旭东，魏文生，译. 北京：生活·读书·新知三联书店，1989：87.

② 本雅明. 发达资本主义时代的抒情诗人. 张旭东，魏文生，译. 北京：生活·读书·新知三联书店，1989：6.

③ 本雅明. 发达资本主义时代的抒情诗人. 张旭东，魏文生，译. 北京：生活·读书·新知三联书店，1989：88.

去思考事物的'生命'。"①

第二节　读者反应批评观的拒绝

本雅明的内在批评观消解了主客二元性，提倡回到作品本身，尊崇作品的自我展现，从本质上已经拒绝任何外在于作品的客体对作品的判断和认识。甚至艺术作品的创造者——作者也被剥夺了创造力，沦为制造者，作品成为唯一的自在自为的整体和主体，不允许外在主体以主客体的关系介入，任何对作品的批评只有进入作品，与艺术主体融为一体，促成艺术主体的内省，才是对作品以及艺术有意义的，除此之外，任何以作品为客体的批评都是评论，是主观的、暂时性的带有价值取向的判断，于艺术无益，只能带来无休止的争论。不仅如此，作为艺术作品接受者的读者也在主客体二元性的消解中被本雅明抛弃，在本雅明眼中，艺术作品是唯一的中心，其他相关因素（作者、读者、批评家）都显得无足轻重。本雅明对读者的忽视正好与强调读者反应的德国接受美学批评针锋相对，两者相互对比，可加深我们对本雅明批评观的认识。

接受美学批评（Reception-Aesthetics Criticism）兴起于 20 世纪 60 年代的德国，是以汉斯·罗伯特·尧斯（Hans Robert Jauss）和沃尔夫冈·伊瑟尔（Wolfgang Iser）为代表的德国康斯坦茨学派在现象学和阐释学基础上建立起来的文学批评模式。该学派着眼于文学的接受研究、读者研究、影响研究，不将文学研究的重点放在作品同作者和现实的关系上，也不放在文本的语言、结构、功能上，而是放在读者的接受上。他们之所以称自己的文学研究理论为接受理论、接受美学，原因也就在于此。本节仅就艺术本质和读者地位来阐明本雅明批评观与接受美学批评观的区别。

一、艺术本质

接受美学认为，文学艺术作品的生产过程并不只是作家创作作品的过程，还必须包括由读者参与的作品接受过程。在前一过程中，作家与作品构成主客

---

① 阿加辛斯基. 时间的摆渡者：现代与怀旧. 吴云凤，译. 北京：中信出版社，2003：60-61.

体参与者；在后一过程中，读者与作品构成主客体参与者。在这两个过程中，作品成为中介，将两者统一起来。因此，作家、作品和读者成为文学艺术生产的三要素，缺一不可。接受美学指出，文学艺术与自然科学和物质生产活动不同，它不是指向作为客体的物的世界的对象性活动，而是处理作为主体的人与人之间关系的人际交流活动。尧斯认为，"文艺的本质是它的人际交流性质，这种性质的根据是它的独特的对象性：不是死的物而是活生生的人。这决定了文艺作为一种交流媒介，不能脱离其观察者而独立存在"①。尧斯将文艺的进程视为一种对话过程，其中，对话的双方——作者和接受者——处于平等的地位，二者同等重要，不可或缺。

接受美学在强调文艺作品的人际交流性的同时，还将重点放在文艺作品的接受过程上。文艺作品的生产尽管没有功利性，但仍具有目的性。作家创作作品的目的是使之供人阅读、欣赏，面对的对象是作品的读者和观赏者。由此，接受美学认为，文学艺术作品的价值在于审美，如果不经过审美接受活动，文学艺术作品充其量是由没有生命力的物质材料堆砌而成的客观存在，只具有外在的存在形态，不具有任何意义和内容。作品只有在接受活动中，产生一定精神作用和审美效果之后，才具有艺术价值，从而成为具有生命力的文学艺术作品。文学艺术作品虽然是作家思想和情感的结晶，但一旦被创作出来，却只能以物质材料的形式存在，尚未转化为"观念的实体"。唯有审美接受活动才能将其从这种物性存在中解放出来，使其获得艺术生命力。尧斯指出，"艺术只有作为'为他之物'才能成为'自在之物'，因此，被阅读和欣赏是艺术作品的重要本质特征"，"文艺作品的历史的和现实的生命没有接受者能动的参与是不可想象的"。②

可见，文学艺术作品的存在具有双重性质，它既必须以物质客体的形式存在，又与一般的物质客体不同，还是一种观念性实体。只有实现了从前者向后者的转化，它的存在才是完整的。文学艺术作品在创作活动结束后并未完成，而只有通过接受活动才能最后完成。作品在被接受者"内化"和"心灵化"之前，尚未成为接受者审美意识中不可分割的一部分，它仅仅是一种包含了许

---

① 章国锋. 文学批评的新范式——接受美学. 海口：海南出版社，1993：27.
② 章国锋. 文学批评的新范式——接受美学. 海口：海南出版社，1993：27.

多不确定性和空白点的"框架结构"，需要接受者的理解、体验、加工、补充和创造，融入接受者的人生经验、审美经验、思想、情感、倾向和评价。只有这样，作品才能显现其作为艺术实体的思想内涵和审美价值，才能得到真正的完成。

接受美学强调艺术在于审美。文学艺术作品是物质形式与内在观念的统一体，作家仅仅创作了作品的物质形式，不具有任何价值，作品只有经过读者的审美过程，才能成为完整的作品。文学艺术生产有赖于作家和读者的通力合作。由此，读者对于作品的接受和审美判断成为接受美学的研究重点，读者的重要性得以凸显。

本雅明批评观与接受美学批评观最大的区别即在于对艺术本质的界定不同。本雅明强调，艺术的本质在于内省。"艺术是内省（reflection）媒介的决定因素——也许是它所接受的最有成效的因素。"①"内省"意味着艺术实体的自我展现，即艺术实体思考自身、模仿自身和构成自身。内省是一种双重过程：一方面，艺术实体展示自身本质和特性；另一方面，艺术实体通过展示自身，认识了自身，从而得到自我超越、自我升华。必须指出的是，"内省"是艺术实体进行自我精神反思，而不是艺术家借助艺术反思自身。本雅明强调艺术作为思维主体来思考自身，完全消解了主客体二元对立。在本雅明的批评视阈里，只有一个主体，那就是艺术实体，艺术通过内省得到超越，直至获得艺术理念。"这意味着无利害关系的内省，以无关系性为起点的内省，……客体作为无而隐退仅仅是为了给精神创造自动的内在调节的机会。"② 因此，艺术的存在和艺术的生产不具有任何目的性和对象性，它存在和生产的唯一理由是自我思考、自我升华。

在本雅明看来，艺术批评的目的就是触发艺术实体的内省，"仿佛是对艺术作品的实验，这种实验唤醒了后者自身的内省，把它带到意识的层面和对自身认识的层面"③，但是这种触发或唤醒不是主客体式的介入，而是融入作品，

---

① 本雅明. 德国浪漫主义的批评概念（节选）// 本雅明. 本雅明文选. 陈永国，马海良，编. 北京：中国社会科学出版社，1999：3.
② 本雅明. 德国浪漫主义的批评概念（节选）// 本雅明. 本雅明文选. 陈永国，马海良，编. 北京：中国社会科学出版社，1999：4-5.
③ 本雅明. 德国浪漫主义的批评概念（节选）// 本雅明. 本雅明文选. 陈永国，马海良，编. 北京：中国社会科学出版社，1999：6.

让作品自我唤醒。"批评所要做的不过是发现作品本身的秘密倾向，完成其隐蔽的意图。批评属于作品自身的意义——即是说，在内省过程中，批评应该超越作品，使作品成为绝对的。显而易见：对浪漫派来说，批评与其说是对作品的判断，毋宁说是使其圆满的方法。"① 换言之，批评家的任务是发现艺术作品内省的倾向，顺势引导而不留任何介入的痕迹，促成作品内省的完成。

本雅明认为，艺术作品是物质形式和精神实体或内省主体的统一。但是，与接受美学观点不同的是，接受美学所强调的是作品的原初不完整性，即先有物质形式，后有观念实体，而本雅明却认为只是"因为它是一个整体，一部作品才成为一部作品"②，艺术作品一经产生就已经是一个自给自足的整体。作者借助其创作技巧为作品赋予了物质形式，而作品的内省机制即存在于这一物质形式之中。正因为艺术作品的相对封闭性和无对象性，艺术不接受任何主客体式的审美判断。审美判断始终关涉作品的物质形式即外在客观存在，但是，"形式已不再是美的表达，而是艺术作为理念自身的表达。最终，美的概念必须全部退出浪漫主义艺术哲学"③。实际上，本雅明仅通过将艺术界定为内省的媒介就将一切视艺术作品为客体的相关主体（如作者、读者、批评家）的支配地位全部取消了。

二、读者地位

在接受美学批评观中，读者的地位非常重要，这不仅因为读者对作品的阅读和接受过程是作品得以完成的关键，而且因为读者的审美体验关乎作品的艺术价值。

接受美学强调，艺术生产在于作者与读者的交流，艺术作品的完成不仅在于作者对作品的创作，更依赖于作者通过作品被读者阅读和接受来达成与读者的相互沟通。首先，艺术作品是作家利用其所处现实世界的素材，运用一定的创作技巧，发挥主观能动性完成的产物，在一定程度上带有作家生活世界的

---

① 本雅明. 德国浪漫主义的批评概念（节选）// 本雅明. 本雅明文选. 陈永国，马海良，编. 北京：中国社会科学出版社，1999：8-9.

② 本雅明. 德国浪漫主义的批评概念（节选）// 本雅明. 本雅明文选. 陈永国，马海良，编. 北京：中国社会科学出版社，1999：14.

③ 本雅明. 德国浪漫主义的批评概念（节选）// 本雅明. 本雅明文选. 陈永国，马海良，编. 北京：中国社会科学出版社，1999：39.

印记，但同时不可避免地掺杂了作家的个人主观成分，如意图、想象、喜好。因此，伊瑟尔认为，艺术作品"与其说是生活世界的反映与摹写，不如说是作家运用从这个世界所取来的材料进行艺术创造的产物，是一种渗透了主观性的'虚构'……它与现实世界又有着本质的区别，它渗透了虚构者的主观想象和价值观念，是虚构者的主观世界与现实世界的某些成分相结合的产物，因而是现实世界的'参照物'"[1]。其次，作品只有在读者阅读过程中才现实地转化为文学作品，作品的潜在意义也是由于读者的参与才得以实现的。

伊瑟尔认为，作者创作出来的作品本身就是不完整的，它仅提供给读者一个"图示化方面"的框架结构，这个框架无论在哪一个方向和层次上都有许多不确定性或"空白"，构不成连续的清晰的叙事结构，有待于读者在阅读过程中填补和充实。"所谓'空白'，就是指本文中未实写出来的或未明确写出来的部分，它们是本文已实写出部分向读者所暗示或提示的东西。"[2]空白构成了文学作品文本的基本结构，即伊瑟尔所谓的"召唤结构"。正是空白的存在对读者产生了一种"动力性"，吸引读者参与文本所叙述的事件，并为它们提供理解和阐释的自由。在阅读活动中，读者必须赋予文本中存在的不确定性以确定的含义，填补文本中的空白，恢复文本中被省略的逻辑联系，才能获得对文本形象的连贯、完整的印象，并把这种形象描绘得更加清晰、生动、细致，体现在文本中的创作意图才能逐渐被"现实化"。"在此过程中，读者由于无法把作品所表现的世界与现实世界以及自身的经验完全对应起来，便不得不进一步做出反应并对二者进行反思，通过反思，文本于是会产生各种不同的意义。"[3]接受美学通过文本的"召唤结构"强调读者对作品的阅读，认为赋予作品意义的过程不是读者被动的接受，而是读者充分发挥主观能动性的结果，因此，接受美学认为，读者的阅读和接受是对作品的再创造活动，与作者创作过程同样重要，正是通过读者的再创造，作品才焕发了生命力，具有了价值。"文学作品只有通过阅读活动才能获得生命力，它的意义也只有在此过程中才会产生。意义是作品和读者相互作用的产物，而不是隐藏在文本之中，等待评论家去发

---

① 章国锋. 文学批评的新范式——接受美学. 海口：海南出版社，1993：53.
② 朱立元. 接受美学导论. 合肥：安徽教育出版社，2004：70.
③ 章国锋. 文学批评的新范式——接受美学. 海口：海南出版社，1993：55.

现的神秘之物。"① 同时，读者对作品的阅读和接受过程也是作品的审美过程。接受美学重视读者阅读过程中对作品的审美体验，"审美享受则意味着，艺术作品陶冶接受者的心灵，使其情感和情绪发生变化，从而摆脱日常现实和情感的束缚，达到某种程度的内心平衡和自由。在艺术欣赏中，接受者的全部身心都投入作品所创造的艺术境界中，完全忘却日常生活中的烦恼和苦闷，感到自己的内心获得解放，情感得到升华，从而感受到审美的愉悦"②。由此，接受美学将读者反应或审美体验确立为艺术批评标准。

　　相比之下，本雅明内在批评观完全忽视了读者的作用。在本雅明看来，艺术无任何功利性和目的性，它的存在是为了让艺术实体内省，不断思考自身，超越自身，获得艺术理念，艺术作品为艺术实体的内省提供了客观的栖身之所，同时为艺术实体施加了现实世界的限制，"艺术作品正是通过它的形式才成为活的内省中心的"③。艺术实体正是借助内省，不断冲破作品物质形式的限制，向着理念不断升华的。因此，"艺术和艺术作品本质上既不是美的表象也不是被直观地激发的情感的显示，而是依赖自身的形式媒介"④。艺术作品既不是为了供人阅读和欣赏，也不是为了审美体验，而是为了真正的超脱，即由有限向无限的升华。艺术作品成为自给自足、自我发展的主体，从传统的主客体二分的关系网中挣脱了出来，作者、读者、批评家不再对艺术作品享有支配权。

　　本雅明在确立艺术作品的主体地位并消解一切主客体关系之后，重新界定了批评的含义。在他看来，既然艺术作品成为唯一主体，那批评家就不能以主体身份将作品纳入其主体视阈中加以评判。尽管批评家一再追求批评的客观性，以促进艺术的发展为目标，但是主客体关系的前提使得批评家的主观因素始终存在于这种批评之中。本雅明看到了艺术批评在主观和客观之间徘徊的困境，赋予了艺术批评以绝对客观性。"在当代观念中，批评是对作品的客观认识和评价的综合，浪漫主义批评概念的独特性在于它摆脱了审美判断中对作品

① 章国锋. 文学批评的新范式——接受美学. 海口：海南出版社，1993：53-54.
② 章国锋. 文学批评的新范式——接受美学. 海口：海南出版社，1993：94-95.
③ 本雅明. 德国浪漫主义的批评概念（节选）// 本雅明. 本雅明文选. 陈永国，马海良，编. 北京：中国社会科学出版社，1999：12.
④ 本雅明. 德国浪漫主义的批评概念（节选）// 本雅明. 本雅明文选. 陈永国，马海良，编. 北京：中国社会科学出版社，1999：39.

的任何特定的主观评价。评价是对作品的客观研究和认识所固有的。批评家并不是对作品加以判断，而是对艺术本身进行判断，或是把作品纳入批评媒介，或是拒绝作品，并因此而将其置于一切批评之下而加以评价。"① 本雅明认为，批评的任务就是促进艺术作品的内省，是对作品肯定性的强化，让作品自我判断，自我思考，从而超越自我，成为普遍之物。值得注意的是，绝不是批评家把批评强加于作品的，也绝不是批评赋予作品内省能力的，因为内省本身就蕴含于作品之中，批评只起到强化作用。因此，批评能否成功取决于作品的内省能力，"在这个过程中，批评取决于内省的生殖细胞，即作品形式上的肯定时刻，批评将其变成了普遍的形式时刻。批评就这样再现了个别作品与艺术观念的关系，并据此而再现了个别作品本身的观念"②。由此，本雅明找到评价作品价值的标准："作品的价值惟只取决于它能否使内在批评成为可能。如果这是可能的——如果在作品中存有能够展开自身、使自身绝对化，并在艺术媒介中消解自身的内省的话——那么，这就是艺术品"，"因为没有其他标准，没有其他尺度用以判断内省的在场，而只有其有效地展开的可能性，这种有效的展开就叫作批评"。③ 如果一部作品可以被批评，那么它就是艺术作品，否则就不是。

正是在可批评性的基础上，本雅明强调艺术作品的不完整性，因为只有不完整的作品才需要接受批评，"只有不完整的东西才能被理解，才能引导我们进步，完整的东西只能被欣赏。如果我们想要理解自然，那么，我们就必须假定它是不完整的"④。但是，这与接受美学所说的艺术作品的不完整性有本质区别。接受美学认为，不经过读者阅读和接受的作品是不完整的，只能是一种"图示化"的物质材料，没有任何价值，接受美学的"不完整性"强调的是作者经由作品与读者的交流意义，即目的性的实现。而本雅明强调的是艺术作品的

---

① 本雅明. 德国浪漫主义的批评概念（节选）// 本雅明. 本雅明文选. 陈永国，马海良，编. 北京：中国社会科学出版社，1999：18.
② 本雅明. 德国浪漫主义的批评概念（节选）// 本雅明. 本雅明文选. 陈永国，马海良，编. 北京：中国社会科学出版社，1999：12.
③ 本雅明. 德国浪漫主义的批评概念（节选）// 本雅明. 本雅明文选. 陈永国，马海良，编. 北京：中国社会科学出版社，1999：16-17.
④ 本雅明. 德国浪漫主义的批评概念（节选）// 本雅明. 本雅明文选. 陈永国，马海良，编. 北京：中国社会科学出版社，1999：9.

内省性，"在与艺术的绝对理念的关系上，每一件作品都必然是不完整的"。只要作品不能做到绝对内省，不能升华至普遍，那它就存在一种对批评的需求，这种需求就是作品不完整性的体现。可以说，这种不完整性是内在化，"并在形式上打下了烙印"，那么，批评的核心意向不仅是让作品自我判断，而且是对作品的完成、实现和系统化，批评的重要性不言而喻。

本雅明将批评内在化之后，接受美学中作为主体的读者就不复存在了，因为如果存在这样的读者，那么他对作品的接受和评价就始终是带有主观性的，无益于艺术的自我发展，而如果想对作品做出有意义的评价，则必须消解主体地位，进入作品，以作品为主体。这也是本雅明内在批评观的论述中丝毫没有提及读者的原因。本雅明强调批评的重要性，那他是否凸显了批评家的地位呢？实际上，本雅明尽管多次提及批评家，但他仅仅是作为批评行为实施者的人格化虚设，不具有任何主体地位，在作品面前，批评家也被剥夺了主体地位，失去了话语权，批评的目的就是让作品自己展现。一切在传统批评视阈下与作品相关的主体，如作者、读者、批评家，都屈从于作品的内省，成为作品自我反思阶段或内省阶段的人格化。"以批评家的观点看待批评的任务，因为只有这样才能理解下文中'真正的读者'这个术语：'真正的读者必须是引申的作者。他是接受事先已经由低级法官处理过的案例的高级法官。在阅读的过程中，正是感觉……反过来决定该书的粗糙性和文化，而如果读者按自己的思想改写该书，那么，第二个读者会进一步将其精炼。因此，最终……大众成了……有效精神的器官。'即是说，个别艺术作品应该在艺术媒介中消解，但是，这个过程只能恰当地由一些相互取代的批评家来完成，如果这些批评家不是经验的知识分子而是人格化的内省阶段的话。"①

本雅明内在批评观与接受美学批评观在对待读者反应方面的区别正是源自其对艺术本质的不同认识。接受美学对待艺术采取的是人文主义态度，即艺术在于审美体验，艺术生产是为了被人阅读和接受，艺术承担的功能是促进作者与读者的交流，使读者获得相应的审美享受，其中，艺术完全是作为人的客体而存在的。而本雅明却赋予了艺术认识真理，实现真理的伟大使命。在他看

---

① 本雅明. 德国浪漫主义的批评概念（节选）// 本雅明. 本雅明文选. 陈永国，马海良，编. 北京：中国社会科学出版社，1999：7-8.

来，艺术实体是自给自足的主体，借助艺术形式的物质存在，不断内省完成自我超越。艺术作品是有限和无限的统一，艺术批评的任务是强化艺术实体的内省能力，使其冲破有限的物质形式的羁绊，升华至普遍。每一种艺术作品都体现一种艺术实体的内省方式，只有穷尽所有的内省方式，才能实现具有绝对内省化的艺术纯形式，即艺术理念。艺术理念作为一种总体的无限，是艺术的终极目标，同时也是人类的最终追求。从这个意义上，本雅明之所以强调艺术作品的无目的性，就是因为一旦具有现实目的性，艺术就将陷入现实的囹圄，无法超越有限，获得永恒的意义了。

第四章

翻译思想中的寓言内核

在本雅明的研究语境中，寓言早已从一种单纯的文学样式和中世纪释经方法蜕变成一种现代美学批评范式，与他早期倡导的"神学范式"和后期转向的"政治范式"共同构成了他学术思想大厦的基石。[①] 严格来讲，本雅明在《德意志悲悼剧的起源》中才正式对寓言内涵做出全新阐释，但很多人并未察觉的是，寓言作为一种思维方式，早已贯穿本雅明的全部学术思想，更是其翻译思想的内核[②]，仿若他所阐释的"纯语言"种子一般蕴含在他的翻译思想之中，不断召唤他人前来解读。

如前文所述，本雅明从 17 世纪德国巴洛克悲悼剧中发掘出寓言的价值，即借助言意分裂的艺术表现形式和思辨方式来表征碎片化的现代社会，从"无价值的"废墟中解读从此岸到达彼岸的潜势，以现世的灾难戳穿现代性进步的幻象，于持续不断的、无希望的、可朽的、痛苦的造物生活中寻找超验或神性世界的希望便是本雅明寓言思维方式的真谛。这种独特思维方式的形成，一方面是本雅明个人忧郁性情使然，另一方面则是本雅明一生流亡经历所致。

事实上，借助本雅明寓言理论的视阈，他对语言本质、翻译本质、可译性的界定，对"忠实"与"自由"传统翻译原则的颠覆，对原作与译作关系的全新阐释以及对译者的任务的强调便具有了美学批判维度，我们也就理解了本雅明的翻译思想启发德里达的解构主义翻译思想以及他被尊为解构主义鼻祖的真正原因。本雅明翻译思想的寓言特质主要体现在以下几个方面：（1）把现实人类语言视作"纯语言"或"亚当语言"的寓言；（2）把翻译视为表征和反抗语言言意分裂关系的寓言化；（3）把可译性看作原作借助寓言的二律背反性实现总体性的潜能；（4）将对形式的忠实（即传统翻译观中的忠实概念）和对意义的

---

① 摩西. 历史的天使. 梁展，译. 上海：华东师范大学出版社，2017：127.

② 《译者的任务》创作于 1921 年，出版于 1923 年，而《德意志悲悼剧的起源》一书写于 1923—1925 年，出版于 1928 年，两者的创作属于同一时间段，是前后接续的，甚至有重合之处，那么依据思想的连续性，至少可以断定本雅明的翻译思想与其寓言理论存在某种联系。因此，单从时间顺序上看，本书借用本雅明的寓言理论来阐释其翻译思想的内涵在一定程度上是符合逻辑的。

忠实（即与传统翻译观中"忠实"概念相反的"自由"概念）统一消解为对实现"纯语言"这个崇高目标的忠实；（5）把译作从"复制"或"模仿"原作的"金科玉律"中解脱出来，赋予译作延续和更新原作生命力的重要地位；（6）把"逐字逐句直译"看作以能指与所指的非同一性来破坏原作语言虚假的言意"同一性"，从而解放囚禁其中的"纯语言"碎片的寓言式方法；（7）为译者免除了传达原文意义的任务，赋予译者促进全体人类语言表意方式互补，重现"纯语言"，从而实现从有限向无限超越、帮助人类找寻"已失落的总体性"和回归神性世界之路的弥赛亚式的救赎使命。

第一节　语言的本质

任何翻译理论或有关翻译问题的探讨都无法回避一个核心问题，即如何理解语言和言语的意义，因为翻译行为蕴含传达或交际（communication）之意，必然要对所要传达的对象进行阐述。正如前文所述，本雅明的语言观继承了德国浪漫主义语言传统，强烈反对以索绪尔语言观为代表的资产阶级工具理性语言观，认为现代性带来的语言学转向对语言能指与所指关系的认识反倒造成了语言的物质形式与精神实在的断裂，开启了"纯语言"的世俗化历史，人类语言自此沦为言意分裂的寓言。

一、人类语言的堕落

只要整合一下《论原初语言与人的语言》和《译者的任务》中有关语言起源和借助翻译从人类语言中恢复"纯语言"的观点，便可描绘出一幅人类语言起源和世俗化历史发展脉络图（详见图1-1）。

本雅明在《论原初语言与人的语言》一文中借助《圣经》的《创世记》故事，以譬喻的方式描绘了一种物质形式与精神实在同一的神性语言，即上帝赐予人类始祖——亚当的语言，以此来反衬人类世俗语言的言意分裂状态。按照本雅明的界定，原初人类语言与其他无法自我表达的事物（按本雅明的说法，是除了人类之外的万物）的语言不同，因为它们的语言直接由上帝创造，是没有语词的"沉默语言"，只能存在于其物质形态中，内在统一地展现事物的本

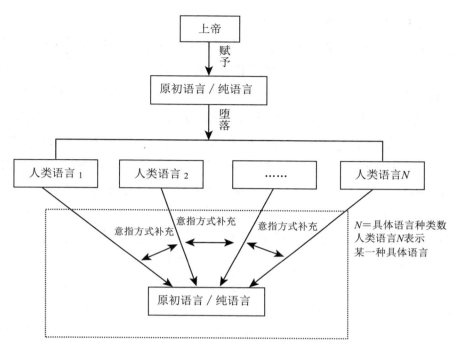

图 1-1　本雅明的语言救赎

质，但由于这种语言是沉默的、无语词的，因此，事物无法借助"无言"的语言向人类和上帝表达自我，而人类却拥有独一无二的上帝恩赐，即去掉创造性的上帝语言——语词。"上帝并不是从语词中将人创造出来，而且没有对他进行命名。上帝并不希望他臣服于语言，不过上帝在人身上安置了语言——它将作为创造的媒介无偿地为他服务。"[①]本雅明强调上帝用语词创造了世间万物，却将语言赐予亚当，让他为万物命名，而原本无言的万物得以在亚当给定的名称中向亚当和上帝表达自己。换言之，本雅明认为，亚当凭借命名语言或名称语言，帮助万物向上帝传达自身物质形态与精神内在同一的本质，协助上帝完成创世任务。与此同时，亚当也在万物命名中向上帝表达自我，即肉体与精神同一的本质。由此，亚当语言或原初语言成为沟通上帝与万物以及表达自己的唯一媒介，其特性在于，命名语言不以主观的、任意的、外在的方式作为手段来传达同一性，而是它本身就是物质与精神同一性的彰显，亚当与万物的本质

---

① 本雅明. 论原初语言与人的语言. 苏仲乐，译 // 本雅明. 写作与救赎——本雅明文选. 李茂增，苏仲乐，译. 上海：东方出版中心，2009：10.

是在它之中而非通过它向上帝传达。

实际上，本雅明如此看重这种原初语言的同一性，就是为了批判工具理性的"专制统治"对人类语言造成的非同一性灾难。按本雅明的设定，亚当语言直接脱胎于上帝语词（Word），具有全然的认知性（区别于"知识"之认知），其中，物质外在与精神内在、形式与意义，能指与所指紧密结合在一起，所表征的与被表征的是一体的，浑然不分。它超验于一切主客体二元关系，在自我表达、自我言说、自我传达、自我表征之中呈现人与万物的本质，本雅明称其为"纯语言"或"真理语言"，即超越一切人类语言言意分裂性的原初语言样式。本雅明指出，"这纯语言不再有意味或言说什么，而是以创造性的不言之言蕴含在诸语言当中，就在这纯语言当中，所有的信息、所有的意义、所有的表意最终都将在同一层面汇聚，也将最终在此消失"①。因为在纯语言中，形式与意义、物质与精神一体同在，它自身便是真义，在自我呈现中也就展示了真理，再也不需要任何外在的媒介或解释手段来阐释它所蕴含的深意，自我呈现即意义，所以，亚当用它为万物命名之时，万物无言传达、困于物质形态的精神实质便由所赋予的名字揭示出来，被命名即揭示内在精神；同理，亚当也在为万物命名的过程中而不是借助纯语言的媒介向上帝传达自己的精神实在，也就是说，为万物命名即展示人类的自我本质。为了揭露结构主义语言学提出的语言能指与所指二元关系是人为建构的虚假关系，本雅明在《论原初语言与人的语言》的开篇就指出，语言不具备任何沟通交际的功能，语言的本质在于呈现精神实在，从不言说什么外在的内容、思想和知识，"语言只言说自身"，毫不客气地将结构主义语言观贬斥为语言工具论，已经颇具解构主义的意味。

本雅明甚至将攻击的矛头指向了这种语言工具论的源头：知识。本雅明依然借《圣经》故事阐述了所谓"知识"的本质：亚当和夏娃受到蛇的蛊惑，偷吃了禁果，获得了对善与恶的认识，即"知识"，立即便被逐出了伊甸园，自此开启人类的堕落史。本雅明进而阐述人类堕落的原因：对邪恶的认识没有真正的客体，因为世界上并无邪恶，"创世之后，上帝看到他所创造的一切，看着是好的"。邪恶实际上源自人类判断的欲望而产生于人自身，而对善的认识

---

① 本雅明. 译者的职责. 李茂增, 译 // 本雅明. 写作与救赎——本雅明文选. 李茂增, 苏仲乐, 译. 上海：东方出版中心，2009：67.

产生于人类的实践活动。因此，这种人类语词所代表的善恶知识"它不是表象，同样，它不是餍足的存在，而是现实中对善的空洞的主观性的反映。在这种邪恶中，主观性掌握其中真实的东西，视其为自身在上帝身上的反射"①。换言之，"善恶之知识否定了名称；它是一种外在的知识，是对创造性语词的无所创造的模仿。在这种知识中，名称走出了自身：堕落标志着人类语词的产生"②。

在人类的堕落中，"罪过与指意的统一作为一种抽象概念而出现"，"善恶是不可命名的"③，是无名的实体，外在于名称语言，人在乐园里用名称语言为事物命名，但在善恶的认识中抛弃了这种语言。因此，人类的堕落即语言的堕落，标志着原初命名语言堕落为主观性、抽象性、判断性的人类语言。语言从此被剥离了全然认知性和直接性，沦为人类用来评判善恶或认识善恶的工具或媒介，挣脱了精神与物质的内在同一性而陷入能指与所指的任意性关系之中。"在人的堕落过程中，伴随着名称那永恒的纯粹性的被破坏，判决性语词的更为严格的纯粹性出现了。对语言的基本构成而言，堕落（在其他意义之外）有三重含义。在走出纯粹的名称语言的过程中，人将语言当作一种工具（即与他不相称的知识），因此，在任何意义上也都不同程度地将语言当作了单纯的符号；后者又导致了语言的多元性。堕落的第二层含义指，在堕落的过程中，命名的直接性被破坏了，作为回报，产生了一种新的直接性：判决的魔力自身不再是极乐有福的"④。可以说，本雅明始终认为，纯语言堕落为判断性人类语词是"主观性的胜利和对物体任意统治的肇始，是寓言思辨的起源"⑤，标志着语言的寓言化，即纯语言的内在同一性堕落为一种由人的主观性设定的外在表意关系，走出了形式与意义、物质与精神、能指与所指同为一体、浑然不分的状

① 本雅明. 德国悲剧的起源（节选）// 本雅明. 本雅明文选. 陈永国，马海良，编. 北京：中国社会科学出版社，1999：184.
② 本雅明. 论原初语言与人的语言. 苏仲乐，译 // 本雅明. 写作与救赎——本雅明文选. 李茂增，苏仲乐，译. 上海：东方出版中心，2009：14.
③ 本雅明. 德国悲剧的起源（节选）// 本雅明. 本雅明文选. 陈永国，马海良，编. 北京：中国社会科学出版社，1999：184.
④ 本雅明. 论原初语言与人的语言. 苏仲乐，译 // 本雅明. 写作与救赎——本雅明文选. 李茂增，苏仲乐，译. 上海：东方出版中心，2009：14-15.
⑤ 本雅明. 德国悲剧的起源（节选）// 本雅明. 本雅明文选. 陈永国，马海良，编. 北京：中国社会科学出版社，1999：184.

态，成为意指工具和纯粹的表意符号，不再也不能直接关涉神性世界，只能在人为设定的判断关系中间接地寓指那个超验的领域，即表现为寓言的二律背反性，人类语言堕落成了纯语言的寓言。

本雅明强调语言的本质在于在自身呈现中传达精神实在，以此来阐明人类语言的言意分裂，人类语言再也不能内在地传达人和万物的本质和意义，而只能以其物质形式外在地表意。因此，结构主义语言学所划定的语言形式与意义、能指与所指的关系并不是自然的、超验的同一关系，而是任意的、偶然的、依赖人类（即所谓"寓言家"）主观性的非同一的、异质的、分裂的关系。人类语言的寓言性体现在，人类语词只能在由抽象的判断行为缔造的表意关系中作为符号起作用，从而具有了不确定的、流动的、多重的、必须依赖语境来固定的"意义"，但这种源自善恶知识的"意义"全然不是真正的语言意义或本质，反而是语言寓言性的体现，"寓言在抽象中存在；而作为一种抽象，作为语言精神本身的一种能力，它在堕落中找到归宿"①。

二、纯语言的寓言化

本雅明之所以预设了一个人类语言的共同起源——纯语言，是因为他想指涉人类语言的前堕落状态，为多义的、"言不尽意"的人类语言确立一个超验源头，作为批判语言工具论的基点。本雅明甚至直接将语言的堕落视为现代性的本质。纯语言沦为寓言，开启了现代人痛苦的造物生活和世俗历史。"万物纠缠不清，符号也就难免混乱。空谈奴役语言的一个不可避免的后果便是愚蠢地奴役万物。伴随着对万物的否弃也即奴役，巴别塔计划以及语言的混乱就应运而生了。"②语言的言意分裂的寓言性源自人与自然的对立、主客体二元关系的确立，意味着人凭借科学理性对万物实施奴役，万物在人类主体的认识中成为可供改造和征服的客体。原先人类与自然万物和谐相处，构成一个不可分割的共同体，"一个实体的语言就是其精神存在得以传达的中介。这一从未中断的传达之流奔腾于整个自然之中，从最低形式的存在到人，又从人到上

① 本雅明. 德国悲剧的起源（节选）// 本雅明. 本雅明文选. 陈永国，马海良，编. 北京：中国社会科学出版社，1999：184.
② 本雅明. 论原初语言与人的语言. 苏仲乐，译 // 本雅明. 写作与救赎——本雅明文选. 李茂增，苏仲乐，译. 上海：东方出版中心，2009：15.

帝"①，但现在"纯语言"已然失落，万物再也无法向人类、上帝传达自己的精神本质，自然陷入喑哑沉默（本雅明称之为"自然之深深的悲哀"），自然万物因被人类"滥加名称"、被不可知者"理解地认识"而感到悲恸，现代人所获得的有关万物的所谓"科学知识"完全不同于纯语言源自上帝创造性语词所保证的全然客观性知识（即"认知名称"），而是这种主客体关系的产物，是一种空谈，"仅仅把握一种净化和提高"，是寓言家的主观性阅读产生的意义。

在这样的视阈的观照下，现代性的灾难性即在于，现代人错把人对自然的改造和征服视为人类进步和文明的成果，对纯语言的寓言化即亚当精神的永久失落毫无所知。现代社会成了永远无法到底彼岸的寓言世界，越是感到无力反抗碎片化、原子化、共同体缺失的现实，越是妄图通过不断追求尘世幸福和满足物质欲望来填补内心空虚或者封闭自我，在内心世界里面寻求归属感和人性自由。其结果是，人类所遭受的灾难和不幸不断堆积，人类进步的历史成了人类的受难史，永无可能实现人类的救赎和解放。"如果一支箭指向世俗动力所行动的目标，而另一支箭指向弥赛亚的强度，那么当然，为了幸福而探求自由人性就与弥赛亚的目标南辕北辙。"② 本雅明以敏锐的寓言家目光看穿了现代性幻象下隐藏着的寓言的真相。"如果这是造物的物质世界，或作为寓言意旨之客体的死者或充其量是半活半死之人的世界，那么，人就不进入这个幻想域。如果它一味固持象征，那么，革命、赎救，就不是不可能构想的。但是，轻视一切象征伪装，魔鬼的不加掩饰的面孔就会从深深的底下升上来，以征服者的活力赤裸裸地进入寓言家的视野。"③

既然纯语言的寓言化是现代性灾难的根源，那若想寻求人类救赎和解放之道，就应当从解决人类语言言意分裂的寓言性入手。在本雅明看来，为了消除人类语言的寓言性，任何直接针对人类语言能指与所指构成的表意关系或者外在交际功能发起的"革命"或"抗议"都是不可能的，因为寓言寄身于人类语言的抽象性中，产生于人类思辨活动，人类的一言一行受其制约和控制。本雅

---

① 本雅明. 论原初语言与人的语言. 苏仲乐，译 // 本雅明. 写作与救赎——本雅明文选. 李茂增，
苏仲乐，译. 上海：东方出版中心，2009：17.

② 秦露. 文学形式与历史救赎：论本雅明《德国哀悼剧起源》. 北京：华夏出版社，2005：222.

③ 本雅明. 德国悲剧的起源（节选）// 本雅明. 本雅明文选. 陈永国，马海良，编. 北京：中国社会
科学出版社，2011：185.

明在《德意志悲悼剧的起源》中指出，巴洛克悲悼剧把"神秘的瞬间变成了当代现实的'现在'"，为的是表征真实的现实，以此作为前景来指涉那个已经从世俗世界隐退的超验世界，因此寓言具有从世俗世界向神圣世界超越的潜势，即二律背反性，而作为纯语言的寓言的人类语言也具有这样的特点："语言之间超越历史的一切联系都体现在这一点上：就作为整体的每一种单个语言而言，其意指是同一的。然而，这个同一意指并非任何单个的语言所能企及，唯有通过不同语言之间互补的表意所形成的总体方能达到，它就是纯语言。"① 本雅明在阐述其寓言理论时指出，寓言在实现从有限界向无限界飞跃之际，"与跌落到深渊里的天使一样，寓言重又找回了主观性，用神秘的重心平衡将其固定在天堂里，固定在上帝那里"②。寓言把世俗世界"既抬高又贬值"了，强调了借助寓言无法返回人类原初的家园，寓言便是这种无望救赎的造物世界的写照，但他却在翻译中看到了从纯语言的寓言中实现超越的希望：虽然无法直接消除任何一种人类语言言意分裂性来恢复同一性，但可以在促使诸多人类语言在翻译中破坏其原有的能指与所指的人为设定的统一、稳定的关系，寻找摆脱了意义重负的语言物质形式，然后以相互补充的方式来重现物质形式与语言精神的内在同一性。

第二节　翻译的本质

本雅明在《译者的任务》一文中对翻译的本质总是语焉不详。他一再强调翻译是一种形式（"Übersetzung ist eine Form"），一种促成语言表意方式互补从而恢复言意同一性的形式。除此之外，他并没有对翻译是什么样的形式详加界定。实际上，只有结合他的寓言理论和寓言式语言观才能明白，他是将翻译视为表征和揭露人类语言的言意分裂状态，并实现从非同一性向同一性超越的寓言化。

---

① 本雅明. 译者的职责. 李茂增，译 // 本雅明. 写作与救赎——本雅明文选. 李茂增，苏仲乐，译. 上海：东方出版中心，2009：61.
② 本雅明. 德国悲剧的起源（节选）// 本雅明. 本雅明文选. 陈永国，马海良，编. 北京：中国社会科学出版社，1999：185.

一、翻译与精神传达

本雅明最早在《论原初语言与人的语言》一文中论述人类原初语言或命名语言能够帮助万物和人类自己向上帝传达自身精神本质时指出："所有较高一级的语言都是对较低一级的语言的翻译，直至上帝的语词展现出终极的澄明，这便是由语言构成的这一运动的整体"①，"只有认识到任何一种成熟的语言(上帝的语言除外)都可以被视为是对所有其他语言的翻译时，翻译才获得了其全部意义"②。简言之，依本雅明的观点，所谓翻译，指的是低级语言向高级语言的转换，而"高级"与"低级"的区别则在于是否能向上帝传达精神实在。在本雅明看来，万物之言是无声的、不完善的，困于其物质形态中无法向上帝表达自己的本质，而雕刻的语言、绘画的语言、诗歌的语言和命名语言都是高级语言，因为它们均能帮助万物和人向上帝传达其内在的精神实在。但区别是，雕刻的语言和绘画的语言都以内在于物质形态中的事物语言为基础，诗歌的语言包含命名语言的碎片，命名语言则是最高级和完善的语言。低级的事物语言翻译成这些高级语言时都增加了有关万物的"知识"；换言之，任何一种高级语言都是对事物精神实在的表达，也就是对困于事物物质形态的低级语言的转换或翻译。从这个意义上讲，翻译与精神传达同义。"所谓翻译，乃是通过连续的转换从一种语言进入另一种语言。翻译要穿越的是不间断的转换，而不是由本质和相似性所组成的抽象区域。"③在命名语言中，事物得到了全然的、客观的认识，因为命名语言脱胎于上帝创造万物的语词。实际上，这是本雅明赋予翻译的超验意义，但在语言堕落后，这一超验意义也失落了。

进一步来说，随着人类堕落，原初语言沦为判断性人类语言，再也无法胜任向上帝传达万物和人类精神实在的重任，而是成为人类外在表意的工具，那么翻译作为精神传达的形式在语言堕落之后便无从谈起。"但若将其(翻译)理解为一种形式，我们就必须返回到原作，这是因为支配翻译的法则实际上存

---

① 本雅明. 译者的职责. 李茂增，译 // 本雅明. 写作与救赎——本雅明文选. 李茂增，苏仲乐，译. 上海：东方出版中心，2009：18.
② 本雅明. 译者的职责. 李茂增，译 // 本雅明. 写作与救赎——本雅明文选. 李茂增，苏仲乐，译. 上海：东方出版中心，2009：12.
③ 本雅明. 译者的职责. 李茂增，译 // 本雅明. 写作与救赎——本雅明文选. 李茂增，苏仲乐，译. 上海：东方出版中心，2009：12.

在于原作之内，寓于其不可译性当中。"① 换言之，人类语言再也不能内在地传达万物的精神实在，那原作中"不可译的"或"难以参透的因素"恰恰才是需要翻译的，且作为"支配翻译的法则"而起作用。这一法则便是真正的"可译性"，即本雅明寓言理论中的二律背反性。既然人类语言沦为语言存在与思想实在非同一的寓言，那么翻译也就从传达精神实在或思想实在的形式变成了表征非同一性的寓言化形式。"一切翻译都只不过是欲与语言的陌生性达到一致的权宜之策。对于语言陌生性一蹴而就、一劳永逸的解决，而非一时的权宜之策，我们仍然力所不及。"② 所谓"陌生性"便是言意分裂性或非同一性。翻译作为寓言化的形式，能帮助诸多人类语言在表意形式相互补充的总体意图中实现纯语言，恢复内在传达思想实在或精神实在的形式。"以 Brot（德语'面包'）和 pain（法语'面包'）这两个词为例，它们的意指是相同的，但其意指方式却不相同。这种意指方式上的差异使得 Brot 之于德国人、pain 之于法国人的意思全然不同，因此，这两个词不仅不能互换，而且事实上互相排斥。然就其意指来说，二者却完全相同。尽管这两个词的意指方式互相抵牾，但它们各自所属的两种语言的意指方式却是互补的；要而言之，这两种语言的意指方式互补并不断趋近于其意指。"③

如此看来，本雅明赋予翻译的寓言内涵是：揭示言意分裂性以实现人类语言向纯语言的回归。在人类语言中，语言形式与意义的同一关系破碎成能指和所指的外在关系。为了实现从非同一性向同一性的超越，必须摆脱偶然的、任意的外在意指关系，将这种主观意义从语言形式中清除出去，留下"无意义"的语言尸体或躯壳，然后在这种语言形式的互补中恢复物质与精神内在同一的纯语言。在翻译中，原作语言要经历言意分裂的寓言化过程。一方面，翻译暴露原作语言中形式与意义的不相称或"言不尽意"，戳穿其能指与所指牢固、统一的假象；另一方面，翻译通过以寓言的言意分裂性或非同一性批判语言工具论，借助二律背反性，意欲重建原初语言或纯语言中形式与意义、物质与精

---

① 本雅明. 译者的职责. 李茂增, 译 // 本雅明. 写作与救赎——本雅明文选. 李茂增, 苏仲乐, 译. 上海：东方出版中心，2009：58.

② 本雅明. 译者的职责. 李茂增, 译 // 本雅明. 写作与救赎——本雅明文选. 李茂增, 苏仲乐, 译. 上海：东方出版中心，2009：62.

③ 本雅明. 译者的职责. 李茂增, 译 // 本雅明. 写作与救赎——本雅明文选. 李茂增, 苏仲乐, 译. 上海：东方出版中心，2009：62.

神、语言存在与思想实在的同一关系，实现人类的救赎和解放。

二、翻译与寓言化

本雅明为翻译设定了精神传达的超验维度，但随着人类被逐出伊甸园并失去原初语言，翻译成为原作语言的寓言化形式，被赋予"观照原作语言不断的成长过程以及体验它自身诞生时的阵痛"的特殊使命。那到底如何看待翻译的现实可行性或者说在对原作进行翻译时，应当采取何种翻译方法。在本雅明看来，"如果说句子是横亘在原作语言前的一堵墙，那么字面之意就是（突破的）拱廊"①。他提倡逐字逐句直译，即把句子作为基本的翻译单位，依据句法关系对语词进行字面直译。本雅明在借助《圣经》的创世故事来喻指语言起源时就指出，上帝用来创世的语言就是语词（Word），赐予人类的语言也是命名语言，人类是通过命名或给予万物专名而向上帝传达万物的思想实在的。尽管在人类语言中，语词成为能指，不能言说自身或内在的精神实在，但唯有语词的意指方式才具有在相互补充中恢复与精神实在同一性的潜势。正因如此，本雅明希望通过直译原作的语词来剥离能指与所指的关系。本雅明坚信，在《圣经》里语词的字面含义无须借助外在的意义中介，而是与真理融为一体，字字真言，实现了形式与精神同一，其隔行对照版本是一切翻译的理想版本。

显然，逐字逐句直译更好地体现了翻译的寓言性。逐字逐句直译不忠实于原作语言的意义，而是将原作语言意指方式直接移入译入语，目的是借助译入语来挣脱原作语言能指与所指的外在关系，暴露出原作语言的言意分裂性。"在原作当中，内容与语言就像水果和外皮是浑然天成的整体。"② 原作中语言与内容仿如水果和外皮般"浑然天成"，绝不是原初语言中语言形式与意义的同一，这指的是语言形式与外在传达的内容之间的虚假统一关系，即能指与所指的意指关系。本雅明用"水果与外皮"的关系作比喻，实际上就是暗指能指与所指的关系和果实与外皮一样，看似是紧密结合在一起的统一整体，但绝不是同一的关系。具体而言，逐字逐句直译破坏了原作语言中业已形成的能指与

---

① 本雅明. 译者的职责. 李茂增，译 // 本雅明. 写作与救赎——本雅明文选. 李茂增，苏仲乐，译. 上海：东方出版中心，2009：66.

② 本雅明. 译者的职责. 李茂增，译 // 本雅明. 写作与救赎——本雅明文选. 李茂增，苏仲乐，译. 上海：东方出版中心，2009：63.

所指的稳定关系，使言意分裂、破碎化。当译语读者以译入语的能指与所指关系来解读直译后的语词时，译作往往会变得难以理解，这时，语词的多义性、含混性就出现了。就这个意义而言，翻译成为寓言化形式，使原作语言的言意结构变得破碎，从而有望清除外在的意义，显露出原作语言间接指涉纯语言的方式，通过与译入语意指方式的相互补充来重建语言形式与思想实在的同一关系。正如为了黏合一件打碎的圣器，必须找寻它的碎片，但碎片早已与别的事物紧密结合在一起了，因此有必要破除这种结合关系，从中捡拾碎片，然后仔细与其他碎片比较，从而拼接成更大的碎片，最终复原这件圣器。

然而，经过逐字逐句翻译后，原作语言在言意分裂中揭示出指涉纯语言的意指方式与译入语意指方式的互补性，预示了世俗语言向纯语言回归的潜势，但译作语言原本不是纯语言的寓言。"将内容笼罩其中的语言却似一袭皱褶交错的王袍。因为它要使自己俨然一副堂皇的模样，但是它本身远非如此，这就显得与内容极不相称，刺眼而怪异。这种脱节妨碍了翻译，也使译作显得不得要领。"[1] 换言之，译作语言的形式和内容之间的关系是翻译的产物，不具有判断性语言应具有的表意稳定性和统一性，更无法寓指超验维度，更遑论被翻译的必要性。当然，本雅明尽管认为译作不具有可译性，但也指出具有可译性的原作应当被多次翻译，因为"译文将原文移植到了一个更具确定性的语言领域，如此一来它就不会被二次翻译所取代。原作只能在这个领域、在另一个时间点上重新显现"[2]。由于二律背反性，每一次翻译都会破坏原作语言的言意结构，在实现向纯语言的飞跃之际"既抬高又贬低"原作，从而更新原作语言，召唤下一次翻译。

第三节　可译性的本质

可译性问题关涉翻译活动的可能性，历来是翻译理论中不可回避的主题。本雅明认为，可译性是文学作品的固有特性，是决定一切翻译是否可能的至高

---

[1] 本雅明. 译者的职责. 李茂增，译 // 本雅明. 写作与救赎——本雅明文选. 李茂增，苏仲乐，译. 上海：东方出版中心，2009：63.

[2] 本雅明. 译者的职责. 李茂增，译 // 本雅明. 写作与救赎——本雅明文选. 李茂增，苏仲乐，译. 上海：东方出版中心，2009：63.

法则，撇开具体作品探讨可译性问题是毫无意义的。正如前文所述，在本雅明的研究语境中，翻译的本质在于传达精神实在，可译性便是传达精神实在的潜在特性。随着语言的堕落，翻译成为向纯语言回归的寓言化形式，这意味着判断一部作品是否可译或是否具备可译的价值，要看这部作品是否能被寓言化，即是否能够借助非同一性的寓言化，表征语言的言意分裂性，从而恢复同一性。简言之，可译性是原作借助寓言的二律背反性实现总体性的潜能。

一、可译性与可寓言化性

首先需要说明的是，本雅明关注的对象并非所有语言文本，而是文学作品（尤其重视诗歌），因此，他对可译性的阐述旨在言明并非所有文学作品都具备翻译的价值，也旨在阐明翻译活动的对象是什么。依照本雅明的观点，翻译是一种人类语言向纯语言转换的模式，是通过表征原作语言言意分裂性恢复纯语言、传达万物精神实在的寓言化形式。正是基于翻译的二律背反性或由世俗语言向真理语言超越的使命，本雅明指出："说可译性是特定作品的基本特质，并非意味着那些作品必须被翻译出来；而是说，原作当中某种具体的内在意义会通过自身的可译性而得以显现。"[①] 换言之，一部文学作品是否可译，关键要看它是否拥有某种"内在意义"，并且是否可以借助翻译自我呈现出来。

确定无疑的是，这种内在意义绝非我们通常所说的作品的内容或主题意义，更不是结构主义的"能指与所指"二元论所强调的语言意义，而是命名语言所传达的万物的精神实在。正因如此，"一部文学作品'说'了什么？这么说又意欲传达什么？对于那些心领神会的读者而言，它实际上几乎一无所'言'"[②]。本雅明秉持他一贯的内在批评观，认为一部文学作品绝不以信息或内容传达为目标，也绝不考虑读者的接受。他进一步指出："原作语言的质量越低、特点越不鲜明，其信息传达的功能就越强，对于翻译而言，这片土地也就越加贫瘠。内容绝对不可能是优秀译作得以产生的杠杆，如果它占了绝对的主

---

① 本雅明. 译者的职责. 李茂增，译 // 本雅明. 写作与救赎——本雅明文选. 李茂增，苏仲乐，译. 上海：东方出版中心，2009：58.
② 本雅明. 译者的职责. 李茂增，译 // 本雅明. 写作与救赎——本雅明文选. 李茂增，苏仲乐，译. 上海：东方出版中心，2009：57.

导地位，那么翻译反而变得不大可能。"① 照此看来，原作的信息性或信息传达性并不是可译性，反而会降低原作的翻译价值。一部文学作品越在意向读者传达某种意义、主题或内容，其可译性就越低，直到最后不具备任何翻译价值。"传统意义上最可译的文本可能恰好是最不具可译性的，而最不可译的文本反倒是最具可译性的。"② 既然文学作品是"无言的"，无可交流的，那对可译性强的优秀作品进行翻译时，也绝不以传达原作意义为旨归，优秀译作对原作意义的传达犹如清风拂过琴弦般随意："在他（荷尔德林）的译作当中，两种语言是如此的和谐，语言触及意义恰似清风拂过琴弦。荷尔德林的译作堪称翻译这一形式的典范；他的译作对于文本几近完美的转换，足以作为其他翻译的样板。"③ 本雅明之所以把荷尔德林的译作视为翻译典范，是因为该译作几近完美地摆脱了意义传达或信息交流的束缚，展示出原作可译性的内涵。

本雅明强调一部作品的可译性必须在翻译中自行显现，其落脚点依然是原初语言言说自身或内在地传达精神实在；或者更具体地说，作品的可译性必定意味着该作品具有促进语言的意指方式相互补充、完善从而恢复纯语言同一性的特性。既然翻译已然成为寓言化形式，那么有可译性即可被寓言化的倾向，即语言形式与意义之间的分裂性可以二律背反的方式指涉纯语言。从这个意义上讲，翻译的本质在于将原作语言所具备的实现纯语言这一超验目标的潜能释放出来。本雅明始终认定，可译性是文学作品的本质属性，是为了阐明借助翻译文学作品重现纯语言、实现人类救赎的可能性，同时也将原作置于尊崇的地位，因为原作语言而非译作语言才具有间接指涉上帝的领域的二律背反性，是翻译作为寓言化形式得以实现的保证。

二、可译与不可译之辩证

既然可译性是作品语言的可寓言化性，那不可译的到底是什么？在本雅明看来，一部作品是否可译，并不取决于是否有可胜任的译者来翻译或者是否

---

① 本雅明. 译者的职责. 李茂增，译 // 本雅明. 写作与救赎——本雅明文选. 李茂增，苏仲乐，译. 上海：东方出版中心，2009：68.
② 李宏鸿. 多声部的和谐：解构主义翻译观研究. 天津：南开大学出版社，2015：139.
③ 本雅明. 译者的职责. 李茂增，译 // 本雅明. 写作与救赎——本雅明文选. 李茂增，苏仲乐，译. 上海：东方出版中心，2009：68.

已经有译本以及译本的数量为多少等外部因素，而只能取决于作品内在的可实现原初语言的潜能。可以说，本雅明的可译性概念具有超验维度，对可译性的理解必须在实现纯语言这一终极目标的背景映照下才是可能的。因此，本雅明指出："比如，让人难以忘怀的某个生命甚或某个瞬间即便被众人所遗忘，但总还会有人提起。这样的生命、这样的瞬间，如果其本质要求人们不应将其遗忘，那么这种要求就不是虚妄的，而仅仅只是人所不能满足的一个要求而已，而且它也可能指出了一个领域，在那里这个要求能够得以实现，此即：上帝的记忆。同理，即使可以证明翻译是人力不能及之事，对语言作品的可译性问题也必须进行思考。"① 为了说明可译性的超验本质，本雅明将其比作"难以忘怀的生命或瞬间"，其不被忘记的本质或者未得到实现而始终召唤翻译来实现的本质是超验的，即使在当世得不到满足，甚至即便在世俗世界永远无法满足，也丝毫不能取消它的超验存在。因此，只有在超验维度或上帝的领域中，可译性才能得以充分、圆满地呈现出来，一如翻译作为精神传达的本质得到了展现一般。"如果一部作品的语言只传达内容而无思想，只是一个传达意义的工具，那么它一定会在翻译的一次次的转换的过程中被淘汰直至被人彻底遗忘。当世俗的语言历经洗练到达纯语言的终点时，纯语言里一定不会有它。"② 换言之，本雅明所认可的文学作品可译性实质上是超验意义上传达万物精神实在的充分性，同时，本雅明也借助寓言的二律背反性肯定了原作语言与译入语在意指方式上互补从而弥合言意分裂性的作用，即原作语言的能指与所指之间断裂的、不相称的、碎片化的关系只有在实现言意同一性的超历史趋向中才能被近乎完美地展现出来。

进一步而言，只有了解可译性的超验维度才能理解可译性与不可译性的辩证关系，两者并非绝对对立，而是在借助言意分裂性来表征纯语言的持续过程中相互转换。原作语言越是具有实现纯语言的潜能即超验的可译性，原作就越具有世俗意义的不可译性，即由于人类语言言意分裂、破碎的现状和能指与所指之间的巨大鸿沟，对原作的翻译永远都是不充分的，其可译性的呈现也是

---

① 本雅明. 译者的职责. 李茂增，译 // 本雅明. 写作与救赎——本雅明文选. 李茂增，苏仲乐，译. 上海：东方出版中心，2009：58.
② 李宏鸿. 多声部的和谐：解构主义翻译观研究. 天津：南开大学出版社，2015：87-88.

不充分的，作为"难以忘怀的生命或瞬间"不断召唤翻译行为，反倒保证了翻译的可能性。简言之，超验意义上的可译性往往表现为世俗意义的不可译性，与此同时，寓言的二律背反性又使这种不可译性成为实现真正可译性的保证，成为从造物世界向上帝世界回归的基点。

为了给这种超验可译性提供一个范例，本雅明指出《圣经》具有全然的可译性，因为《圣经》语言已然是言说自身、其语言形式与真理同一的原初语言。"在《圣经》里，文本的字面含义无需意义中介，而能与真正的语言、真理或者信条融为一体，这种文本于是就具有无条件的可译性。"[①] 因为《圣经》的语言已然是完全的言意同一，从所有人类语言所象征和表征之物变成"自身象征"，无须借助翻译即言意分裂化形式来间接指涉，所以《圣经》具有了不可寓言化性即不可译性，是翻译活动的终点。"对于《圣经》这类文本，如果真如本雅明以及基督教徒所认为的那样，它的字字句句皆真理"，"语言与启示毫不排斥地融为一体，那么枷锁缠身的直译与自由自在的意译就会在翻译中融为一体，翻译的自由与约束融为一体，直译与意译之间的区别完全被消解。换句话说，翻译此类文本再无直译/意译的区别，直译即意译，意译即直译，翻译只要用各行对照的形式把原作里的真理释放出来即可。所以说，也只有这种'无条件可译的'文本才会在字里行间包含着它潜在的译文"[②]。就此而言，本雅明把可译性与不可译性辩证地统一在《圣经》语言中。

事实上，翻译是寓言化形式，因此原作是否可译只与原作语言能否被寓言化并趋向超验的同一性有关，只有在完成超验的同一性之际可译性或者不可译性才能自我呈现出来。但矛盾之处在于，在借助翻译实现语言实在与精神实在同一性之际，人类语言的言意分裂性会消失，可译性会随着寓言的消失而变成不可译性，不再召唤下一次翻译。《圣经》文本于是具有了双重身份：它既是翻译的超验本质的实现，又是翻译作为世俗展开形式的终点；既作为精神传达的终极译作保证了恢复同一性的寓言化形式，又作为纯语言的原作禁止进一步寓言化。本雅明由此宣称荷尔德林的译作是所有译本的典范，因为它已经几乎

---

① 本雅明. 译者的职责. 李茂增，译 // 本雅明. 写作与救赎——本雅明文选. 李茂增，苏仲乐，译. 上海：东方出版中心，2009：69.

② 李宏鸿. 多声部的和谐：解构主义翻译观研究. 天津：南开大学出版社，2015：140.

剥离了人类语言所背负的异质意义，展示出同一性实现的趋势。但同时，他又指出："正因如此，荷尔德林的翻译也就隐藏着所有翻译固有的巨大风险：那业已得到拓展和修饰的语言之门会突然关闭，将译者禁锢于一片死寂当中。"[①] 这种风险指的正是寓言的二律背反性，在荷尔德林的译作完全破坏掉原作言意结构、即将实现从非同一性向同一性的飞跃之际，也就是人类语言天然的言意分裂性即将被超越时，原作语言就会陷入向译者无所言说、无所交流的状态，成为完全不可理解的语词，也就阻止了翻译。而荷尔德林的译作就处在实现纯语言的分界线边缘，其译者几乎要被抛入无从传达、无从理解、无从翻译的深渊。

也只有从这种辩证关系中才能正确理解本雅明的这段结语："因为从某种程度而言，所有伟大的文本在字里行间都蕴含了它们潜在的译文；在一切神圣的文本中首先就是如此。《圣经》这种不同语言隔行对照的版本是所有翻译的范本与理想。"[②] 也就是说，《圣经》的语言是真理语言，其语言形式与真理同一，在呈现自身物质形式的过程中传达万物精神，既是可译的，又是不可译的。它言说自我、呈现自我、翻译自我，是一切翻译的理想和目标。"毫无疑问，这样的翻译不再听命于文本，而是为了诸语言之故而存在。"[③]

第四节　译者的使命

依照本雅明的寓言理论观来看，现代生活已然沦为昭示人类受难的寓言，原初自然成为第二自然，世俗历史全然是寓言的历史，连人类语言也沦为亚当语言的寓言，现代人类处于无望获得救赎的造物状态。出于对人类命运的关怀，本雅明从人类语言趋向同一性纯语言的超验亲缘性中看到了人类自我拯救的希望，将弥赛亚救赎的使命赋予译者。在本雅明的寓言视阈下，翻译的本质

---

① 本雅明. 译者的职责. 李茂增，译 // 本雅明. 写作与救赎——本雅明文选. 李茂增，苏仲乐，译.
　　上海：东方出版中心，2009：69.
② 本雅明. 译者的职责. 李茂增，译 // 本雅明. 写作与救赎——本雅明文选. 李茂增，苏仲乐，译.
　　上海：东方出版中心，2009：69.
③ 本雅明. 译者的职责. 李茂增，译 // 本雅明. 写作与救赎——本雅明文选. 李茂增，苏仲乐，译.
　　上海：东方出版中心，2009：69.

在于破坏原作语言能指与所指统一的假象，揭露其言意分裂性，从而昭示实现言意同一性的潜能，而译者的角色则犹如寓言家一般，以逐字逐句直译的方式使原作语言形式摆脱异质的意义，在译入语中寻找与原作语言意指方式（即间接指涉同一性的方式）互相呼应、互相补充的意指方式，从而不断更新和完善原作语言，促使原作语言实现形式与真理的同一性。

一、翻译的使命

本雅明的翻译观秉承其寓言思想，把翻译看作以二律背反性表征语言能指与所指二元分裂性、昭示恢复语言同一性的寓言化形式，赋予翻译救赎的使命，"那就是观照原作语言不断的成长过程以及体验它自身诞生时的阵痛"[①]。也就是说，本雅明强调翻译要帮助原作语言不断暴露出原有的言意分裂状态，使译入语的意指方式与原作语言的意指方式相互补充，以期促成原作语言由有限性向无限性、由非同一性向同一性的超越。从这个意义上讲，原作语词作为能指产生的所指即意义是导致原作语言产生寓言性即言意分裂性、碎片性、多义性的罪魁祸首，因此，本雅明提倡以字面直译消解语词的外在意义，回归语词作为只言说自身的纯粹能指形式（完全取消了能指与所指的二元对立）。"然而在林林总总的语言当中，那终极的本质，即纯语言，只和语言因素及其变化相关，在语言作品当中，它还背负沉重的、异己的意义。让纯语言摆脱这一重荷，把象征行为转化为象征对象本身，在语言的变迁中让其得以重现，而这就是翻译至关重要的唯一功能。"[②]本雅明据此反对以传达原作形式和意义为旨归的"忠实"翻译观和以忠实于原作交流意义为目的的"自由"翻译观。在本雅明看来，一部文学作品并不注重信息交流，越具有可译性，越不具备信息传达功能。可以说，译者作为读者阅读原作、追寻原作意义的过程实际上是"缘木求鱼"，因为这种能指与所指关系所识解到的意义并不是原作意义，原作真正的意义寄寓于超验的可译性中，即纯语言内在传达的精神实在。本雅明称这种外在意义为"异己的意义"，即与语言本质非同一的意义，它是构成判断性知识

---

① 本雅明. 译者的职责. 李茂增，译 // 本雅明. 写作与救赎——本雅明文选. 李茂增，苏仲乐，译. 上海：东方出版中心，2009：61.

② 本雅明. 译者的职责. 李茂增，译 // 本雅明. 写作与救赎——本雅明文选. 李茂增，苏仲乐，译. 上海：东方出版中心，2009：67.

的基本要素。进一步而言，它是能指与所指二元对立的产物，展示了语言形式与内容、物质与精神同一性关系的断裂、碎片化，是人类语言堕落的标志和人类语言寓言性的直接反映。由此看来，任何以传达原作意义为目的或追求译作与原作（形式与内容）相似性、一致性的翻译活动都是在做"无用之功"，是对人类语言寓言性和语言工具论的认同，甚至对人类加诸自然和世界的主客体关系的巩固。这种翻译活动将会导致人类语言始终困于言意分裂状态和非同一性之中无法挣脱，语言的寓言和人类世界的寓言将永无止境，代表人类获得救赎的同一性的纯语言也永远不可想象。本雅明将寓言视为现代性之罪的体现，而人类实现自我救赎的希望绝不能依靠资产阶级所宣扬的社会进步和科学进步的"神话"，而是要追求摆脱寓言找寻回归同一性的方法。在本雅明看来，以寓言来表征语言的寓言性，从而拆解语言看似稳固、统一的二元表意结构和体系，在拆解的"无意义"的语言废墟中寻找拼接、黏合纯语言圣器的碎片是人类当下唯一可行的办法，此重任唯有翻译方可担负。"如果这些语言依然循此轨迹发展直到其历史救赎的终结之时，能从艺术作品的永恒生命和语言的历久弥新当中烛照幽暗的，则非翻译莫属。"①

面对已然成为寓言的现实世界，本雅明将救赎的使命赋予翻译，但他承认这一使命绝无可能一朝一夕就完成。本雅明不无悲伤地指出："尽管在这一（从原作向译作）转化的过程当中，我们常竭力去捕捉所谓的主题，并将其翻译出来，但是真正的翻译所关注的那个因素却仍然遥不可及。"②尽管每一次的翻译都在努力表征和拆毁原作语言的寓言性从而寻找到被遮蔽的纯语言碎片，但原作语言在每一次寓言化之后，依然无法彻底摆脱意义的束缚，纯语言永远是可望而不可即的目标，仿佛隐藏在作为前景的世俗世界之后的宏大背景一般，究其原因在于寓言的二律背反性。

在本雅明的寓言理论视野中，是寓言而非象征才能真正表征现代社会的断裂性、碎片性、易逝性、短暂性，从而震惊现代人，将其带入"当下"的沉思时刻，激活现代人对总体性和同一性的原初记忆，如此方有重返人类原初

① 本雅明. 译者的职责. 李茂增，译 // 本雅明. 写作与救赎——本雅明文选. 李茂增，苏仲乐，译. 上海：东方出版中心，2009：62.
② 本雅明. 译者的职责. 李茂增，译 // 本雅明. 写作与救赎——本雅明文选. 李茂增，苏仲乐，译. 上海：东方出版中心，2009：63.

家园以及重拾同一性和总体性的可能；也就是说，寓言肩负着拆毁现代神话世界，在现代性的废墟上召唤救赎力量的重任。然而，由于寓言家的造物状态，寓言以表征造物世界有限性来指涉神圣世界无限性的"言意分裂性"也是寓言家的主观性赋予的，因此，寓言的每一次拆毁都带有寓言家的主观性，是未完成的，总期待着下一次拆毁，这个过程会持续不断，直至将整个造物世界的"意义"全部摧毁。同理，本雅明把翻译视为寓言化过程，正是意欲通过拆解原作语言言意统一的"神话"显露出纯语言的碎片，但是翻译对原作语言表意结构的拆解是通过暴露能指与所指的断裂或不相称（即多义性和意义不定性）来实施的。拆毁原作语言能指与所指的二元结构的同时又会陷入译入语的能指与所指关系中；或者说，翻译对原作语言意义的摆脱总是不彻底的，正如荷尔德林的译作一样，一旦真正摆脱了言意二元结构，实现了全部语言意指方式的互补，那也就意味着翻译的结束。但是，这一天会到来吗？人类能真正通过人类语言的翻译来拆毁人类语言的寓言性吗？本雅明对此并无信心，他悲恸地感叹道："寓言两手空空地走开了。这样的邪恶，即寓言作为永恒奥秘而珍惜的、只能存在于寓言之中的邪恶，其实不过是寓言，具有与它实际所是不同的意味。它所意味的恰恰是它所表现之物的非存在。绝对的邪恶，如暴君和阴谋策划者所示范的邪恶，都是寓言。它们不是真实的，而它们所再现的，它们只在忧郁的主观视野中才拥有；它们就是这个视野，而这个视野又被它自己的后裔毁掉了，因为它们仅仅指涉这个视野的盲点。"[1] 寓言是言意分裂、物质与精神、形式与内容的非同一性的体现，它通过展示自身来表征和反抗非同一性，但永远是未完成的或有待完成的，因为它作为现代社会的真相永远处在现代同一性神话中或者启蒙理性的美好承诺遮蔽之中，只在清醒的、忧郁的、悲恸的寓言家视野中才是可见可察的，但是寓言家的造物状态也决定了他的视野是主观的、偶然的，而寓言所意欲达到的超验目标是寓言家视野的盲点。因此，本雅明承认以翻译来促成从非同一性向同一性的超越是徒劳的。"一切翻译都只不过是欲与语言的陌生性达成一致的权宜之策。对于语言陌生性一蹴而就、一劳永逸的解决，而非一时的权宜之策，我们仍然力所不及。无论如何，任何直

---

① 本雅明. 德国悲剧的起源. 陈永国，译. 北京：文化艺术出版社，2001：194.

接的努力都无能为力。"① 本雅明在《论原初语言与人的语言》中为翻译设立了超验维度，将翻译与原初语言本质等同看待，而在《译者的任务》中却赋予翻译寓言化本质，这实际上已经承认了翻译根本不能直接实现超验同一性，只是希望借助不间断的翻译活动，借助寓言的二律背反性来间接指涉众多人类语言共同的超验、超历史的起源（非相似性的语言学谱系起源）：纯语言，"它（翻译）将检验出：它隐晦的奥义距离显现还有多远？我们对其间距离的体认又能在多大程度上消弭这种距离？"② 在本雅明看来，尽管翻译不能够一劳永逸地破除语言的寓言性，但只要一直进行下去，一直促进各个语言的意指方式相互融合补充，那至少能看到还有多久才能黏合好纯语言之圣器，离实现同一性相距多远。假如因此而舍弃翻译和寓言，继续沉湎于现代的"神话"或进步的幻象中不愿自拔，那人类的灾难将永无止境。

二、译者与寓言家

本雅明在阐述翻译的功能或使命时，往往将其与译者的任务混为一谈，仿佛翻译的使命不需要译者来实施就可以自行完成，而且本雅明所提倡的逐字逐句直译法似乎也在暗示，译者无须发挥任何个人创造力便可以完成翻译。例如，法国翻译理论家安托万·贝尔曼（Antoine Berman）就曾得出结论：本雅明提及的"任务"与译者无关，只与译文有关，完全可以将原文中出现 20 次的"译者"替换成"译文"。③ 在贝尔曼和汉斯·弗米尔（Hans Vermeer）看来，本雅明似乎主张：无论译者有何种意愿或者是否意识到这一项重任，译文都能自行完成这项使命。④ 道格拉斯·罗宾逊（Douglas Robinson）则驳斥了两人的观点，认为本雅明提出的唯一任务既不是委托给译者的，也不是委托给译文的，而是由富有生命力的各种语言来完成的，只能间接地由译文最终由译者来发

---

① 本雅明. 译者的职责. 李茂增，译 // 本雅明. 写作与救赎——本雅明文选. 李茂增，苏仲乐，译.
上海：东方出版中心，2009：62.
② 本雅明. 译者的职责. 李茂增，译 // 本雅明. 写作与救赎——本雅明文选. 李茂增，苏仲乐，译.
上海：东方出版中心，2009：62. ›
③ Berman A. et al. *The Age of Translation: A Commentary on Walter Benjamin's "The Task of the Translator"*. Wright, C. (trans.). London: Routledge, 2018: 40.
④ 参见：Robinson, D. *Translation as a Form: A Centennial Commentary on Walter Benjamin's "The Task of the Translator"*. London: Routledge, 2023: 9.

起。① 事实上，本雅明明确指出，译者在促使原作语言与译入语意指方式的互补中发挥着重要作用，即"译者的职责在于从目标语中发现那个特殊的意指，使其在目标语中与原作引起共鸣"②，"让那些被放逐在别的语言当中的纯语言在自己的语言中得以释放"，"通过自己对原作的再创造，让被囚的纯语言得以自由"。③ 本雅明所倡导的逐句逐字直译并非机械式直译，而是必须由译者来发现原作语言与译入语的超验亲缘性和基于同一性的意指方式互补性，这种亲缘性和互补性绝不是原作语言与译入语在形式与内容、能指与所指上的相似性，而是由人类语言在拆除言意分裂性之后共同趋向的总体意图：纯语言。译者通过字面直译将原作语言能指与所指的表意关系直接引入译语，彰显了原作语言与译入语的差异，然后在两者的差异性中仔细揣摩原作语言与译入语在指涉总体性或同一性的共同趋向中相互补充、完善的可能性，"置身林莽之外，遥对着林木茂盛的山峦"④，在译入语中呼唤原作并接受原作的回声，并且不断地实施翻译行为，促使所有语言的意指方式互补和调和为语言形式与意义同一、语言实在与精神实在同一的真理语言。"如果真正存在这样的一种真理的语言，这样一个没有张力、平和宁静的所在，那所有的思想所孜孜以求的终极奥秘就存在于此，那么这种真理的语言就是：纯语言。为哲学家所向往的那个独一无二的完美境界就寄寓在这纯语言的预言和言说当中，而这纯语言则隐藏在译作凝练的风格里。"⑤ 如此看来，本雅明赋予译者解放真理的艰巨任务，因为随着人类的堕落，得自上帝创世语言的原初语言堕落为有关"善恶知识"的人类语言，前者的全然认知性，即对万物和人精神实在的同一性传达由于后者的抽象性、判断性能指与所指的外在表意结构而永久地失落了。人类再不能希冀通过人类语言的判断性认知方式来直抵真理，唯有通过言意分裂的寓言化方

---

① Robinson, D. *Translation as a Form: A Centennial Commentary on Walter Benjamin's "The Task of the Translator"*. London: Routledge, 2023: 10.
② 本雅明. 译者的职责. 李茂增, 译 // 本雅明. 写作与救赎——本雅明文选. 李茂增, 苏仲乐, 译. 上海：东方出版中心，2009：64.
③ 本雅明. 译者的职责. 李茂增, 译 // 本雅明. 写作与救赎——本雅明文选. 李茂增, 苏仲乐, 译. 上海：东方出版中心，2009：67.
④ 本雅明. 译者的职责. 李茂增, 译 // 本雅明. 写作与救赎——本雅明文选. 李茂增, 苏仲乐, 译. 上海：东方出版中心，2009：64.
⑤ 本雅明. 译者的职责. 李茂增, 译 // 本雅明. 写作与救赎——本雅明文选. 李茂增, 苏仲乐, 译. 上海：东方出版中心，2009：64.

式，即翻译，不断表征人类语言的言意非同一性，才有望促成非同一性向同一性的超越。"译者的任务就应当是通过翻译标出语言间的亲缘性，逐步将纯语言拼凑完整，帮助语言走向纯粹，回到原初的那个家，那个语言与真理之间毫无间隙、语言能够直接表达真理的神圣的乐园。"[①] 在这项任务中，译者责任重大，堪与哲学家比肩。

从另一角度而言，翻译是寓言化形式，译者便是促成原作语言的言意分裂性间接指涉言意同一的寓言家。"如果客体在忧郁者的凝视之下变成了寓言，如果忧郁使生命从中流淌出来，给它留下死的躯壳，但却永久地得到保障，那么，它就暴露给寓言家了，它就无条件地在他的掌握之中了。这就是说，它现在已经没有任何能力发放自身的意味或意义；它所具有的意义，现在则要从寓言家那里获得。"[②] 表面来看，寓言言意分裂，不具备确定无疑的意义，承载或展现寓言的客体在多义性、意义碎片化中失去了启蒙理性加诸其上的"意义"，成为工具理性视野中毫无价值的尸体、躯壳、废墟，意味着造物世界的意义已经被清空、抽离。但在寓言家看来，只有使客体变成"无价值"和"无意义"，才能让它寓指超验于此岸的彼岸。借助翻译，原作语言的能指与所指的关系出现断裂，被移植到异质的译入语中，产生了多义性，译作变成了寓言。或许在意欲解读译作意义的读者看来，经过逐字逐句直译的译作显得佶屈聱牙、意义含混，其语言形式与意义之不相称犹如穿着"一袭褶皱交错的王袍"的国王一般，但作为寓言家的译者却为译作赋予了超验的意义。在"化多种语言为一种真正的语言这一宏旨"的鼓舞下，译者清楚地明白"只要语言受困于意义，那么它就不可能是纯粹的，因为纯粹的语言与启示是合为一体的，当中没有意义。因此，在语言变得纯粹之前，只能在意义的无底的深渊中跳跃"[③]，而要摆脱原作意义的重负，必须将原作语言寓言化，成为"无意义"的废墟，才有机会清除人类语言的交流内容或外在传达之物，从而重建语言的意指方式与纯语言的超验联系，"译作本身并不能揭示或者创立这种隐在的关系"，是译者赋予了译作以纯语言萌芽或后世生命的形式实现纯语言的意义。

---

① 李宏鸿. 多声部的和谐：解构主义翻译观研究. 天津：南开大学出版社，2015：240.
② 本雅明. 德国悲剧的起源. 陈永国，译. 北京：文化艺术出版社，2001：151-152.
③ 李宏鸿. 多声部的和谐：解构主义翻译观研究. 天津：南开大学出版社，2015：140.

　　本雅明从巴洛克悲悼剧中解读出了寓言之"悲悼"本质，也赋予了寓言家忧郁的气质。在本雅明看来，唯有忧郁，寓言家才能冷静沉思，洞悉现代性的进步幻象掩盖之下的寓言真相，从而以二律背反性表征和反抗现代性的"神话"，那身为寓言家的译者也必须是悲恸忧郁的，始终不屈服于"智慧树"的统治，意欲以翻译之寓言来表征人类语言的堕落，从而将囚禁于人类语言中的纯语言碎片挖掘出来，重新黏合成真理语言之圣器。

第五章

翻译理论之实践维度

瓦尔特·本雅明在 20 世纪西方文学批评家行列中拥有无可争辩的地位。贝尔曼、保罗·德·曼（Paul de Man）、德里达、罗兰·巴特（Roland Barthes）、乔治·斯坦纳（George Steiner）、哈罗德·德坎波斯（Haroldo de Campos）、埃里克·谢菲茨（Eric Cheyfitz）、劳伦斯·韦努蒂（Lawrence Venuti）、苏珊娜·吉尔·莱文（Suzanne Jill Levine）等翻译学者或解构主义学者均承认他们的思想深受本雅明的影响。然而，令人疑惑的是，中外翻译学者们热衷于阐释本雅明的翻译思想，却很少关注本雅明的翻译实践，尤其不重视考察本雅明是否在其翻译实践中贯彻了他自己提出的翻译理念。不过，国内外译学界对研究翻译理论是否一定要结合实践的问题至今尚无定论。①

　　有的学者认为纯理论翻译研究非常重要，不关注翻译实践的翻译理论并非毫无价值。德国哲学家汉斯·约阿希姆·施杜里希（Hans Joachim Störig）② 认为，有两类思想家有资格从事纯理论研究，一类是杰出的翻译家以及兼具翻译家和诗人身份的学者，另一类是哲学家和语言学家，而本雅明显然属于第二类；而且施杜里希认为，第二类思想家最有资格专注纯理论研究，因为 20 世纪是语言哲学的天下。

　　法国翻译理论家安托万·贝尔曼则认为翻译理论绝不能脱离翻译实践，他注重"反思与经验"（réflexion et experience）和"理论与实践"（théorie et pratique）这两个术语的区别，并且认为前者更为重要，"可以没有翻译的理

---

① 在中国，有关翻译理论与实践关系的大讨论缘起于 2002 年 8 月在上海华东师范大学举行的"英汉对比与翻译国际研讨会"。参加此次大讨论的不乏国内知名的译学理论家和翻译家，如刘宓庆、杨自俭、郭建中、方梦之、王宏印、林克难、周领顺等。此后，《上海科技翻译》在周领顺的协助下于 2003 年进一步展开了讨论。笔者认为，这次讨论虽然并未就翻译理论与实践关系达成共识或统一认识，但从侧面反映出两者关系的复杂性，而这也为本章的研究结果定下了基调，即无论本雅明所提出的翻译理论是否具备实践指导价值或者是否能够贯彻于翻译实践，都不能直接全盘否定它的价值。

② Störig, J. H. (ed.). *Das Problem des Übersetzens*. Stuttgart: Henry Goverts Verlag, 1963: xx.

论，但不能没有翻译的反思"①。本雅明在后期转向历史唯物主义时，也似乎贬斥一切无法运用于实践的理论学说。他指出："一个作家如果没有教给别的作家什么东西，就没有教育任何人。首先是引导别的生产者进行生产，其次是给他们提供一个改进了的器械，生产的这种模范性才是具有权威性的。而且这个器械使参加生产的消费者越多，越能迅速地把读者和观众变为共同行为者，那么这个器械就越好。"②

暂且不论翻译理论与翻译实践孰轻孰重，中西翻译学界普遍将本雅明视作杰出的翻译理论家，但除了斯蒂芬·伦德尔（Steven Rendall）和玛丽莲·加迪斯·罗斯（Marilyn Gaddis Rose）两位学者之外，鲜有学者系统研究过本雅明的代表性译作以及本雅明翻译思想与翻译实践是否存在联系。③

首先，中西学界把本雅明视为翻译理论家可能源自以德里达为代表的解构主义学者们对本雅明思想的解读和阐释。在很多学者看来，德里达从本雅明的思想中找到了解构主义的源头，那将本雅明归为解构主义翻译学派也是顺理成章的。况且，因为本雅明是公认的二战期间最具开创性的德国哲学家和文化批评家，他被后世学者们当作马克思主义者、语言学家、哲学家、政治学家和社会学家而被广泛研究，为他赋予翻译理论家的身份也能提升研究热度。

其次，本雅明在《译者的任务》中做出的哲学思辨是一种令人兴奋的"文化鸡尾酒"④，本雅明已成为"最具挑战的思辨性翻译研究的推动者之一"⑤。罗宾逊认为："说到底，这篇文章的精彩人所共知，它的艰涩难懂也是人所共知的。不仅因为对于很多读者来说本雅明的观点极其另类反常，而且因为这些观点背后有其系统化的理论渊源，难以被读者了解。"⑥

---

① Berman, A. *La traduction et la lettre ou l'auberge du lointain in Les tours de Babel: Essais sur la traduction*. Mauvezin: Trans-Europ-Repress, 1985: 17.

② Benjamin, W. *Selected Writings* (Volume 2). Jennings, W. M., Bullock, M. Eiland, H. & Smith G. (eds.). Livingstone, R. et al. (trans.). Cambridge, MA: The Belknap Press of Harvard University Press, 1999: 777.

③ 参见：Rendall, S. Translation, Quotation, Iterability. *TTR*, 1997, 10 (2): 180.

④ Kahn, L. *Between Two Worlds: A Cultural History of German-Jewish Writers*. Ames: Iowa State University Press, 1993: 236.

⑤ Rose, G. M. Walter Benjamin as Translation Theorist: A Reconsideration. *Dispositio*. 1982, 7(19–21): 163.

⑥ Robinson, D. *Translation as a Form: A Centennial Commentary on Walter Benjamin's "The Task of the Translator"*. London: Routledge, 2023: 1.

最后，本雅明的理论学说庞杂多样、神秘超前，非常值得引用。他的好友朔勒姆曾写道，他的写作风格令人着迷："权威的句子……便于引用和阐释，它们的含义既澄明清晰又神秘难解。"[①] 因此，本雅明的翻译思想经常被其他学者"模棱两可地，甚至无意地"挪用[②]。斯坦纳称本雅明为"解经学家"[③]，但事实上，本雅明从未对《圣经》做过任何批判性解释。也有翻译学者质疑本雅明翻译观的可行性。韦努蒂不无失望地评价道："无论人们赋予本雅明'纯语言'概念何种意义，德·曼和德里达都依照后结构主义的语言概念把它解释为由不同语言构成的集合体（differential plurality）。"[④] 弗米尔更是认为本雅明的理论终究是一种空想论，不切实际。[⑤] 罗宾逊直言不讳道："我也不能充分相信它。具体来说，我不把它当作本体论来相信。我不相信它能够体现出翻译、文学或者宇宙的真正本质。我相信它是一种叙事，一个关于宇宙中发挥作用的神话力量、神秘力量的故事。"[⑥]

此外，本雅明赋予译者的任务也经常被其他西方学者误读。例如，伯纳德·威特（Berndt Witte）认为，本雅明赋予译者的任务是面向精英人士、少数业内人士的，带有严重的、专制的主观主义色彩。[⑦] 约翰·约翰斯顿（John Johnston）认为，《译者的任务》一文"鲜明地体现出一位典型的现代主义者意欲建立一种翻译理论或许一种现代主义的翻译理论的意图"[⑧]，但严格来讲，《译者的任务》是对翻译的神秘本质的阐述，并非某种翻译理论阐释[⑨]或翻译实践反思，而且本雅明本人也从未打算将其作为翻译指导手册来使用。

---

① Scholem, G. *On Jews and Judaism in Crisis. Selected Essays*. Dannhauser, J. W. (ed.). New York: Schocken Books, 1976: 199.

② Nouss, A. La réception de l'essai sur la traduction dans le domaine français. *TTR*, 1997, 10(2): 71.

③ Steiner, G. *After Babel: Aspects of Language and Translation*. Shanghai: Shanghai Foreign Language Education Press, 2001: 66.

④ Venuti, L. (ed.). *Rethinking Translation, Discourse, Subjectivity, Ideology*. London: Routledge, 1992: 8.

⑤ Vermeer, H., J. *Übersetzen als Utopie: Die Übersetzungstheorie des Walter Bendix Schoenflies Benjamin*. Heidelberg: TEXT conTEXT, 1996: 91.

⑥ Robinson, D. *Translation as a Form: A Centennial Commentary on Walter Benjamin's "The Task of the Translator"*. London: Routledge, 2023: 190.

⑦ 详见：Witte, B. *Walter Benjamin: Der Intellektuelle als Kritiker: Untersuchungen seinem Frühwerk*. Stuttgart: Metzler, 1976.

⑧ Venuti, L. (ed.). *Rethinking, Translation, Discourse, Subjectivity, Ideology*. London: Routledge, 1992: 42.

⑨ 罗宾逊认为，这篇短短 5000 字的文章之所以神秘难解，是本雅明有意为之的。如果本雅明用清楚易懂的语言去解释他的翻译思想，反而有悖于犹太喀巴拉神秘主义传统。详见：Robinson, D. *The Translator's Turn*. Baltimore: The Johns Hopkins University Press, 1991: 233.

事实上，本雅明生前从未以翻译家或翻译理论家自居，一切都是后世学者给他的身份定位，因此，本章将重点考察本雅明的翻译实践情况，首先剖析他从事翻译工作的动机，因为工作的动机与其成功与否有莫大的关系。其次对他的译作质量进行评价，包括他本人的评价和同代学者的评价，以期发现他的译作是否践行了他的寓言式翻译观，最后将关注本雅明如何评价其他译者的译作，以此来考察他所遵循的翻译标准是什么。

第一节　本雅明的动机

各项资料表明，本雅明从事翻译实践的动机与他的寓言式翻译观完全不一致。依照本雅明的观点，翻译是一项救赎人类的神秘职业，是朝向恢复"纯语言"的崇高目标，是对清风拂动竖琴之音和喀巴拉神秘主义共鸣的应和。然而，据了解，现实生活中的本雅明从事翻译工作是出于哲学研究和赚取报酬等原因，绝非出自对翻译事业的热爱。而且他出版的译作也是零散的，并未获得公众的广泛认可。他从未对自己的翻译实践过程做过细致评述，也并不喜欢他的翻译实践活动，同时，他对别人译作的评价往往也是偏文学性的，很少涉及具体的译作质量评价。

或许本雅明对"译者的任务"完全不抱有任何希望。罗宾逊认为，"译者的任务"的核心在于绝望[①]，而亚力克西斯·努斯（Alexis Nouss）和劳伦特·拉米（Laurent Lamy）在其合写的论文《译者的放弃：夏尔·波德莱尔〈巴黎风景〉译作前言》（"L'abandon du traducteur: Prolégomènes de la traduction des 'Tableaux parisiens' de Charles Baudelaire"）中直接采用德·曼对"Aufgabe"一词的解读（既表示"任务"又表示"投降"或"放弃"之意）[②]作为题目，点明了他们的研究结论。此外，正如本雅明在《译者的任务》开篇所言，他认为无论是文学作品还是翻译作品都不应考虑受众的感受，因此他不注重作品的信息交流或意义传达，这可能也是他的译作不受公众欢迎的根本原因。

---

① Robinson, D. *The Translator's Turn*. Baltimore: The Johns Hopkins University Press, 1991: 91.

② 详见：Nouss, A. & Lamy, L. La déshérence du clandestin: les rites de l'interprétation autour de l'essai sur la traduction de Walter Benjamin. *TTR*, 1997, X(2): 13-69.

实际上，本雅明常常把翻译视为一份苦差事。1924 年 9 月，他写信向挚友朔勒姆抱怨道："为了翻译《于许勒·弥鲁蔼》第一卷，我已经奋力苦干数周之久。"[1] 对他来说，翻译有时候算是一种自我苦修。1926 年 4 月，他在给朋友尤拉·拉特（Jula Radt）的信中自嘲道："我发现了一种自残身体的神奇方法：我早上一起床就坐下工作，不穿衣服，不用一滴水沾湿我的手或身体，甚至不喝任何饮料。在完成自己设定的每日任务前，我什么也顾不上做，更不用说吃早餐。……然后我就可以在下午做任何我想做的事情。"[2]

早在 1927 年 6 月，他就已经对翻译实践彻底不抱幻想。他在写给胡戈·冯·霍夫曼斯塔尔（Hugo von Hofmannsthal）的信中承认："我想我已经明白了，任何翻译活动（包括《圣经》翻译）若不是为了最崇高的、最紧迫的实际目标或纯粹哲学研究之故，都必定有荒谬之处。"[3] 这封信可能是他在心情沮丧之际写的，因为这与他对《圣经》翻译一贯所持的赞同态度截然不同，不过他对翻译活动荒谬性的指责与他对译者任务的矛盾态度是一致的。

他对翻译的轻蔑态度或许与他的性格有很大关系。1915 年，他的未婚妻朵拉·波拉克（Dora Pollak）说道："他的言辞宏伟而神圣，他的思想和作品意义深远，他的感情琐碎而褊狭，他的举止行为也大致与此相关。"[4] 他的挚友朔勒姆在与他交往的初期也曾说道："本雅明的生活并没有像他的思想那般神圣纯洁。"[5]

此外，本雅明翻译普鲁斯特小说的目的也是想靠普鲁斯特小说的影响力，为自己博取好名声。1925 年，他写信告知朔勒姆，他即将翻译普鲁斯特的作品，并坦言，尽管报酬不算丰厚，但足以让他觉得必须接下这项艰巨的任务，还乐观地估计道："假如这次译作大获成功，我肯定能凭借这次机会成为像格

[1] Scholem, G. & Adorno, W. T. (eds.). *The Correspondence of Walter Benjamin, 1910–1940*. Chicago: The University of Chicago Press, 1994: 249.

[2] Scholem, G. & Adorno, W. T. (eds.). *The Correspondence of Walter Benjamin, 1910–1940*. Chicago: The University of Chicago Press, 1994: 297.

[3] Scholem, G. & Adorno, W. T. (eds.). *The Correspondence of Walter Benjamin, 1910–1940*. Chicago: The University of Chicago Press, 1994: 315.

[4] Benjamin, W. *Selected Writings* (Volume 2). Jennings, W. M., Bullock, M., Eiland, H. & Smith G. (eds.). Livingstone, R. et al. (trans.). Cambridge, MA: The Belkanp Press of Harvard University Press, 1999: 834.

[5] Scholem, G. *Walter Benjamin: The Story of a Friendship*. Zohn, H. (trans). Philadelphia: The Jewish Publication Society of America, 2001: 65.

奥尔格一样的翻译家，得到众人的正式认可。"① 本雅明在 1926 年又写信给挚友。他在信中抱怨道，他对这项翻译任务深感不适，甚至心生反感。"从某种意义上说，普鲁斯特的翻译工作让我恶心。这位作家追求与我类似的人生目标，至少是我曾经的目标，与他在书中神交多次无果，偶尔会让我产生类似肠中毒的症状。不过容我补充一句，……然而，这项事业的物质回报值得一提。从事这项任务到底能收获什么暂且说不清……但在法国，能以普鲁斯特译者的身份自居令人骄傲满意。"②

本雅明显然把翻译作为个人成长的手段，借助翻译实践，他能够开拓他的哲学思想和美学思想，他的话语和思想是"宏伟而神圣"，高度抽象和思辨性的，但他从事翻译工作的动机是"琐碎而褊狭"的，往往是出于经济效益、社会效益或个人利益的考虑。无论是在论述自己翻译思想、翻译活动历程时还是在评价别人的译作时，他都不太关心具体的翻译过程以及译作质量问题。

第二节　本雅明的译作

在本雅明所有的译作中，最受瞩目的是波德莱尔、普鲁斯特、圣－琼·佩斯（Saint-John Perse）的诗作，而其他译作很少有人提及。布罗德森认为，别人对本雅明作品的翻译毫无价值可言，因为这些译本大多是本雅明托付朋友所作，或为了向出版社和报刊编辑宣传自己的作品而委托别人所作。③ 值得注意的是，本雅明很少评论自己的翻译实践，即便发表过一些评论，也大多是介绍自己对作者、作品背景的看法，从不探讨具体的翻译问题。他常常以玩笑的口吻评论自己作品的法语译本。例如，他在写给朔勒姆的信中提到了与让·塞尔茨（Jean Selz）共同将他的自传《柏林童年》译成法语的情况。他评论道："我们把《柏林童年》译成法语的工作有了起色。我们每天都在忙于这项工作。这

---

① Scholem, G. & Adorno, W. T. (eds.). *The Correspondence of Walter Benjamin, 1910–1940*. Chicago: The University of Chicago Press, 1994: 278.

② Scholem, G. & Adorno, W. T. (eds.). *The Correspondence of Walter Benjamin, 1910–1940*. Chicago: The University of Chicago Press, 1994: 305.

③ Brodersen, M. *Walter Benjamin, a Biography*. Martin, D. (ed.). Malcolm, R. G. & Ingrida L. (trans). London: Verso, 1996: 163-164.

位译者根本不懂德语，正如你所能想象的，我们所使用的译法不容忽视，所完成的效果几乎总是令人刮目相看的。"①

仅仅凭译作数量并不能证明本雅明是一位伟大的翻译家，但海因里希·考伦（Heinrich Kaulen）这样的学者却持相反的看法。他相信，"本雅明是一位杰出的翻译家，他把波德莱尔、普鲁斯特、巴尔扎克、圣－琼·佩斯、茹昂多和阿拉贡的作品译成了德语。我们曾怀疑，与他作为批评家和哲学家撰写的著作相比，他的翻译成就在我们看来不值一提，但他所开展的翻译实践足以打消我们的疑虑。"②然而，仔细看看本雅明最著名的翻译作品，如波德莱尔、普鲁斯特和圣－琼·佩斯的德译本，反而会得出相反的结论。况且，本雅明在译学界享有的声誉不是来自他的波德莱尔《巴黎风景》德译本，而是此译作的前言《译者的任务》。令人感到讽刺的是，《译者的任务》最初不是作为前言而是作为后记而构思创作的。本雅明曾计划在其主编的期刊《新天使》（*Angelus Novus*）上发表《译者的任务》这篇文章，并将其视为一个独立的作品，这从侧面证明了这篇文章在一定程度上独立于《巴黎风景》德译本。

本雅明大约从 1915 年起就萌生了翻译波德莱尔诗作的想法。1917 年，他开始翻译《恶之花》中的《巴黎风景》组诗和其他诗歌，并把格奥尔格 1901 年的译本作为范本。他的翻译动机与其说是效仿格奥尔格作品的优点，不如说是想克服其缺点。③后来，他把自己的译作看作对他所推崇的波德莱尔文学和审美情趣的致敬。④但是，他从事这项翻译工作主要出自经济利益的考虑。例如，1921 年 3 月，他把完成这项翻译工作的紧迫性归因于他与海德堡市出版商理查德·魏斯巴赫（Richard Weißbach）签署的一份出版合同："这份合同的条件对我极为有利，这本书最迟要在 10 月份出版。"⑤但事实上，这本译作直到

① Scholem, G. & Adorno, W. T. (eds.). *The Correspondence of Walter Benjamin, 1910–1940*. Chicago: The University of Chicago Press, 1994: 425.

② Kaulen, H. *Rettung und Destruktion: Untersuchungen zu Hermeneutik Walter Benjamins*. Tübingen: Max Niemeyer Verlag, 1987: 8.

③ Brodersen, M. *Walter Benjamin, a Biography*. Martin, D. (ed.). Malcolm, R. G. & Ingrida L. (trans). London: Verso, 1996: 111.

④ Brodersen, M. *Walter Benjamin, a Biography*. Martin, D. (ed.). Malcolm, R. G. & Ingrida L. (trans). London: Verso, 1996: 111.

⑤ Scholem, G. & Adorno, W. T. (eds.). *The Correspondence of Walter Benjamin, 1910–1940*. Chicago: The University of Chicago Press, 1994: 177.

1923 年才得以出版。当时的文学评论界几乎未关注过这本译作，仅有两篇相关评论。首先，本雅明的死敌斯特凡·茨威格（Stefan Zweig）在《法兰克福日报》最醒目的周日专栏上发表过一篇非常严厉、有失公允的评论。[1] 斯特凡·茨威格谴责本雅明的译本过于忠实原作形式，显得毫无价值，"忠实的翻译，只有忠实的翻译才能常常营造出一种让人着迷的感觉"并"还原成冷冰冰的对应本，这个对应本至多只是原诗的骨架"，"是照片而不是镜子里的映像，也不是肖像画"。它的结果只能是"一无是处的混合物"，"对德国诗歌、对法国诗歌"都没有好处——"顶多是在无意中"，像本雅明的译本里那样"笨拙的德语翻译使读者更加感到原作不可破译、不可多得的精彩"。[2] 本雅明认为，这位"15年前出版过第三个质量最差的波德莱尔诗作德译本的译者"评价他的波德莱尔译作糟糕至极的时候却丝毫未提及他的那篇前言，令他倍感屈辱。[3]

1924 年底，一位不知名的评论家在奥地利《新自由报》上发表了第二篇评论，其观点毫无新意，却处处透露出对本雅明的维护态度，这让很多人怀疑它是由本雅明的朋友所作。[4]

事实上，仔细审视本雅明翻译的波德莱尔诗作的德译本后便可以发现，本雅明并未践行他的翻译观，他的译本并未遵循逐字直译的方法，其德语句法结构较为正常规范。[5] 更出人意料的是，本雅明采用韵文体翻译波德莱尔诗作的做法完全背离了他所倡导的直译观，而且该译本以左右对照（左为法语原版，右为德语译文）而非隔行对照（interlinear）的版式印刷出版，也与他的翻译思想相左。本雅明在发给魏斯巴赫的译作推荐文中重点强调了他所作译本的忠实性，并且对这本左右对照译本自夸道："伟大抒情诗人的原作与首部德国出版的准确的语文学译本将会大受欢迎。"[6] 他还写信给魏斯巴赫，希望允许他在译作中尽量少使用标点符号，因为这样可以充分揭示出译作与原作的冲突

---

① Brodersen, M. *Walter Benjamin, a Biography*. Martin, D. (ed.). Malcolm, R. G. & Ingrida L. (trans). London: Verso, 1996: 115.
② 布罗德森. 本雅明传. 国荣, 唐盈, 宋译宁, 译. 兰州：敦煌文艺出版社, 2000：144.
③ Scholem, G. & Adorno, W. T. (eds.). *The Correspondence of Walter Benjamin, 1910–1940*. Chicago: The University of Chicago Press, 1994: 245.
④ Brodersen, M. *Walter Benjamin, a Biography*. Martin, D. (ed.). Malcolm, R. G. & Ingrida L. (trans). London: Verso, 1996: 117.
⑤ Rendall, S. Translation, Quotation, Iterability. *TTR*, 1997, 10(2) : 183.
⑥ Benjamin, W. *Gesammelte Schriften* (band IV) . Frankfurt: Suhrkamp Verlag, 1972: 893.

（confrontation）。①

罗斯使用格奥尔格和本雅明所作的《静思》（"Recueillement"）德译本，与自译的英语隔行对照直译散文体译文（作为参照对象）进行对比，以便"验证本雅明的翻译实践"②。她并未对两个译本孰优孰劣给出明确的评价。她模棱两可地指出，格奥尔格的译本是以德国读者为导向的，采用了解释性的归化译法，注重意义传达；而本雅明的译本是以法语原作为导向的，采用了异化译法，注重语言形式的传达。但在她的字里行间，我们能感受到她对格奥尔格译作的欣赏和认可。她进而指出，就像美国文学界的埃兹拉·庞德（Ezra Pound）一样，格奥尔格正尝试给他的母语诗歌带来新声音和新面貌，在保证德语读者阅读效果的同时也保留了一定的异质性，若想欣赏格奥尔格的译作，无须通晓波德莱尔的法语原作；而本雅明的译作必须依赖通晓双语的读者，无论德语读者是否接受他的译文，法语原作都会透过译文传入德语，产生回响并让他们听到。③最后她得出结论：借助翻译，格奥尔格和本雅明都与波德莱尔的人格面具④（persona）融为一体，但矛盾之处在于，本雅明使用字典释义的"新式直译"（neo-literal）策略和亦步亦趋的押韵方式，把不通晓德法双语的读者拒之门外。这样的读者虽然能够解读原诗作但无法获得亲身体验。⑤这与伦德尔的研究结论不谋而合：从这个意义上讲，本雅明的译作绝不是为读不懂原作的读者而作，甚至不是为任何读者而作，它需要一个真正通晓原作的读者。⑥

此外，也有一些学者简要评价过格奥尔格和本雅明的译本。例如，汉斯·格奥尔格·伽达默尔（Hans George Gadamer）曾评价道："格奥尔格的译本为波德莱尔的诗句注入了一种奇特的、新颖的健康特质：在少之又少的真正优秀译作中，损失可以变成好事，甚至可以变成一种获得，例如，经过格奥

---

① Benjamin, W. *Gesammelte Schriften* (band IV). Frankfurt: Suhrkamp Verlag, 1972: 892.

② Rose, G. M. Walter Benjamin as Translation Theorist: A Reconsideration. *Dispositio*, 1982, 7(19–21): 164.

③ Rose, G. M. *Translation and Literary Criticism: Translation as Analysis*. Beijing: Foreign Language Teaching and Research Press, 2007: 49.

④ 瑞士心理学家荣格用语。"指人所扮演的不是他本人性格的某种性格。是每个人的人格中具有的原型之一。是人公开展示的一方面。"（黄颂杰，等. 现代西方哲学辞典. 上海：上海辞书出版社，2007：359.）

⑤ Rose, G. M. *Translation and Literary Criticism*: *Translation as Analysis*. Beijing: Foreign Language Teaching and Research Press, 2007: 50.

⑥ Rendall, S. Translation, Quotation, Iterability. *TTR*, 1997, 10(2): 187.

尔格的翻译，波德莱尔《恶之花》获得了一种奇怪的、新颖的生命力。"①布罗德森指出，"今天大多数评论家都会认同一点：就诗歌形制而言，本雅明的译本比不上格奥尔格的译本"，但他认为本雅明的译本更加直白易懂，且把原诗中巴黎的真实景象还原出来了。②比如，在对比两个译本对《风景》一诗的翻译时，人们发现，格奥尔格把原诗中代表城市特征的意象全部改头换面，或者中性化，而改成符合乡村特色的意象。譬如，他将"Les tuyaux, les clochers, ces mats de la cité"译为"Den Rauchfang den Turm und die wolken Weit"（烟囱、塔和远处的云）。原先描写巴黎城市的场景变成了描绘乡村生活的图景。试比较本雅明的译文："Auf Turm und Schlot, die Masten von Paris"（致危塔和高大烟囱，巴黎的船桅）。还有一例：波德莱尔的"Les fleuves de charbon monter au firmament"被格奥尔格翻译成"Rauchende säule zum Himmel schiesst"（冒烟的柱子高高地射向天空），而本雅明译为"Der Kohlenströme flöβen übers Firmament"（天上飘浮着煤河）。这些零散评论褒贬不一，数量甚少，并未对本雅明的译本带来多少热度，自此，他的译本"几乎消失得无影无踪"③，学者们很少再关注它。

尽管本雅明从未对自己的代表性译作给出完整的、清晰的评价，但从他的通信集中可以找到他的一些相关评论。本雅明在写给弗洛伦斯·克里斯蒂安·朗（Florens Christian Rang）的信中表示，他欣然接受前者对他译作中格律处理不当问题的批评。他自己承认："对于我的译作最成问题的地方，我不再有任何质疑。它完全没有把格律相关问题考虑在内；我没有真正考虑过这个问题……显然，这已是无法补救的事情。对于我而言，唯一可行的办法就是推倒重来。"④后来，他在写给胡戈·冯·霍夫曼斯塔尔的信中，又对他的译本的格律问题进行了反思："这篇译作格律幼稚。我的意思是，相对于字面直译原作的难度，诗句形式和格律都不重要。我在前言中对此有过阐述。与此同时，我

① 伽达默尔. 诠释学I：真理与方法. 洪汉鼎，译. 北京：商务印书馆，2010：543，348.
② Brodersen, M. *Walter Benjamin, a Biography*. Martin, D. (ed.). Malcolm, R. G. & Ingrida L. (trans). London: Verso, 1996: 111.
③ Benjamin, W. *Selected Writings* (Volume 1). Bullock, M. & Jennings, W. M. (ed.). Cambridge, MA: The Belknap Press of Harvard University Press, 1996: 509.
④ Scholem, G. & Adorno, W. T. (eds.). *The Correspondence of Walter Benjamin, 1910–1940*. Chicago: The University of Chicago Press, 1994: 227-228.

已经非常清楚地意识到这个问题，我有足够的动力重译，因为我确信，最终只有重视诗句格律才能产生一个比我的译本更接近波德莱尔风格的《恶之花》。"[①]这也表明，相较于他对文学批评的浓厚兴趣，他不太关心翻译问题。但事实上，本雅明从未处理好格律问题，也没有足够的动力去重译。他曾向老友朔勒姆抱怨道，他对波德莱尔的思考不够深入，因为他缺乏"前人相关主题的哲学研究成果"[②]这一基本工具。可见，他对波德莱尔的兴趣主要在于哲学研究，而非对其诗作的翻译研究。更令人感到奇怪的是，本雅明本人对自己的双语对照版译作非常满意，完全看不出"他在前言《译者的任务》中提出的翻译理论与其译作之间的矛盾之处"[③]。他在 1923 年 10 月写给理查德·魏斯巴赫的信中强调，他的译本得到人们认可的原因是"一方面，译者在译作前言中无可辩驳地提出的忠实原则得到了认真贯彻；另一方面，其原作的意蕴得以再现，令人信服"[④]。然而，"得到人们认可"只是他的一厢情愿，他的首版译作才印刷了500 册，10 年后还未售完。

紧接着，本雅明又接手翻译珀斯的诗作。1925 年 5 月，他写信告知朔勒姆，赖内·马利亚·里尔克（Rainer Maria Rilke）身体欠佳，因此便将"一位年轻的法国诗人用笔名写的一本奇怪作品——《阿纳巴斯》的翻译任务"转交给他。[⑤]他在信中坦言道："我认为这件事无关紧要。翻译任务非常困难，但值得一试，因为翻译这首简短的'散文诗'将获得丰厚的报酬。"[⑥]此外，本雅明在写给里尔克的一封信中也提到了此项任务。他在信中感谢里尔克让他有机会"为加强德国和法国文学之间的联系而贡献绵薄之力。翻译是实现这一目标的途径，特别是翻译这样一个桀骜不驯的文本，当然是最艰难的途径，但正是出

① Scholem, G. & Adorno, W. T. (eds.). *The Correspondence of Walter Benjamin, 1910 – 1940.* Chicago: The University of Chicago Press, 1994: 229-230.

② Benjamin, W. *Selected Writings* (Volume 1). Bullock, M. & Jennings, W. M. (ed.). Cambridge, MA: The Belknap Press of Harvard University Press, 1996: 509.

③ Rendall, S. Translation, Quotation, Iterability. *TTR*, 1997, 10(2) : 183.

④ Benjamin, W. *Gesammelte Schriften* (Band IV). Frankfurt: Suhrkamp Verlag, 1972: 893.

⑤ Scholem, G. & Adorno, W. T. (eds.). *The Correspondence of Walter Benjamin, 1910 – 1940.* Chicago: The University of Chicago Press, 1994: 267.

⑥ Scholem, G. & Adorno, W. T. (eds.). *The Correspondence of Walter Benjamin, 1910 – 1940.* Chicago: The University of Chicago Press, 1994: 267.

于这个原因，它也可能比文学批评更为正当合理"①。我们现在难以分辨他所说的哪个动机才是真实的，但至少我们能够确信本雅明接手此项任务不是全然为了某种诗学或译学追求，肯定也是因为酬劳丰厚。尤其是，他对《阿纳巴斯》（*Anabase*）德译本的评论依然寥寥数语，不对翻译方法、翻译难点和译文质量进行反思或点评，而是语焉不详地说道，他在翻译过程中，"更清楚地了解了原作的创作氛围"和试图"捕捉……原作诗句律动中隐含的迅捷脉搏"②。

　　普鲁斯特作品德译是本雅明的最后一个大型翻译项目。当时，柏林市的施密德出版社（Der Verlag Die Schmiede）曾将鲁道夫·肖特伦德（Rudolf Schottlaender）所作的《普鲁斯特》的第一个德文译本印刷了一卷，但这本译作的质量不令人满意，于是施密德出版社要求本雅明和法兰兹·赫塞尔（Franz Hessel）③合作重译第一卷并完成后续诗作的翻译。1927年，他们翻译的《在花枝招展的少女们身旁》出版，获得广泛好评。"普鲁斯特的语言像珊瑚一般精致而复杂，而本雅明和赫塞尔用德语所能达到的最高程度将马塞尔·普鲁斯特的语言意义重现。"④1928年，从施密德出版社手中获得版权的派珀出版社（Piper Verlag）出版了《盖尔芒特家那边》，但1931年派珀破产，这项翻译任务随即终止了。自1932年后，本雅明的法译德实践便正式宣告结束。

　　相较于波德莱尔的译本，本雅明对普鲁斯特的德译本更为看重。但是，一如既往的是，本雅明也很少发表对普鲁斯特译本的评论，而且只关注译作的文学性，不重视译作的质量问题。譬如，他曾重点讨论过普鲁斯特善用隐喻这件事。⑤1925年12月8日，他在给霍夫曼斯塔尔的信中写道："我正在关注普鲁斯特对隐喻的运用……普鲁斯特宣称隐喻是作品风格的精髓……给最贫乏无力的见解带来了美妙但又咄咄逼人的警句，因为他将它们运用于隐喻表达。"⑥他在1926年2月又写信给这位朋友，重申了他的翻译目的："翻译过程中，我

---

① Scholem, G. & Adorno, W. T. (eds.). *The Correspondence of Walter Benjamin, 1910–1940*. Chicago: The University of Chicago Press, 1994: 274-275.
② Scholem, G. & Adorno, W. T. (eds.). *The Correspondence of Walter Benjamin, 1910–1940*. Chicago: The University of Chicago Press, 1994: 274.
③ 时任罗沃尔特出版社（Rowohlt）的主编。
④ 参见：布罗德森. 本雅明传. 国荣，唐盈，宋译宁，译. 兰州：敦煌文艺出版社，2000：208.
⑤ 单从《译者的任务》中隐喻的数量来看就知道本雅明多么偏爱隐喻。
⑥ Scholem, G. & Adorno, W. T. (eds.). *The Correspondence of Walter Benjamin, 1910–1940*. Chicago: The University of Chicago Press, 1994: 286.

不能奢望将普鲁斯特带给我的深邃而模糊的印象清晰地展现出来。但是长久以来，我都心怀一个愿望：以'马塞尔·普鲁斯特翻译札记'为题来收集我个人的见解，把它们写成格言警句的形式。"[1] 他在写给朔勒姆的信中破天荒地提到了一些译法处理问题："你很快就能读到我的普鲁斯特译本。要让它变得易读，必须做出一些不同寻常的调整……但我并未花很多时间来解决这个问题，原因有很多，不过最主要的原因是我拿到的薪酬太低了。"[2]1929 年 1 月，他向另一位朋友坦言道："肖特伦德翻译的第一卷是《普鲁斯特》作品在德国的首次亮相，实在是贻笑大方，我和赫塞尔共同重译的版本完全不同，不过我们译得略显生涩，不够纯熟自如。"[3] 他的挚友朔勒姆曾回忆道："他（本雅明）认为，他和赫塞尔合译的作品已经做到了公平对待原作。"[4] 本雅明承认，翻译普鲁斯特作品的工作对他的写作风格产生了"强烈影响"[5]。

第三节　本雅明的翻译批评

尽管本雅明对别人译作的评价与他对自己译作的评价同样稀少、凌乱、不成体系，但前者并不像后者那样随性、漫不经心、不着边际，从中能够看出他翻译思想的雏形。早在 1917 年 7 月 17 日写给朔勒姆的信中，他对好友所译《所罗门之歌》（*Song of Solomon*）德语版的评价就表明，他已经在思考人类语言间存在的相似性，认为杰出的译者是接受原作召唤来表达原作精神。他评论道："第二版译本和第一版译本的区别是，前者认真全面地运用了批判性方法论……借助德语这个媒介，你对希伯来语的热爱可以仅仅作为你对这种语言的本质和这种文字本身的崇敬而自我展现出来……你的译作应愧疚于原作……因

---

[1] Scholem, G. & Adorno, W. T. (eds.). *The Correspondence of Walter Benjamin, 1910–1940*. Chicago: The University of Chicago Press, 1994: 291.

[2] Scholem, G. & Adorno, W. T. (eds.). *The Correspondence of Walter Benjamin, 1910–1940*. Chicago: The University of Chicago Press, 1994: 289.

[3] Scholem, G. & Adorno, W. T. (eds.). *The Correspondence of Walter Benjamin, 1910–1940*. Chicago: The University of Chicago Press, 1994: 344.

[4] Scholem, G. *Walter Benjamin: The Story of a Friendship*. Zohn, Harry (trans). Philadelphia: The Jewish Publication Society of America, 2001: 42.

[5] Scholem, G. & Adorno, W. T. (eds.). *The Correspondence of Walter Benjamin, 1910–1940*. Chicago: The University of Chicago Press, 1994: 340.

为你的译作并未恰如其分地表达对事物的热爱和崇敬。"他接着指出，现存的"极少数伟大的译本"，譬如荷尔德林的译作 [品达（Pindar）诗作] 和格奥尔格的译本（但丁诗作），都归功于译者对两种语言的融会贯通。他认为："荷尔德林秉承品达的精神，发现了希腊语与德语的相同之处——他对希德两种语言的热爱合而为一。"本雅明严厉地批评道，朔勒姆对德语的熟悉程度远不及希伯来语，他之所以能够将《所罗门之歌》译成德语，并不是因为他得到了《所罗门之歌》原作的召唤，而是得益于他的虔诚态度和批判精神。①

本雅明在其波德莱尔德译本面世的三年后（即 1926 年）撰写了一篇题为《翻译》（"Übersetzungen"）的评论文章，对法国象征主义诗人保罗·魏尔兰（Paul Verlaine）诗作的德译文 [译者阿尔弗雷德·沃尔芬斯坦〔Alfred Wolfenstein〕] 和法国象征主义诗人阿蒂·兰波（Arthur Rimbaud）诗作的德译文 [译者弗朗茨·冯·雷克斯罗特（Franz von Rexroth）] 进行了简要评价。他在文章开篇指出了翻译之难："译者用两种语言工作。他的材料——或者说，他的工具——不仅包括他的母语，而且包括外语文本和外国语言。他用两种语言建造出某种东西，如果他搭建的脚手架比一碰就倒的纸牌屋略微牢靠一点，那人们就会说他走运了。他小心翼翼地跟随那只把诗歌一节一节搭建起来（就像逐层搭建楼房一样）的巧手移动，直至最后出现一个微小失误，把整个建筑无声摧毁。"②他充分肯定了沃尔芬斯坦译作的成功，进一步指出，就魏尔兰诗作而言，"翻译的技巧在于放松身心。就像一位空想家相信自己只需要挪动几下身体，略微动动手，就能把身边梦寐以求的宝藏抓在手里；因此，德国语言精神从最近处抓住语词，让魏尔兰犹犹豫豫声音的回响产生出来"③。他进一步赞道："尽管弗朗茨·冯·雷克斯罗特的新译作在结构上和诗意上做到了精确严谨，但它们的内部充满了一种悦耳的声音，在象征主义的褶皱上体现出与当下潮流的一致性，令人称奇。"④本雅明曾写信告知朔勒姆他的《技术复制时代的艺术品》（*Das Kunstwerk im Zeitalter seiner technischen Reproduzierbarkeit*）一

---

① Scholem, G. & Adorno, W. T. (eds.). *The Correspondence of Walter Benjamin, 1910 – 1940*. Chicago: The University of Chicago Press, 1994: 90.

② Benjamin, W. *Gesammelte Schriften* (band III). Frankfurt: Suhrkamp Verlag, 1972: 40.

③ Benjamin, W. *Gesammelte Schriften* (band III). Frankfurt: Suhrkamp Verlag, 1972: 40.

④ Benjamin, W. *Gesammelte Schriften* (band III). Frankfurt: Suhrkamp Verlag, 1972: 41.

文的翻译过程："我与译员一起紧张工作了两个星期，这让我与德语原文之间产生了距离。我通常要经过更长的时间才能做到这一点。我这样说丝毫不是要与原文撇清关系，而是因为我处在这种距离上才发现了原文中出现的一个要素——我特别希望看到你作为读者能够公正地评价它——具体来说，就是人吃人的文雅，在破坏行为中展示出的某种谨慎和小心。"① 从这些评论中，足以读出本雅明在《译者的任务》一文中的观点：译者应当置身于原作语言森林之外，与原作保持一定距离，在译入语中呼唤原作并接受原作的回声，用语词把语言精神传达出来。

从他对犹太哲学家马丁·布伯（Martin Buber）与弗朗茨·罗森茨威格（Franz Rosenzweig）合作翻译的《圣经》德语版的评价中能够看出，他将观照语言自我成长（self-growth）视为翻译的神秘本质。1927 年 9 月，他提到他对马丁·布伯心怀感激之情，因为他认为，布伯用两种自己热爱的语言为他乃至他的职业创造了"持续的生命"②。1926 年 4 月，他的朋友西格弗里德·克拉考（Siegfried Kracauer）在《法兰克福日报》③（*Frankfurter Zeitung*）上发表了两篇关于《创世记》（*Genesis*）德译本的评论。克拉考宣称，正如宗教复兴运动涉及专业领域，是片面的和过时的一样，翻译《圣经》的尝试也是专业化的、片面的、过时的并且盲目的。他谴责道，布伯和罗森茨威格的"不合时宜性"（Unzeitgemässheit）不符合当前的时代精神，这使得他们的译本处处显得格格不入。④ 本雅明认为，克拉考的评论"似乎很中肯，即便我在不懂希伯来语的情况下也能做出这样的判断"⑤。几个月后，他依然未曾改变他的观点，不过也暗指克拉考的判断能力不足："我认为我本人，更不必说克拉考，并没有能力对此做出评判。"⑥ 不过，本雅明最终认为这个《圣经》译本出现的历史时机不

---

① Scholem, G. & Adorno, W. T. (eds.). *The Correspondence of Walter Benjamin, 1910–1940*. Chicago: The University of Chicago Press, 1994: 523–524.

② 他与罗森茨威格合作，将希伯来语《圣经》译成德语版。

③ 西格弗里德·克拉考当时任该日报的文化编辑。

④ Askani, H. *Das Problem der Übersetzung—dargestellt an Franz Rosenzweig: Die Methoden und Prinzipien der Rosenzweigischen und Buber-Rosenzweigischen Übersetzungen*. Tübingen: J. C. B, Mohr (Paul Siebeck), 1997: 263.

⑤ Jay, M. *Permanent Exiles: Essays on the Intellectual Migration from Germany to America*. New York: Columbia University Press, 1985: 213.

⑥ Jay, M. *Permanent Exiles: Essays on the Intellectual Migration from Germany to America*. New York: Columbia University Press, 1985: 213.

对，认为它与这个时代脱节。"我不知道此时将《圣经》译成德语可能会涉及什么，也不知道世界上还有谁有资格从事这项任务。现在，德语正处在一个出现严重问题的历史阶段，而希伯来语的潜力又被刚刚挖掘出来……这个译本会不会使得事物以可疑的方式展现出来，并且这些事物一旦得以展现，就会立即在当今出现问题的德语的对照下而失去意义？"①

事实上，本雅明的矛盾之处在于，他承认自己的译者身份，也重视自己的翻译工作，但似乎对自己的译作以及别人的译作缺乏足够的关心，几乎不对译作进行深入的翻译批评，更不关心自己的翻译思想是否能够在翻译实践中得到贯彻和实施。究其原因在于，他毕生的学术兴趣是哲学和形而上学。② 到了1930 年，本雅明的个人发展进入了一个新阶段，翻译对他不再重要。对他来说，除了从事引文写作以及寓言式文学批评之外，翻译是理解语言哲学而不是开展语言实践的另一条途径③，最终他选择走上了文学批评之路。1930 年 1 月，他宣布他的人生抱负是成为"公认的最重要的德国文学批评家"④。本雅明在《莫斯科日记》（*Moskauer Tagebuch*）中曾引用歌德的一句名言来描述莫斯科，倒是可以拿来总结他一生的翻译实践："所有事实已然是理论。"⑤（Everything factual is already theory.）无论如何，他生前从来没有想过要获得翻译理论家或翻译家这样崇高的身份或地位。

中西译学界对本雅明翻译实践的忽视导致了人们对本雅明翻译思想认识的片面性。他的寓言式翻译思想与其文学批评和语言哲学一脉相承，将翻译视为恢复"纯语言"的寓言化形式，把译作视为延续原作生命的手段，以及将翻译的本质界定为传达万物精神而非交流意义的传达。这些创见令翻译理论学家和文学翻译人员着迷。简言之，学者们更感兴趣的是阐述《译者的任务》的观点，他们并不在意本雅明的翻译理论是否具有实践可行性。正如我们前面所探

---

① Scholem, G. & Adorno, W. T. (eds.). *The Correspondence of Walter Benjamin, 1910–1940*. Chicago: The University of Chicago Press, 1994: 305.

② Scholem, G. *On Jews and Judaism in Crisis. Selected Essays*. Dannhauser, J. W. (trans.). New York: Schocken Books, 1976: 177.

③ 参见：Rendall, S. Translation, Quotation, Iterability. *TTR*, 1997, 10(2): 188.

④ Scholem, G. & Adorno, W. T. (eds.). *The Correspondence of Walter Benjamin, 1910–1940*. Chicago: The University of Chicago Press, 1994: 359.

⑤ 本雅明. 莫斯科日记·柏林纪事. 潘小松，译. 北京：东方出版社，2001：177.

讨的一样，本雅明本人对他赋予译者的崇高任务不抱任何希望，很难想象如何借助翻译实践使原作语言与译入语成为一种纯粹的、超验语言的碎片，也从未按照"译者的任务"的标准对他人的译作进行评价。当然，正如本雅明认为文学作品可译性绝不能以现实世界中这部作品是否能被人翻译或者说是否具备现实可译性为衡量标准一样，我们也不能因本雅明无法将其寓言式翻译思想贯彻于他的翻译实践中、他的译作不受读者欢迎以及他未将他的翻译理念作为翻译批评标准来评价自己和他人的译作而完全否定他所提出的翻译思想的价值。如果这样做的话，那岂不是说我们应当接过解构主义的大旗，把所有的形而上学以及不能成为当下现实的哲学消灭干净？毕竟本雅明的寓言式翻译思想是一种超验建构思想，单纯从现实层面或实践层面来考察它的价值和意义失之偏颇，我们应当从现实评判的意义上来阐释和理解其对中西译学研究的价值。本雅明意欲借助翻译之寓言化形式实施语言批判的意图与他后期转向历史唯物主义，力图借助辩证意象或"凝固辩证法"来更加深刻地批判现代社会的构想是一脉相承的，这一点被阿多诺的"否定辩证法"所吸收并发扬光大。

第六章

寓言之于解构

本雅明寓言式翻译观的独特之处在于，他颠覆了西方传统的翻译观念，不再将翻译看作一种旨在传达意义的跨语言交际行为，而是将翻译视为语言的寓言化形式，以及认识真理和追求真理的手段，并赋予翻译以语言批判和艺术批判的使命。本雅明正是意欲借助翻译不断地呈现人类语言的寓言性现实，即言意分裂性、多义性和意义流动性恢复对原初语言——纯语言的象征，实现人类的救赎。本雅明深刻地指出，以"忠实"原则或"自由"原则为旨归的传统译论是对原作可译性的误解，以及对人类语言非同一性的认同，无益于原作生命的延续和人类的救赎。本雅明以语言的寓言性颠覆了西方传统翻译观赖以生存的语言工具论思想，被学者们视为反抗西方逻各斯中心主义的先驱和解构主义思想的肇始人。以德里达、德·曼为代表的解构主义学者们是本雅明翻译思想的主要阐释者，更是直接受益于他的翻译思想。"毫无疑问，解构主义翻译在很大程度上得益于德国思想家和文艺批评家瓦尔特·本雅明的理论，因此将本雅明视为解构主义翻译及其研究的先驱者是理所当然的。"[①]"德里达翻译观中的主要思想实际上与早于他三十八年出生的德国学者本雅明的翻译观有着一脉相承的亲缘性，德里达的解构主义的主要思想都能在本雅明阐述其翻译观的重要论著《译者的任务》中找到源头，只不过本雅明没有给自己的翻译观贴上解构主义这个标签而已。"[②]因此，韩子满[③]、蒋骁华[④]、郭建中[⑤]、李红满[⑥]等国内翻译学者也直接将本雅明归为解构主义翻译学派。实质上，本雅明寓言式翻译观与德里达解构主义翻译观有本质区别，不具备一以贯之的思想脉络，不应简单

①　王宁. 翻译研究的文化转向. 北京：清华大学出版社，2009：22.
②　李宏鸿. 多声部的和谐：解构主义翻译观研究. 天津：南开大学出版社，2015：10.
③　详见：韩子满. 解构主义翻译理论与解构主义理论的翻译——以本雅明《译者的任务》中译为例. 外语研究，2008（1）：73-77.
④　详见：蒋骁华，张景华. 重新解读韦努蒂的异化翻译理论——兼与郭建中教授商榷. 中国翻译，2007（3）：39-44.
⑤　详见：郭建中. 当代美国翻译理论. 武汉：湖北教育出版社，1999：174.
⑥　详见：李红满. 解构主义翻译理论的发轫——读沃尔特·本雅明的《翻译的任务》. 山东外语教学，2001（1）：36-39.

地将其归为解构主义，更不应将德里达对本雅明翻译观的解构式阐释错解成本雅明的思想实质。本章将从语言的意义、翻译的本质、原作与译作的关系、译者的地位等四大方面阐述本雅明寓言式翻译观与德里达解构主义翻译观的异同，重点揭示本雅明翻译观所蕴含的寓言理论内核。

第一节　语言的意义

本雅明寓言式翻译思想和德里达解构主义翻译思想都是从追问什么是语言的意义开始的。本雅明将人类的堕落视为语言的堕落，即与真理同一的亚当语言堕落为外在表意的现实人类语言，自此，人类语言成为言意分裂的寓言，具体表现为语言实在与精神实在的断裂性、意义多样性和意义流动性。本雅明正是借助人类语言的寓言性来批判结构主义语言学和语言工具论，从而颠覆以原作形式和意义为旨归的传统翻译理论。本雅明赋予翻译拆解人类语言寓言性、恢复纯语言的重任。同理，德里达也是从拷问人类语言的意义开始对结构主义进行拆解，借助自创的"延异"（différance）概念颠覆了西方形而上学逻各斯中心主义和结构主义语言观的基础——固定不变的先验意义，进而确立了反对同一性、倡导差异性的翻译观。

一、言意分裂与意义延异

本雅明从语言形式与内容、物质与精神的绝对同一性来阐述语言的终极本质。在本雅明看来，语言之本质或意义在于传达人及万物的本质或精神，而这种精神传达或表达绝不同于我们通常所说的表达或交流行为，不是借助语言的媒介来传达某种思想内容或信息，"语言只言说自身"或者说展现自身即传达精神实在。简言之，语言形式与其所承载的内容、物质实在与精神实在同一、同在、同存。需要特别强调的是，本雅明所说的"精神"不是与"肉体"相对应的心理学或精神病理学的概念，而是超越有限性的普遍性、无限性和总体性，即万物之本质或真理。万物都有自己的"语言"，都在自己的"语言"中表达自己的本质或精神实在，但是物的"语言"不是语词，而是它们的物质形态，这也是绘画、雕塑等一切造型艺术的存在基础。本雅明认为，相较于人类语言，物的语言是一种低等语言，凝固于物质形态中而无法直接向人及上帝传达万物的本质，万物若想摆脱物质形态的限制，必须借助亚当语言或原初语言。

本雅明认为，亚当语言由上帝所赐，被赋予为万物命名和向上帝传达人及万物精神的创世任务。亚当通过为万物给予专名的方式认识万物的本质；与此同时，亚当在命名万物时，也将有关自身本质的知识展示出来，传达给上帝。换言之，在亚当给予的名称中，万物的本质被人类认识，人类的本质被上帝认识，因为命名语言具有上帝语言的全然认知性。然而，随着人类抛弃这种全然认知性语言，转而选择用来判断善恶的语言，物质与精神同一的命名语言就只能作为纯粹的表意符号或工具外在地意指某物，成为人类主客体二元关系的奴役对象，即亚当语言或纯语言的寓言。在本雅明看来，语言应当摆脱能指与所指关系的束缚，在展示自身的过程中传达万物的本质或精神，但现实中的人类语言源自人类主体意志的产生，本身就是纯语言寓言化的产物。在本雅明的寓言理论中，寓言意味着启蒙理性缔造的人类有限的、未被救赎的造物状态。人类语言成为寓言，不仅意味着原初语言中语言形式与内容、物质与精神、语言实在与精神实在同一性的断裂、判断性意指方式的多样性、任意性和偶然性，而且意味着现代社会总体性的失落和现代性的灾难本质，既然人类语言呈现为言意分裂状态，那只能希冀寓言的二律背反性来实现从有限性向无限性、从非同一性向同一性的飞跃。

本雅明借助神学赋予语言传达万物精神的超验本质，进而论述人类语言由于人类作为主体的介入而失去对真理的直接、全然的认知，最后沦为言不达意、言不尽意、言意分裂的寓言，由此本雅明驳斥现代资本主义的语言工具论和结构主义语言观，因为两者均代表人对语言本质的任意的、偶然的、主观性的建构，即把语言看作一种稳定自足自洽的统一、完整的符号系统。他还为这套系统设定了一个先验的、固定不变的普遍之物，即意义。然而，本雅明深刻地指出，正是能指与所指二元关系的确立导致了语言同一性的寓言化或言意分裂，语言便成为人类表意符号，除却被用来间接地意指某物之外自身并无任何意义，而其所产生的意义或能指与所指的关系同样是人为建构的产物，只在其所处的表意系统中才具有稳定性、必然性、理据性、统一性，一旦脱离该系统或结构，原本能指与所指的关系就会变得不确定，从而产生言意分裂、多义性、意义破碎性。本雅明以人类语言的寓言性暴露出结构主义语言观、语言工具论与现代社会的同构性以及现代性危机和人的生存危机的根源：以主客体二元关系人为建构的意义作为自然万物本质的纯粹知识，将认识论替代存在论来识解自然和世界。

与本雅明的研究路径不同的是，德里达对意义的追问更为直截了当。他断言一切意义都永远是不确定的、流动的、"不在场"（non-presence）的，直接拆解了西方逻各斯中心主义和结构主义的根基。在德里达看来，以往的西方哲学均可以称为"在场的形而上学"，而他意欲全面颠覆这种基于一个本原、一个中心、一个终极基础、一个纯粹源头、一种绝对真理的"在场的形而上学"。德里达深刻地指出，所谓"在场的形而上学"，指的是自然万物都遵循一个根本原则、一个"中心语词"、一个潜在的神或上帝，而这种先验的、终极的、总体性的、真理的、第一性的存在构成了各种各样的逻各斯（logos），它是永恒不变、确定无疑的，近似于"神之律法"，是一切事物存在和运行的基础和依据，背离它就意味着走向虚无和谬误。"实质上，从'逻各斯'作为一个先验的本体范畴在赫拉克利特的终极思考中鸣响了言说之后，从赫拉克利特的'逻各斯'到巴门尼德的存在、柏拉图的理念、亚里士多德的实体、新柏拉图主义者普罗提诺的太一、基督教经院哲学的上帝、欧陆理性主义者笛卡儿的天赋观念、康德的物自体，再到黑格尔的绝对理念，后来者都是以不同的理论表达式来谛听、复现、承诺'逻各斯'的言说。可以说，至少西方古典哲学正是以'逻各斯'为本体、为终极、为始源、为非受动的始动者和为中心推演出一部古典在场形而上学的本体论发展史。"[①]

德里达以流动的"意义链"的概念推翻了逻各斯中心主义和结构主义。依照传统西方符号学理论，语言的能指和所指紧密结合，其统一关系犹如硬币的两个面一般。对此，德里达并不认同，他一针见血地指出，符号的存在或出现并不意味着它所意指的事物也存在和此时在场。事实上，德里达认为，所指总是不在场的，即能指所意指的东西总是推迟了的在场。德里达借鉴索绪尔的意义理论，认为人们在追问语言符号的意义时，所获得的或所识解到的绝不是

---

① 杨乃乔. 解构的阐释与逻各斯中心主义——论德里达诗学及其解构主义阐释学思想. 中国诗歌研究，2002（1）：290.

所指，而是符号的符号、能指的能指、解释的解释。每个作为能指的语言符号在语言系统或结构中相互意指，构成一条不断绵延、永无止境的能指相互指涉的关系链，并不指向真正的意指之物（即意义），或者说它指向当下不存在的、永远不在场的所指，这便是德里达所言的"意义链"。由此，德里达主张以"意义链"代替结构主义语言学的逻各斯基础："结构"概念，因为"意义链"更能揭示符号与意义、能指与所指的真正关系。

为了阐明"意义链"所揭示的所指不在场、意义不在场的真相，德里达自创了"延异"（différance）概念。依照德里达的解释，différance 是从英语单词 difference（本意为"差异"）和拉丁词 differre（本意为"推迟"）演变而来的，将两词的含义合而为一：差异与延搁。德里达使用"异延"概念旨在阐明能指与所指的表意过程实则是语言符号沿着意义链所进行的"区分"和"延搁"双重运动。共时地看，语言符号在空间上总是受其他语言符号的规定，具有"非同一的，与其他符号相区别的意思"[①]，因此一个词的意义必须在语境关系的区别中得到确定；历时地看，一个语言符号是与其他语言符号相互区分的产物，是永远延搁所指的在场，"使意欲暂时不能得到实现或满足，把意义意欲付诸实践时所用的方法抹杀或减弱其效果"[②]。语言符号的共时的差异和历时的意义延搁是造成意义不确定性的根源。"符号就具有历史性的，意义的在场，由于'先于'表达，且与能指分离，因而只是一个幻觉；一旦把所有符号的时空可变性因素都能考虑进去，这一幻觉就会即刻消解。……由于意义的历史变迁，能指无法固定在特定的所指之上，因此意义的在场是无法实现的。"[③]在德里达看来，语言的意义就是无止境的"延异"游戏，永远追寻不到终极答案，"延异"是各种因素相互关联的差异，是差异、踪迹和间离体系的游戏[④]。可见，德里达把意义的生成或确定看作一个不断变化发展、永不停歇的过程，绝不存在结构主义语言学所谓的意义确定性。

为了彻底阐明意义的不确定性，德里达还提出播撒（dissemination）、踪迹

① Derrida, J. *Speech and Phenomena and Other Essays on Husserl's Theory of Signs*. Allison, B. D. (trans.). Evanston: Northwestern University press, 1973: 129.
② Derrida, J. *Speech and Phenomena and Other Essays on Husserl's Theory of Signs*. Allison, B. D. (trans.). Evanston: Northwestern University press, 1973: 136.
③ 王东风. 解构"忠实"——翻译神话的终结. 中国翻译，2004（6）：6.
④ Derrida J. *Margins of Philosophy*. Alan, B. (trans.). Chicago: The University of Chicago Press, 1982: 18.

（trace）、替补（substitution）等概念。德里达不无遗憾地指出，他想颠覆语言逻各斯中心主义，但又必须借助这种依托意义确定性的语言阐发自己的观点，因此他认为这些概念不是概念，而是亦此亦彼、亦是亦非，或者既非亦非、既是亦是的非概念或反概念。德里达通过这些意义含混、流变的术语来拆解以绝对真理为根基的形而上学大厦，并借用概念的不确定性和自我解构性揭示了逻各斯中心主义的虚幻假象。

总体而言，本雅明和德里达均反对结构主义语言观和语言工具论，驳斥语言意义的确定性和客观性，但两者的根本不同在于，本雅明并不着力于阐述现实人类语言的意义的虚假，而是借助亚当语言或纯语言的超验同一性来揭示人类语言的言意分裂的寓言性，从而促使现代人反思人类在启蒙理性精神的主导下对语言的主观性支配和控制。从这个意义上来看，与其说本雅明反对结构主义和语言工具论，不如说本雅明反对能指与所指的非同一性关系甚至主客体二元对立关系。事实上，本雅明并不拒绝"起源""结构""秩序""中心"等带有结构主义特色的概念，只是强烈反对人类借助主客体二元关系对语言实施"专制统治"而建立的所谓"统一"的结构和获得的所谓"客观"的知识，特别强调真正的语言要摆脱任何主客体关系或寓言性的羁绊，在自我呈现之中展现万物本质或精神实在。换言之，本雅明并不像德里达一样全然拒绝逻各斯中心主义，而是坚信"逻各斯"（在本雅明的语境中，德里达所毕生反对的"逻各斯"或终极意义便是与真理同一的纯语言）不能被人为建构和认识，而必须以"无意图性"的方式认识和实现，"接近真理的正确方式不是通过意图和认识"，"真理即意图之死"，[①] 否则逻各斯"在场"的景象将是虚假的、寓言式的。本雅明将"纯语言"设定为人类语言的起源和实现救赎的目标，就已经确立了一个超验的（而非先验的）"逻各斯"，并且指明恢复纯语言的办法只能是将人类语言视为同一性的寓言，以寓言的二律背反性表征非同一性，实现向同一性的超越。"本雅明用一个乌托邦愿景来反衬出现代性的破败，让人振聋发聩。正是以这种认识为起点，本雅明认为文化批判不应仅满足于摧毁、解构，而更应该追求修复与建构。"[②] 要言之，虽然本雅明否认结构主义语言观、语言工具论所

---

① 本雅明. 德国悲剧的起源. 陈永国，译. 北京：文化艺术出版社，2001：8.
② 李宏鸿. 多声部的和谐：解构主义翻译观研究. 天津：南开大学出版社，2015：11.

认同的意义或所指的确定性、客观性，但他承认人类语言终极所指（即纯语言）的存在，也指明了回归或恢复这一所指的途径，即便他对人类以造物状态实现这一目标的可能性深表怀疑。

相比之下，德里达的态度更为决绝。他以意义的"不在场"或"延异"断绝了获取确定意义的任何可能性，彻底瓦解了逻各斯中心主义或结构主义语言学的基石。德里达无比确信的是，既然语言的意义永远不在场或不存在，那么任何建立在终极意义基础上的概念体系甚至知识体系都是不存在的。一切秩序、等级、结构、系统、中心、建构形式都因失去锚点而被拆毁，所剩下的只有非中心、非起点、非本源、非结构、在时空中无限延展的意义链条，而我们所谓的语言"意义"只是语言符号之间的差异性关系或相互指涉关系的展现。根本就不存在能指与所指的表意结构，能指符号所指向的是另一个能指，而所指是无限推迟的"不在场"。正因如此，德里达拒绝一切形而上学，即便在阐述自己的解构思想的过程中，他也竭力规避使用或建构具有任何确定意义的术语或概念，热衷于用文字游戏来消解意义确定性、彰显差异性。

要言之，本雅明并不拒绝形而上学和概念建构，主张"寻找一块主体概念和客体概念握手言欢的中立之地"，创造一种消除主客体二元对立的新型知识概念和原初、总体性经验，从而呈现理念，达到认识和实现真理的目的。总之，本雅明强调语言寓言性，但从未放弃从自然王国进入自由王国的超验目标——恢复纯语言；而德里达拒绝一切形而上学，拆毁一切概念体系、知识体系和经验体系。可能在德里达看来，本雅明的纯语言概念或者寓言理论仍然是一种形而上学的建构，于是德里达为了避免解构的同时又设立某种超验目标或建构某种中心结构或体系，将非同一性或差异性视为本源。

二、纯语言与差异性

为了阐述人类语言的言意分裂性或非同一性，本雅明确立了一种将与总体性、真理同一的原初语言作为人类语言的超验起源。依本雅明的解释，由于这种原初语言得自上帝创世的语词，具有认知万物精神和把握总体性的能力，其语言存在与思想内容、形式与意义、物质实在与精神实在、能指与所指同一，因此，这种亚当语言超脱一切经验主体与经验客体的二元认知关系，在展示自己、言说自己中传达万物精神实在。本雅明称其为"纯语言"，意味着它是本雅明所设想的完美语言模式：超越一切人类世俗语言的纯粹语言形式和原初总体性知识模式。与逻各斯中心主义不同的是，本雅明并没有将"纯语言"确立为人类语言的在场的先验本源或客体，而是将其作为所有人类语言的超验的、主客体同一的原初本源。正是在这一超验本源的映照下，本雅明才着力阐述人类语言能指与所指表意关系的寓言性。自原初语言堕落为抽象性、判断性人类语言后，语言完全沦为交流符号或工具，在各种人为建构的语言系统意指或指涉事物，除了其意指功能之外，自身再无任何内在的意蕴或思想内容，更不能在自身物质性形式展现之中传达万物的真理内涵。在本雅明看来，所谓的"语言意义"仅仅是交际意义，实质上是人类语言寓言性的反映，即作为能指的语言符号所意指的内容，绝不是纯语言同一地意指的万物精神实在。换言之，人类语言由于固有的言意分裂性，再也无法展现普遍性或总体性，只能借助寓言二律背反性，在表征自身缺陷的同时间接地指涉自由王国，但这一指向只能在寓言家的主观性视野内实现。

本雅明确立纯语言这一超验目标，旨在阐明人类语言的寓言性，并且昭示人类的救赎之道或由造物世界向神性世界回归的办法，即消除主客体关系、恢复纯语言。依照本雅明的解释，现实中所有人类语言拥有共同的超验起源，因此，诸语言之间存在一种超越世俗历史的亲缘性，"就作为整体的每一种单个语言而言，其意指是同一的。然而，这个同一意指并非任何单个的语言所能企及，唯有通过不同语言之间互补的表意所形成的总体方能达到，它就是纯语言"①。全体人类语言在传达万物真理内涵的超验本质上是互补的，但在现实中却囿于各自人为建构的系统之中，充当信息交流的工具。若想重现纯语言，必然要重现语言与真理的同一性、弥合语言的言意断裂，而本雅明给出的解决办法是借助翻译促成诸语言的意指方式相互补充从而黏合纯语言之圣器，因为只有在翻译的寓言化中，原作语言的能指与所指的不相称性才能在译入语的表意结构中暴露出来，才能显示出原作语言与译入语语言的超验互补性。由此，本雅明提出了表征人类语言寓言性的翻译方法，其最终目的是以寓言的二律背反

---

① 本雅明. 译者的职责. 李茂增，译 // 本雅明. 写作与救赎——本雅明文选. 李茂增，苏仲乐，译. 上海：东方出版中心，2009：61.

性趋向超验的纯语言。

　　与本雅明形成鲜明对比的是，德里达在拆解意义"在场"幻象的同时全然否认存在任何确定的、在场的中心、基点、本源或任何形式的"逻各斯"，当然也拒绝本雅明提出的"纯语言"这一超验的本源，因为虽然"纯语言"是超验的，在现实中是无法企及的，但它毕竟也是对"在场"的形而上学建构。凯瑟琳·戴维斯（Kathleen Davis）在其专著《解构与翻译》（*Deconstruction and Translation*）首章中对德里达的"延异"概念进行了阐述："延异是诸多意义的可能性的条件，因而意义是它的运动的效果或者'游戏'；既然意义不可能先于延异，那么，就像巴别塔的故事所提醒我们的，就根本不可能存在纯粹的、完全统一的意义的起源：意义不可能先于延异。"[①] 照此来看，追问语言的意义是无效的，因为语言的意义始终处于延异状态，我们所能获得的、所能讨论的、所能追问的也仅仅是不同能指之间的差异性，我们绝对无法追寻到某个先验确定的客体或超验所指。换言之，意义永远在能指之间流动，绝不存在任何起点、终点、本源、起源，否则意义将不再流动，会在起源或本源处得以确定。德里达深刻地指出，若非要设立一个本源，那差异性便是本源。德里达之所以将"差异性"这样一个关系性概念视作"逻各斯"来替代传统形而上学的本源，正是为了否认其理论建构的本源性，而且还强调语言的意义一经产生就已然处在不确定性、间距所带来的离散中，因此，"差异性"等同于不可同一、不可同化、不可对象化的多样化，代表着一种已然如此、始终如此的"前巴别塔"时代的变乱、无序、混乱状态。与本雅明的观点截然不同的是，德里达只承认"差异性"才是言语的真正始源，也是使语言的意义成为可能的本源。也就是说，在所有的人类语言中，不论是在一种语言之中，还是在多种语言之间，意义永远呈现流动性、不确定性、多样性，而翻译的目的仅在于揭示意义的永远不在场，绝非恢复超验所指、实现人类救赎，因为"在最初的开端处，即在本原处，就已然包含有初始的间距，包含最初的污染和起源的复杂了"[②]。

---

① Davis, K. *Deconstruction and Translation*. Shanghai: Shanghai Foreign Language Education Press, 2004: 15.

② 朱刚. 本原与延异：德里达对本原形而上学的解构. 上海：上海人民出版社，2006：20.

第二节　翻译之本质

本雅明认为，翻译与语言一样，其本质均在于传达万物的精神实在。然而，随着人类的堕落，纯语言便寓言化为诸多人类语言，而原初的语言实在与精神实在的同一性关系断裂成非同一性，人类语言自此受制于言意分裂性，再也无法展现超验的总体性和普遍性。在本雅明看来，促进各种人类语言的意指方式形成总体性互补后可以重现纯语言，而唯有翻译可以担此重任。翻译的职责即在于展示原作语言指向纯语言的意指方式，并将其与译入语的意指方式相互比较、融合，这一比较和融合就是寓言化过程，因为翻译直接将原作语言带入译入语的意指关系之中，破坏了其原先的表意结构，形成新的能指与所指的二元关系。也就是说，翻译在将原作语言带入译入语的同时暴露出了原作语言的言意分裂性，也在与译入语的意指方式的对照和互补中找到了间接指涉纯语言的契机。

然而，德里达认为，翻译即在于意义传达，但他坚信没有确定的意义，只有确定的差异性或延异，因此，翻译的本质是意义链的转换，即把持续流动的意义从一种语言链条上转移到另一种语言链条上，而所要传达的或所要追问的终极所指永远是推迟在场的虚妄。从这个意义上讲，所谓翻译，即不断改动或推迟原作语言的确定性以置换原作。德里达给出的定义是，翻译是一种语言对另一种语言、一种文本对另一种文本有调节的转换。他甚至指出，"有调节的转换"（regulated transformation）远比"翻译"（translation）更能揭示翻译之本质属性，因为前者更加明确地宣告翻译是从一种语言到另一种语言的轮转，其中并无任何纯粹所指或确定之物的交换。"这样我们就不得不用'变形'概念代替翻译概念，即一种语言和另一种语言、一篇文本与另一篇文本之间有规则的变形。我们从不会，事实上也从没有让纯粹所指（能指手段——或'载体'——使之完整无损和未受任何影响）从一种语言'转移'到另一种语言中去，或在同一语言中做这样的转移"①。进一步说，德里达直截了当地指明了翻译的"无效性"，翻译只是两种语言之间意义延异性或差异性的转移或交换。"一方面，转换是根据一种基本的、无休止的偏离进行运作的，另一方面，转换后的文字既不是完全对等的译作也不是对原作完全的背叛，它的位置趋近于二者交汇的地方，它是对习语自身无限的接近。"②

一、可译性与不可译性

可译性或不可译性均是本雅明和德里达主要关心的问题，因为这涉及有关翻译本质的认识，也将揭示两人翻译理论的根本差异。需要特别强调的一点是，本雅明只关注文学作品和神圣文本的翻译，并不把其他作品和其他文本视作翻译的原作。本雅明早已阐明，翻译不是以传达原作交际意义为目的的交流行为，更不是对原作语言形式或意义的"忠实"复制或再现，而是以二律背反性指涉超验所指的寓言化形式。本雅明深刻地指出，一部文学作品是否具备可译性并不取决于能否在该作品出现的年代找到胜任的译者，而是要看该作品的语言在言意分裂中是否蕴含意指神性世界的潜势，而且这种意指潜势是否可以与其他语言的潜势形成互补，从而构建出趋向纯语言的总体趋势；也就是说，原作的可译性在于原作语言借助翻译的寓言化形式在译入语环境中展现出一种新的外在表意关系，而这种新的意指关系可以彰显出恢复语言形式与万物精神同一性的可能性。正因如此，本雅明把可译性规定为作品的内在属性，"说可译性是特定作品的基本特质，并非意味着那些作品必须被翻译出来；而是说，原作当中某种具体的内在意义会通过自身的可译性而得以显现"③。可见，在本雅明看来，文学作品的可译性并不在于作品所传达的主题内容和交流意义，而在于传达充满人情心绪、人世体验、人伦享受、人品精华、人性积淀的思想实在和蕴含万物生机、灵气、活力、智慧的生命本质，这一意指方式证明原作存在一种超验的、绝对的、必要的、召唤翻译的趋向性结构。"原作要求翻译，

---

① 德里达. 多重立场. 余碧平，译. 北京：生活·读书·新知三联书店，2006：24.
② Derrida, J. *The Ear of the Other: Otobiography, Transference, Translation*. Kamuf, P. (trans.). Lincoln: University of Nebraska Press, 1988: 96.
③ 本雅明. 译者的职责. 李茂增，译 //本雅明. 写作与救赎——本雅明文选. 李茂增，苏仲乐，译. 上海：东方出版中心，2009：58.

哪怕没有翻译者，哪怕没有人适用执行这个命令，但原作的结构中同时存在着要求和欲望。"① 由于可译性的超验性，一部文学作品的可译性绝不可能体现在以意义传达为旨归的翻译中，而只能表现为原作语言的意指方式有利于或有可能与译入语的意指方式形成互补从而实现纯语言。简言之，本雅明将可译性设定为文学作品所具备的纯语言实现性或实现潜势，他同时赋予翻译实现纯语言的使命，如此一来，判断原作可译性或纯语言的可实现性，也只有在翻译的寓言化过程中才是可能的。本雅明之所以始终坚持可译性的超验性、内在性，是为了强调即便一部作品在现实中找不到胜任的译者来翻译，也不能否认它的可译性，因为它的（超验）可译性在重现纯语言、从言意分裂性向同一性飞跃的那一刻才能得以充分、完全展现。在现实生活中，文学作品的可译性便成为纯语言对翻译的召唤、要求和期待。

依照本雅明的观点，翻译成为寓言化形式，那可译性应当视作文学作品语言的寓言化要求，即作为能指符号，原作的语言外在地意指某物的方式愈呈现出寓言化需求，就愈说明原作语言具备突破现有言意非同一性而趋向同一性的潜质。但同一性是超验的，而寓言是现实世界的本来面目，因此一部可译的作品所具备的寓言化倾向在翻译中得以呈现，却永远不能被充分实现，只能持续地召唤翻译、要求表征言意分裂性，从而间接地指涉同一性的寓言化形式。从可译性的超验本质便可以理解本雅明为什么会认为《圣经》等神圣文本是充分可译的，或者完全实现了可译性。本雅明辩证地指出，神圣文本的语言与真理已然同一，不需要意义的中介，可以在呈现自身的同时传达真理，而这种文本具有全然的可译性，"《圣经》这种不同语言隔行对照的版本是所有翻译的范本和理想"②。如果照此来看待可译性问题，那本雅明实质上已经承认神圣文本既是充分可译的又是不可译的。本雅明赋予翻译的使命是实现纯语言，恢复同一性，那一旦使命完成，翻译也就立即停止了。既然神圣文本完全重现了纯语言，那它也就变成完全不可译，因为它自此不再要求翻译，也不能被翻译，仅仅具备示范感召作用。要言之，在本雅明的翻译观中，可译性是文学作品的寓

---

① 德里达. 巴别塔. 陈永国，译 // 郭军，曹雷雨. 论瓦尔特·本雅明：现代性、寓言和语言的种子. 长春：吉林人民出版社，2003：59.

② 本雅明. 译者的职责. 李茂增，译 //本雅明. 写作与救赎——本雅明文选. 李茂增，苏仲乐，译. 上海：东方出版中心，2009：69.

言化需求，与实现纯语言的潜势有关。把翻译视为寓言化过程，恰恰反映了本雅明翻译思想的神学救赎本质，在超验的纯语言的实现中，本雅明所认为的可译性与不可译性同一。

相较之下，德里达质疑任何意义上的"在场"，也就质疑一切语言文本的翻译的可行性。德里达主张用"意义链"来阐述意义的本质，指出所有作为能指的语言符号共同构成一条横亘于时空中的差异性关系链条，而所谓"意义"实质上是符号之间的差异性，意义在链条之上永恒流动，既无起源，又无终点。德里达曾通过追问专有名词"Babel"（巴别塔）的意义来例证"意义链"的效果。"'巴别'：首先承认它是一个专有名词。但当我们今天说'巴别'时，我们知道指的是什么吗？我们知道指的是谁吗？如果我们考虑一个遗留文本的生存的话，即关于巴别塔的叙事或神话，那它就不仅仅构成许多比喻中的一个。在讲述一种语言对另一种语言的不充分性，百科全书中一个地方对另一地方的不充分性，语言对自身、对意义等的不充分性时，它同时还讲述比喻、神话、转义、曲折变化、不足以补偿使我们束手无策的多元性翻译的必要性。"[①]德里达认为"巴别塔"一词是专有名词，必定具有清楚明确的、单一的意义[②]，但当人们在追索该词的确切意义时，它的意义却始终是不在场的、延异的，最终人们所能获得的意义依然是"Babel"作为能指与其他能指的相互指涉，"在这个意义上，它将是关于神话根源的神话，关于隐喻的隐喻，关于叙事的叙事，关于翻译的翻译，等等"[③]。"它不可能是像那样掏空自身的唯一结构"，不可能追溯到该专有名词的意义链的起源。德里达由此断言一部作品不具有确定无疑的终极意义，文本总是呈现出一种意义空缺的或"未完成"的状态。

德里达认为，既然语言的意义或文本的意义始终是不确定的、有待给予的、有待满足的，那翻译便是不可能的，因为不论是直译还是意译均不可能摆脱对确定意义的追寻，这与本雅明的乐观态度截然不同。在《他者的耳朵》（*The Ear of the Other: Otobiography, Transference, Translation*）之《圆桌论翻译》

① 德里达. 巴别塔. 陈永国, 译 // 郭军, 曹雷雨. 论瓦尔特·本雅明: 现代性、寓言和语言的种子. 长春: 吉林人民出版社, 2003: 43.

② 在这一点上, 德里达吸收了本雅明有关命名语言的观点, 认为专有名词便是亚当语言的遗存, 其能指与所指融为一体, 具有终极的、在场的意义。

③ 德里达. 巴别塔. 陈永国, 译 // 郭军, 曹雷雨. 论瓦尔特·本雅明: 现代性、寓言和语言的种子. 长春: 吉林人民出版社, 2003: 43.

中，德里达写道："哲学要说什么呢？哲学家正在做哲学家时，哲学家要说什么呢？他要说：重要的东西是，真理或意义；既然意义是先于语言或超越语言之外，那么，其结果就是，它是可译的。意义占统治地位，因此人们必须能够固定它的单声性，或者说，不管是在什么情况下，都要把握它的多音性。如果这种多音性是可以把握的，那么，翻译，如果理解为某种语义内容向另一种意指的形式的传输，便是可能的。除非翻译在这后一意义上的可译性，也就是，在没有造成本质上的损伤的情况下，作为某种意义或真理从一种语言向另一种语言的传输。很明显，这种规划或这种主题，已经采取了一定数量的形式：人们可以在从柏拉图经过莱布尼兹的方式到黑格尔的整个哲学史上，对此加以定位。也就是我过去所认为的进入哲学的通道的东西。哲学的起源是翻译或可译性的主题。因此，这个意义上的翻译，不论是在哪里失败，它都只能是哲学本身遭遇失败。"[1]德里达一针见血地指出，假如存在一种先验的、确定的意义或者能够充分把握多样化的意义（多义性源自确定意义的不在场或延异）的话，那么翻译作为意义的传达便是可能的，否则便是虚妄的。

德里达进而指出："从不存在纯粹的差异，翻译也是如此。对于翻译的概念来说，我们应用 transformation 来取代它：一种语言与另一种语言、一个文本与另一个文本之间有调节的转换（regulated transformation）。在一个语言与另一个语言之间或一语言之内，我们将不会，事实上也从未传递过纯粹的所指。所指的手段只留下未触摸的处女地。"[2]德里达直接驳斥以意义为旨归的翻译之可能性，直接断言翻译所能传达的只能是意义的延异性或者说翻译实质上便是意义链的传递，而所谓"有调节的转换"，意味着这种传递行为永远不可能是充分和完全的，总不可避免地受到语境的制约。因为意义的延异或意义链在时空上是无限的，只有在确定语境中，即在某个具体确定的时间和空间点上，人们才可以把握所谓"确定的意义"。译者在实施翻译行为时，对原作的意义延异性的传递便受制于当下的语境，同时在将这种延异性转换到译入语中时，译者对译入语的意义延异性的认识也依赖于当下的语境。换言之，任何对

---

① Derrida, J. *The Ear of the Other*: *Otobiography, Transference, Translation*. Ronel, A. (trans.). Lincoln: University of Nebraska Press, 1988: 120.

② 详见：刘军平. 解构主义的翻译观. 外国语（上海外国语大学学报），1997（2）: 52.

原作的意义延异方式的传递必然是暂时的、有限的、不充分的，任何译者都不可能将原作语言的无限意义链全部转移到译入语中，因此，译者只能基于当下语境把握原作语言的延异方式，再将其转换到当前的译入语环境中，并且还要依据译入语的意义延异方式做出适当的调节，以便使原作的意义链顺利转入译入语，但由于语言符号系统的差异，意义链的流动方式也大不相同，无论译者做出何种调节，译作的意义链永远不可能与原作的意义链"无缝对接"或转换，"每一种情形都应以命名的姿态，添加注脚、眉批甚或前言，以便使转写过程中丧失的那些微妙的、相互不同的增补意义和离题的观念起死回生"[①]。然而，德里达却把这种转换的不充分性看作翻译可行性的保障。在他看来，任何语言文本既是可译的又是不可译的，因为原作意义的延异是无限的，译者只能在具体语境中有限地加以把握，所以将这种延异方式转入译入语的行为也是不彻底的，带有语境性的，必定是"有调节的"。从这个意义上讲，德里达认为可译性与不可译性是辩证统一的，"事实上，我不相信有什么不可译的东西——也不相信有什么可译的东西"[②]。概言之，本雅明在超验的可译性与现实不可译性之间建立了辩证统一的关系，而德里达则以绝对不可译性统摄了现实有限的可译性。

二、逐字逐句直译与"确当的"翻译

本雅明赋予翻译促进两种语言的意指方式相互补充，实现同一性的崇高使命，拒绝了追求意义传达的"自由"翻译观以及追求形式和内容相似的"忠实"翻译观，提出了自己所认可的翻译方法。在他看来，既然原作的可译性必须通过原作语言的言意分裂性或能指与所指的不相称性来表征，那么翻译的职责就在于把可译性从言意非同一性中解放出来，即直接暴露出原作语言的寓言性。本雅明认为，原初语言是用来给万物命名的语词，因此语词应当成为翻译的基本单位，不过，人类的语词已经陷入主观、任意、偶然的表意关系中无法挣脱，成为能指符号指向某物，呈现出多义性，无法直抒自身蕴含的万物精神

---

① Gentzler, E. *Contemporary Translation Theories*. Shanghai: Shanghai Foreign Language Education Press, 2001: 147.
② 德里达. 什么是"确切的"翻译. 陈永国，译 // 陈永国. 翻译与后现代性. 北京：中国人民大学出版社，2005：151.

实质或无法展露出指涉纯语言的意指方式，而只有把语词纳入句子结构中才能彰显出语词的意指方式。因此，本雅明指出："真正的译作是透明的；它不会掩盖了原作，不会遮蔽其光芒，而是以其强化的中介作用，让纯语言之光洞彻原作。这一点似乎首先可以通过对于句式的字面转换而实现，它证明了对于译者而言，语词而非句子才是最为基本的要素。因为，如果说句子是横亘在原作语言前的一堵墙，那么字面之意就是（突破的）拱廊。"①

进一步而言，本雅明认为，句子中所蕴含的语言意指方式常常受制于意义的羁绊，要想弥合语言形式与真理的断裂，就必须摆脱这种外在意义的束缚。因此，本雅明阐述道："然而在林林总总的语言当中，那终极的本质，即纯语言，只和语言因素及其变化相关，在语言作品当中，它还背负沉重的、异己的意义。让纯语言摆脱这一重荷，把象征行为转化为象征对象本身，在语言的变迁中让其得以重现，而这就是翻译至关重要的唯一功能。"② 按照本雅明的观点，原作的句子蕴含着趋向纯语言的意指方式，但只有字面直译才有可能保障原作语言意指方式摆脱寓言性，从而在译作产生过程中展现出指涉纯语言的趋势，因此逐字逐句直译是本雅明认可的寓言化形式。这也就能够推断出本雅明判断一部作品的译作是否成功的依据：译作语言的寓言性即能指与所指结合得越紧密，越说明译作无法摆脱意义传达的重负，译作就越失败；译作语言的能指与所指结合得越松散，越说明原作意指方式能在译入语的意指方式的互补中恢复同一性的趋势，译作就越成功。"荷尔德林的译作，特别是他所翻译的索福克勒斯的两部悲剧，是对这一点以及其他所有重要方面的确证。在他的译作当中，两种语言是如此的和谐，语言触及意义恰似清风拂过琴弦。荷尔德林的译作堪称翻译这一形式的典范；他的译作对于文本几近完美的转换，足以作为其他翻译的样板。"③ 在本雅明看来，荷尔德林的译作之所以是翻译的典范，就是因为其中的语言能指与所指的关系非常松散，犹如清风拂过琴弦一般轻柔。本雅明深刻地指出，只有真正摆脱传达原作意义的要求或限制，通过将原

---

① 本雅明. 译者的职责. 李茂增，译 //本雅明. 写作与救赎——本雅明文选. 李茂增，苏仲乐，译. 上海：东方出版中心，2009：66.
② 本雅明. 译者的职责. 李茂增，译 //本雅明. 写作与救赎——本雅明文选. 李茂增，苏仲乐，译. 上海：东方出版中心，2009：67.
③ 本雅明. 译者的职责. 李茂增，译 //本雅明. 写作与救赎——本雅明文选. 李茂增，苏仲乐，译. 上海：东方出版中心，2009：68.

作语言的言意方式与译入语的言意方式（即借助句子组织形式意指某物的方式）对照、互补，成为在言说自身之中即彰显真理或精神实在的语词的翻译，才是理想中的翻译，才会产生优秀的译文。正因如此，《圣经》隔行对照译作便是所有译文的典范，其中的语词无须借助意义或以能指与意指的关系为中介，便可在自我诉说中彰显真理和万物精神的实在。

　　然而，与逐字逐句直译形成强烈对比的是，德里达提出了"确当的翻译"（relevant translation）的翻译标准："简而言之，一种确当的翻译就是'好的'翻译，也即人们所期待的那种翻译，总之，一种履行了其职责、偿还了自己的债务、完成了自己的任务或尽了自己义务的翻译，同时也在接受者的语言中为原作铭刻上了比较准确的对应词，所使用的语言是最正确的，最贴切的，最中肯的，最恰到好处的，最适宜的，最直截了当的，最无歧义的，最地道的，等等。"[1] 这一番详尽的界定恰恰说明所谓"确当的"翻译没有客观的标准，是从译者角度对翻译的本质做出的规定，仅仅是为了阐明翻译的有限可能性：翻译可行的前提是要把翻译看作一种有调节的"意义链"的转换，永远是未完成的、有待完成的，因为原作的意义处在无限延异的状态中，译者所能把握到的和能够传达的"意义"是具体语境中原作语言的意义延异性，每一次翻译或传递都是不成功的，期待下一次转换的完善。佳亚特里·查克拉沃蒂·斯皮瓦克（Gayatri Chakravorty Spivak）曾引用德里达的观点："在它可能或看来可能的界限中，翻译实现了所指和能指之间的差异。但是，如果这一差异从来都不是纯粹的，那么翻译就更不是了，这样我们就不得不用转换概念来代替翻译概念，即一种语言和另一种语言、一个文本与另一个文本之间有规则的转换。我们从不会、事实上也从没有让纯粹所指（能指工具——或'载体'——保持完整无缺的处子之身）从一种语言'转移'到另一种语言中去，或在一种或同一语言中做这样的转移。"[2] 他评价道："'从一种语言到另一种语言中去，或在一种或同一语言中'。翻译是互文性的一个版本，它同样也要在'同一'语言中进

---

[1] Derrida, J. What Is a "Relevant" Tranlsation?. Venuti, L. (trans.). In Venuti, L. (ed.). *The Translation Studies Reader*. New York: Routledge, 2014: 368.

[2] 斯皮瓦克. 从解构到全球化批判：斯皮瓦克读本. 陈永国，赖立里，郭英剑，编. 北京：北京大学出版社，2007：80.

行。"① 正是从翻译的绝对不可能性出发，德里达才做出规定：把原作的意义延异性"最大可能地"转换到译入语中的译作就是"确当的"翻译、"好的"翻译。德里达没有给出准确的界定，而是用一连串形容词最高级来描述其"适宜性"，即语境适宜性，因为每一次转换有赖于译者在确切语境中对原作意义延异性的把握，一旦脱离具体语境，追问确定的意义是不可能的，翻译活动也就成为不可能；实质上，德里达也在向我们暗示：既然终极意义不可得，那我们也不可能脱离具体的语境而制定出一个绝对有效的翻译标准，即我们无法衡量或规定译者对意义延异性的有限性把握应当达到何种地步。因此，德里达只能从现实翻译有限可能性出发来给出翻译的标准，即"履行了其职责、偿还了自己的债务、完成了自己的任务或尽了自己义务的翻译"，至于职责或任务是什么，则只能在绝对可译性的前提下探讨，这是德里达与本雅明对翻译本质认识的主要区别。

为了更好地阐明翻译的有限性或"适宜性"，德里达特地提出经济原则（a principle of economy），作为"确当的翻译"的衡量标准："'经济'有两个意思：性质和数量。一方面，是与性质的法则相关的东西，在家的法则，恰当的、适当的、在家的东西——而翻译始终是一种挪用的尝试，旨在用语言，用最可能适当的方式，最可能相关的方式，把原作里最恰当的意思搬回家来，哪怕这是一个比喻、隐喻、换喻、词语误用或不确定的不正当性的适当意义；另一方面，是数量法则——当谈论经济的时候，人们总是谈论可计算的量。On compte et on rend compte，人们数数量并予以说明。确当的翻译就是指在这两种意义上达到最可行的、最可用的、最适合的经济的翻译。"② 德里达将经济原则分为性质和数量两个方面。其中，性质原则要求译者通过最小努力（或调节）把所能把握到的最充分的意义延异性转换到译入语中，数量原则却要求译者从语言符号数量角度选择最经济的方式来实施翻译，两者共同构成了译作的质量标准，即译作尽可能与原作语言符号在数量上相等，且最大可能地传达出原作语言的意义延异性。

---

① 斯皮瓦克. 从解构到全球化批判：斯皮瓦克读本. 陈永国，赖立里，郭英剑，编. 北京：北京大学出版社，2007：80.

② Derrida, J. What Is a "Relevant" Tranlsation?. Venuti, L. (trans.)// Venuti, L. *The Translation Studies Reader*. New York: Routledge, 2014: 369.

德里达进一步指出:"要知道确当的翻译是什么,意味着什么,就必须知道翻译的本质是什么,它的任务、最终目的和使命是什么。此外,不论对错,确当的翻译一般被认为好于不确当的翻译。不论对错,确当的翻译被认为是可能有的最好的翻译。所以,翻译的目的论定义,对翻译中实现的本质的定义,就包含在对确当的翻译的定义之中。什么是确当的翻译的问题就又回到了什么是翻译的问题,或回到了翻译应该是什么的问题。而翻译应该是什么的问题,则仿佛同义地意味着可能有的最好的翻译是什么的问题。"[1] 在德里达看来,"什么是好的翻译"这个问题等同于翻译本质的问题。德里达一直秉持绝对不可译性的观点,认为原作的意义是不在场的,那译者永远不可能将这种无限延异的意义转移到译入语中,只能把当前语境中确定的延异性转换到译作中,但这种转换无益于意义的无限延异性。令人沮丧的是,现实中的翻译活动依然在不断开展,我们始终希冀和召唤下一次翻译活动来实现充分的意义链的转换。从这个意义上讲,翻译始终是有限可行的,那翻译标准只能是相对开放的。实质上,德里达意欲阐明的正是翻译本质的悖论:在绝对不可译性中翻译活动才得以开展,但真正"好的翻译"的标准只能在绝对可译性的基础上得以确立,在绝对不可译中追问翻译的标准将是徒劳的。

一言以蔽之,德里达并不热衷于阐述他的翻译标准到底是什么,也没有像本雅明一样明确说明要现实可行的翻译方法是什么,而只是言明翻译的本质在于对原作意义的无限延异性的有调节的或有限的转换。德里达甚至"不负责地"承认,"适宜的"译作就是好译作,比以往更好的翻译就是好的翻译,因为他始终认为,面对原作中无限延异的意义,所有的翻译行为都是有限可行的,那译作也就无所谓好与坏的区分。

第三节　原作之于译作

由于本雅明和德里达对翻译本质的认识各异,因此两人对待原作和译作相互关系的态度也不尽相同。本雅明完全颠覆了传统译论中有关原作与译作关

---

[1]　Derrida, J. What Is a "Relevant" Tranlsation?. Venuti, L. (trans.) //Venuti, L. *The Translation Studies Reader*. New York: Routledge, 2014: 371.

系的认识，将原作与译作置于实现超验纯语言的视野中加以观照。他认为，翻译的重要性即在于促进人类语言意指方式的互补，从而昭示我们离实现纯语言的超验目标有多遥远；译作绝不是原作的翻版或再现，而是原作生命力的延续，因此，原作只有依赖译作才能焕发生命力，获得继续生存的机会。借助翻译和译作，原作语言在突破原有寓言性的同时在意指方式上获得了补充，从而离恢复纯语言同一性的目标更进一步。本雅明期望，不断开展的翻译活动能够促进原作语言与译入语的意指方式融会贯通，直至最终穷尽所有人类语言的意指方式，恢复语言与真理的同一性。

相比而言，德里达却将原作与译作置于绝对不可译性中等同视之。在德里达看来，原作语言的意义无限延异，翻译的本质在于把原作意义的延异性转换到译入语中。尽管译者尽力将原作语言的意义链转换到译作中，但是每次转换总是不充分的、未完成的，原作语言的无限意义链始终不可能完整、顺利地转移到另一种语言环境中。从这个意义上讲，"原作不再作为意义的本原而拥有神圣的权威性"[①]，原作与译作的地位是平等的，两者均无法把无限延异的意义表达为在场的，所能传达的绝不是某种确定的意义，而是意义的延异性。译作既不是对原作形式和内容的复制和对意义的再现，也不是原作的继承者，因为译作并没有把无限延异的意义从原作那里继承下来，德里达将译作视作原作的"继续生存"（living on）。

一、纯语言的种子与她者的自传

具体而言，本雅明是从有机体生命和生存的角度来阐述原作与译作关系的。"正如生命的各种表现形式虽于生命现象无关紧要，但却与之紧密相关一样，译作来源于原作——与其说是来源于原作生命本身，倒不如说来源于原作的余生。由于原作先于译作，而且在世界文学当中还未曾有过哪一力作方生之际就恰逢绝佳的译者，故而译作只是标志着原作的余生。"[②] 在本雅明看来，原作是蕴含生命力的有机体，而译作是原作生命力的延续，是其后世生命。本雅

---

① 李宏鸿. 多声部的和谐：解构主义翻译观研究. 天津：南开大学出版社，2015：240.
② 本雅明. 译者的职责. 李茂增，译 //本雅明. 写作与救赎——本雅明文选. 李茂增，苏仲乐，译. 上海：东方出版中心，2009：58-59.

明深受亨利·柏格森（Henri Bergson）生命哲学的影响，认为"生命"绝不是肉体存在的概念，而是历史地呈现精神本质的概念。换言之，生命不应由存活的肉体形态所规定，我们必须将生命看作有机体生存状态的历史进程，如此，这一概念才获得了正确的认识。不是只有当下活着的有机体才具有生命力，但凡生存过的或经历过生存状态的有机体都应属于生命的考量范畴。因此，本雅明认为，考察生命力必须进入历史的背景，不能局限于当下生存着的有机体的范围，如此一来，生命便成为超越任何肉体生存状态的普遍概念，其总体性绝不能从任何具体生命体身上来把握，必须在全体生命体构成的（时空）历史进程中予以衡量。正是在这样的研究语境中，本雅明断言译作是原作生命的延续的观点才可以得到正确的解读。本雅明深刻地指出，原作的语言形式经历岁月更迭，必将慢慢消亡，"那些曾经光鲜的终会腐朽，而曾经流行的也难免老旧"[①]，但是原作的生命力却不会随着原作语言形式而消亡。经过翻译，原作的生命力得以更新和拓展，在其生存状态的历史中不断传承下去。需要注意的是，本雅明认定译作是原作的后世生命却否认原作生命自此终结，完全被译作取而代之，以另一种生命体而存活下去。本雅明只强调生命力的延续，并不在意有机体的物质存活状态。换言之，在本雅明看来，译作只是催化或推动原作生命力继续传承的媒介，帮助原作日渐腐败的语言形体激发生命力，为其提供生命力延续的契机，而绝不是取代原作或继承原作的生命力而成为原作的"克隆体"。

依本雅明的观点，既然生命是一个历史性展开进程，那必定存在一个生命起源，即原初生命的源头。实质上，本雅明把纯语言喻为一切文学作品语言生命的种子，认为一切人类语言之间存在亲缘性，意味着人类语言脱胎于纯语言的种子，即人类语言的生命具有一种超验的合目的性。"作为一种生命的特殊和高级形式的扩展，这一过程也受制于一个特殊的、高级的合目的性。这似乎分明超出了心智的理解能力之外的生命与目的性之间的关系，只有在生命所有具体的合目的性趋向于这一终极目的的时候它才显现自身，而且我们不

---

① 本雅明. 译者的职责. 李茂增，译 //本雅明. 写作与救赎——本雅明文选. 李茂增，苏仲乐，译. 上海：东方出版中心，2009：61.

能在这一终极目的的自身的领域，而只能在更高领域内得到它。"① 本雅明所谓的"合目的性"便是纯语言。本雅明以生命隐喻阐述了人类语言的起源，认为人类语言的生命源自亚当语言或纯语言，而所有语言的生命不断更新、拓展、延续，共同趋向纯语言，就像是一粒种子孕育出许多富含生命的有机体，这些有机体不断成长直至成熟，最后产出生命的果实。正是从语言生命展现的角度出发，本雅明指出："翻译就不再是两种僵死的语言之间了无生机的等式，在一切文学形式当中，翻译被赋予特殊的使命，那就是观照原作语言不断的成长过程以及体验它自身诞生时的阵痛。"② 本雅明赋予翻译促进原作语言生命成长直至产出纯语言种子的任务，因此，本雅明进一步指出，译作其实是原作生命成长壮大的胚芽，它没有继承原作的生命而将原作取而代之，它仅仅是原作生命展开的催化物或萌芽。"翻译的最终目的就在于满足我们的需求，表现语言之间这种至为密切的关系。译作本身并不能揭示或者创立这种隐在的关系；但是，译作却能够通过赋予它萌芽或集约的形式而使其得以再现。正是通过萌芽的形式对其进行表达，这一形式才使得（语言之间的）这种关系得以再现。"③ 本雅明由此明确了原作与译作的相互关系：虽然原作生命的展开依赖译作的催化作用，但译作不可能与原作具有相同的地位，因为只有原作语言才饱含由纯语言种子生发出来的生命。

为了阐明原作与译作的关系，德里达提出了"继续生存"的概念。德里达虽然否认终极所指的在场，但并不否认我们能够获得意义，而是强调我们所能把握到的意义是不确定的，必须在具体语境中才能谈论意义。德里达提出的"继续生存"这一（非）概念也证明了意义的不确定性。德里达认为，这个概念本身就是多义的，可以指缓期执行死刑、来生、生后的生，更多的生命活得更长、更好等意义，因此"继续生存"的意义始终处于一种悬而未决的状态，而且这种状态永远存在，永远不能被克服。在德里达看来，"继续生存"所意指的状态既不是生存状态，也不是死亡状态，处于生存和死亡的临界点

---

① 本雅明. 译者的职责. 李茂增, 译 //本雅明. 写作与救赎——本雅明文选. 李茂增, 苏仲乐, 译. 上海：东方出版中心, 2009：59-60.

② 本雅明. 译者的职责. 李茂增, 译 //本雅明. 写作与救赎——本雅明文选. 李茂增, 苏仲乐, 译. 上海：东方出版中心, 2009：61.

③ 本雅明. 译者的职责. 李茂增, 译 //本雅明. 写作与救赎——本雅明文选. 李茂增, 苏仲乐, 译. 上海：东方出版中心, 2009：59-60.

上，但又同时超越生与死的状态，是对两者的补充。德里达进一步总结道："继续生存"意味着生命的胜利（triumph of life），与此同时，也象征着死亡的胜利（triumph of death），即超越生命的胜利（triumph over life），德里达称其为"双重胜利"（double triumph）。换言之，"继续生存"这个概念模糊和消解了"生"与"死"的界限和意义，只能断定这是与"生"和"死"两者有关但不可确定的状态。德里达以"继续生存"这个（非）概念意义的不确定性来表征原作与译作的关系。德里达明确指出，译作既非原作的"存活"，也非原作的"死亡"，是原作的"继续生存"状态，既是生后的死又是死后的生。如此一来，译作与原作不同，又非泾渭分明，与此同时，两者相同又非浑然不分。德里达认为，译作与原作共存互补，两者地位相同，"既是骨肉相连，同时又各放异彩，而且同是生生不息的能指链上的一分子"①，这与本雅明的观点截然不同。德里达指出，原作与译作在传递意义延异性方面具有平等、独立的地位，构成相互补充的关系。

德里达由此否认原作具有独创的地位，因为原作与译作本质上并无任何区别，原作不过是以前文本的"译作"，而译作又可以继续作为原作来召唤翻译。语言意义的延异是无限的，一切语言文本所传达的意义实质上都是对意义延异性的有限把握，彼此补充、替换、更迭，推动意义链无限流转。德里达深刻地揭示出文本的生产过程是一个永远超出自身意义的索取过程，是一系列运动"踪迹"，不存在能够传达意义无限延异性的终极文本，意义永远是流动的、无穷的，对不在场的最终意义的把握是有限的、未完成的，是期待不断补充和替换的。

德里达进而指出，所有文本不存在原创性，无法区分何谓原作、何谓译作，作者所书写的文本与译者所生产的文本均不是"自传"，永远都是"他传"。似乎存在一个确定无疑的终极"原创性"文本，即真正的有关某人的"自传"，其他一切文本都是对这个"自传"的转述、改写、仿写。翻译也是一种转述手段，随着翻译行为的不断进行，译作对原作的转述也持续不断，往前追溯来看，原作是对先前文本的转述，译作又作为原作被后面的文本加以转述。德里达由此取消了"作者"一词的原创内涵，认为它并不意味着文本的"自传"原创

---

① 李宏鸿. 多声部的和谐：解构主义翻译观研究. 天津：南开大学出版社，2015：240.

性，只是标识该文本对那个终极"自传"文本转述权的签署："我不愿说作者，因为这个词会马上把任何东西都毁掉——而是要说这个地方：某种像我的自传的东西，我的自传从这里被加以签署。换句话说，它自然将不会称为一种自传，而是这样一种意义上的他传（hetero-biography）：人们也可以说，是异性力（heterosexuality）等等。因此，它将成为一位女性的自传，她的自传，或者说属于她的，从她而来的，出自她的，如果说来自她，来自一位女性，仿佛就是遗传的。所有这些，并不都意味着，她是可以识别的，只存在着一个她。相反，每一次都是她，通过接受文本签署了它的就是你。"① 德里达之所以认为"自传"是"她"的自传，是因为"她"即女性，象征着生命繁衍和遗传力量，所有文本都产生于"她的自传"，都是对"她的自传"的转述或翻译。德里达所谓的"她的自传"，实质上喻指语言意义延异性的超验起源、那永远不在场的超验能指、具有终极意义的终极文本，这似乎与本雅明的纯语言概念有类似的意味，但这不过是德里达的语义逻辑假设罢了，他绝不承认"她的自传"这个超验起源的存在，他的目的始终是强调已然存在的非起源和差异性、意义的无限延异性、所有文本包括原作和译作同为"他传"的平等地位。

二、相切与舐舐

为了更好地阐明译作对于原作的促进作用，本雅明使用了圆与切线的比喻。"就其在原作与译作关系上的重要性而言，下面的类比或许可以说明意义仍然具有的作用。这就好比一条切线，它只是通过一个点与另一个圆轻轻碰触，实际上是相切而非切点确定了这个法则，使得这条切线一直延伸乃至无穷，而译作也只是在一个无限小的意义之点上与原作相触，此后就依照忠实的原则沿着自己的轨迹，在自由的语言之流中前进。"② 刘宓庆曾对此做出释读："用本杰明这个比喻来说明我们所谓翻译对原作的超越可以说再恰当不过了。圆周有自己的轨迹，切线也同样有自己的轨迹。但切线不同于圆周，它不仅有自己的轨迹，还有自己的指向和运动规律；很明显，切线不可能也不应该绕

---

① Derrida, J. *The Ear of the Other: Otobiography, Transference, Translation*. Ronel, A. (trans.). Lincoln: University of Nebraska Press, 1988: 92.

② 本雅明. 译者的职责. 李茂增，译 //本雅明. 写作与救赎——本雅明文选. 李茂增，苏仲乐，译. 上海：东方出版中心，2009：67.

着圆周转，那样切线就不成其为切线了！切线与圆周'轻轻相触'并实现了对圆周的超越，同时也就展现了自身的基本价值。可以说，除了与圆周'轻轻相触'以外，切线是以超越圆周来完成自我（对圆周也一样）！这难道不正是翻译的底蕴和奥秘吗？我们在前面说过译作要'本乎原意又超越原意，凭借原文又超越原文'。原意是译者要把握的种种语义内容，原文则是译者把握语义内容和物质的手段和依据。译者一旦把握了全部语义内容——也就是完成了本杰明所喻的'轻轻相触'，译作就要按自己的轨迹开始自己的行程。"① 刘宓庆认为，本雅明使用"相切"的比喻旨在说明译作"本乎原意又超越原意"，即译作是原作的超越，但这是对本雅明翻译思想的误读：首先，本雅明所主张的超验可译性直接否认原作语义内容的重要性，所倡导的逐字逐句直译也不是以传达原作"种种语义内容"为旨归的，但刘宓庆却误认为本雅明要求翻译忠实于原作内容或原意；其次，本雅明所谓"译作按照自己的轨迹前进"，实质上是说明译作的相对独立性，否认译作超越原作并取而代之；恰恰相反，本雅明只强调译作帮助原作实现自我超越。

本雅明在"切线"的比喻中指出，"译作在一个无限小的意义之点上与原作相触"，旨在说明译作与原作在意义相似性上几乎毫无关系，好似一条切线与圆的接触，清风拂过琴弦，也就是在强调译作不是原作内容或语义的翻版，原作与译作既相互独立，又相互关联，但只在"无限小"的意义切点处产生联系。正如切点一样，"无限小"是无穷小的点，无限趋近于"无"但依然是"有"的状态。此处，本雅明不无失望地承认，无论译者如何竭尽所能地摆脱传达原作意义的限制，通过逐字逐句直译打破原作语言能指与所指的关系，意图恢复语言形式与万物精神的同一性，经过翻译后，译作语言依然摆脱不了外在意指的关系，从而导致译作与原作仍具有意义关联性。这种意义关联性可以降至无穷小，但不能没有，因为切点一旦不存在，则切线与圆便毫无接触，这说明原作与译作毫无联系，意味着原作停止向译者外在传达任何意义，译者也就无法通过翻译或译作传达任何与原作有关的交流意义，那实质上宣告了绝对可译性的实现和纯语言的恢复。当然，在本雅明看来，这是不可能的，因为纯语言的最终实现必须依赖所有人类语言意指方式互补形成的总体性，每一次具体的

---

① 刘宓庆. 中西翻译思想比较研究. 北京：中国对外翻译出版公司，2005：483.

翻译行为都不可能实现，也就不可能产生完全独立于原作的译作。照此来看，"无限小"的意义切点便是翻译所能达到的极限，一如荷尔德林的译作所能达到的地步；译作之于原作好比切线与圆，而相切的法则便是翻译之本质；翻译不断推动圆与直线的相切，而译作一经产生便如切线一般沿着自己的轨迹延续下去，自此不再与原作发生任何联系，成为独立发展的个体，也绝不取代原作的地位，而原作不断依赖新的译作并焕发新的生命力。

　　与本雅明形成对照的是，德里达明确承认原作与译作平等、共存、互补，以终极意义的不在场直接否认任何文本具有原创性。德里达曾如此形象地描述翻译的过程："我会说，如果我爱词的话，它便是在其独特表达方式的单一性的身体之内的，就是说，在那里对翻译的某种激情过来舔它，就像是火苗或色情的舌头可能做的那样：尽可能地靠近，与此同时又要在最后一刻拒绝威胁或简化、拒绝消灭或完善，（这样也就）使另一个身体完整无缺但又不是没有使这另一个出现——就在这样的拒绝或后撤的边缘本身——而且，是在引发或激发起对独特表达方式的欲望之后，对那另一个的欲望之后，在火苗的闪烁之中或通过某种舌头的拥抱。我不知道，在你希望说出，一个语言舔另一个语言，就像火苗或拥抱的时候，该怎样或者说在多少种语言当中，你可以翻译"舔"（Lecher）这个字。"[①] 德里达把翻译的过程比作爱欲烈焰或爱舌舔舐身体。具体而言，翻译时，译者开始竭力把握并传达原作意义，如同爱欲烈焰或舌头舔舐身体一样，尽可能地无限接近原作的语义，但就在无限接近意义、即将获取意义的瞬间，又因为意义的不在场而拒绝被彻底把握、被简化和被翻译，译者最后只获得了当下语境里的意义或者有限的意义延异性，并没有获得原作的真正意义，如同爱欲火焰或舌头在无限接近身体时的最后一刻"拒绝危险或简约、消费或完成"。经过翻译后，原作中永远不在场的意义依然未被把握、传达到译入语中，所传递到译作中的是译者从原作中获取的有限的意义延异性，如同爱欲烈焰或爱舌拒绝完成舔舐身体之际，既保持了当前身体的完好无损，又使其产生了对另一个身体的渴望。"而身体却在火焰或爱舌的抚摩下，又期待着下一个身体"，喻指原作经过"未完成的"的翻译后又期待着下一次翻译。德里达巧用"舔舐"（lécher）一词道出了翻译的本质，也确立了原作与译作的

---

① 蔡新乐. 相关的相关：德里达"相关的，翻译"思想及其他. 北京：中国社会科学出版社，2007：5.

关系："舔舐"既是译者从原作向译作传达意义的方式，又是原作与译作关系的表征。同为"身体"的原作与译作具有平等的地位，译作不是原作的替代和附庸，与原作共同见证和构成了无限意义链在历史中（或具体语境中）的有限传递，相互独立、平等、共存。因此，德里达总结道，"即便最忠实原作的翻译也是无限地远离原著、无限地区别于原著的"，因为"翻译在一种新的躯体、新的文化中打开了文本的崭新历史"。[①]

第四节　译者的地位

尽管本雅明在论及翻译的目的和职责时常常将其与译者的职责和任务混为一谈，给人的感觉是似乎不太重视翻译活动主体——译者所发挥的主观能动性，但是他以"译者的任务"为题来探讨翻译问题也可说明他对译者的重视程度。他还专门探讨诗人和译者的区别，以及优秀翻译家与低劣译者的区别。本雅明认为，译者不仅仅是作为翻译行为的实施人而受到重视，而且其个人能力直接关系到恢复纯语言、拯救人类的崇高目标能否实现。

德里达则完全解构了原作的独创地位，消解了原作与译作的差别，甚至取消了作者与译者的概念。在德里达的解构之下，没有作者和译者之分，因为作者与译者产出的文本都不是原创性"自传"，而是转述前人故事的"他传"，所以作者和译者地位相同，都是"他传"的签署人。

一、寓言家与签署人

传统翻译理论脱胎于"模仿说"美学思想，把"忠实"原则视作译者和译作的"金科玉律"，强调原作的绝对独创性地位，要求译作无条件地忠实于原作形式和内容，而理想的译作应当是充分复制、模仿、再现原作，成为译入语环境中原作的影子、替身（double），把"译作读起来与原作并无二致"作为译作和译者的最高褒奖。进一步来说，传统译论赋予原作不可替代的尊崇地位，而将译作贬斥为从属的、第二位的，译作无权甚至不允许对原作做出任何

---

① 德里达. 书写与差异（上）. 张宁，译. 北京：生活·读书·新知三联书店，2001：25.

改动，不论译作如何出色，赞誉只属于原作。纵观翻译理论史，"忠实"原则早已成为至高的翻译定律，甚至演变成为一种翻译伦理标准和译者的职业规范。在忠实原则的制约下，作者拥有神圣不可侵犯的主人地位，是权威的、主动的、主要的，而译者沦为卑微的奴仆，是屈从的、被动的、次要的。正如韦努蒂所言，西方翻译史实际上是一部译者隐身史，译者被要求隐形，要效忠和服务原作，必须做原作"主人"的影子。这种翻译观的后果是，翻译被界定为一种机械式的模仿工作，不需要任何创造性和主观能动性，即便译者出色地完成了翻译工作，荣耀也依然归于原作和作者，译者通常不享有任何著作权、版权。

本雅明以寓言式翻译观完全颠覆了西方传统翻译理论的"忠实"原则。本雅明直截了当地指出，译作绝不是对原作的模仿或复制，因为原作是蕴含纯语言种子的生命有机体，如果一味强调译作对原作的模仿，那只能复制出有机体的物质形态，并不能触及原作语言的生命实在，这就意味着把有机体的本质（即生命）与有机体存活的物质形态混为一谈。换言之，自纯语言堕落为人类语言后，原初语言存在与万物精神的同一性关系断裂，人类语言自此具有了言意分裂性，但是原作语言中依然蕴含着孕育纯语言的"内核"，被囚禁于语言外在意指关系即寓言性中不得解脱。如果奉行"模仿说"，要求译作模仿、复制和反映原作，则只能模仿或传达出原作语言的寓言性，那纯语言的内核永远不能被再现出来。本雅明甚至批评道："如果译作究其实质不过是力求近似于原作，那么可以证明不可能存在这样的译作。"① 因此，本雅明认为，翻译不是对原作形式和内容的忠实再现和对原作意义的充分传达，而是原作语言蕴含的"纯语言内核"从寓言性的囚禁中解放出来，从而恢复纯语言。从这个崇高意义上来讲，译作不应是原作的影子或替身，而是应通过"赋予原作胚芽或集约形式"的方式来促进原作生命力更新、拓展、延续，即帮助原作语言表征固有寓言性并借助寓言的二律背反性实现向同一性的超越。本雅明赋予译作和译者促进原作语言与译入语在意指方式上的互补，实现纯语言的崇高任务，从而凸显了译作和译者的创造性，但从未否认过原作和作者的原创性地位。单德

---

① 本雅明. 译者的职责. 李茂增，译 //本雅明. 写作与救赎——本雅明文选. 李茂增，苏仲乐，译. 上海：东方出版中心，2009：60.

兴在《翻译与脉络》一书中对本雅明有关原作与译作的关系的解读是有待商榷的:"从欧美的思潮来观察,其中荦荦大者如本雅明以著名的三个比喻——碎瓶、切线、来生——来谈论翻译,既颠覆了原作作为源头的权威,也质疑了译作与原作如影随形的关系,试图为译作缔造新生。"① 本雅明的确"质疑了译作与原作如影随形的关系",但他从未"颠覆了原作作为源头的权威",否则也不会追问原作的超验可译性,更不会否认译作可以被二次翻译。此外,本雅明也未"试图为译作缔造新生";恰恰相反,他彰显译作和译者重要性的目的是让译作催发原作的"新生"或"来生"。

由此可见,"译者的角色在本雅明的论述中犹如传递圣火的英雄,在通向纯语言的道路上屡建功绩。他不是复制原文本而是在文本提供的多重意义中创造出一个新的文本,译者是新文本的创造者,他的作用是催生出一个新的文本,衍生出新的思想,使人类的精神成果不断繁衍、增值。但在诗人和译者之间,本雅明又划了一道明显的界限,诗人是原创的,译者是派生的。诗人在语言森林的内部工作,译者用'纯语言'在外围创造'原语的回声'。译者的翻译更智慧、更理性、更冷静。但在关键时候译者又被赋予了'介入、仲裁'的特权。在此本雅明潜在的译者主体倒更像传统翻译艺术论中的悖论式主体。首先,在他的观念中译者是精英的译者,文本是经典文本;一方面要产生原文的回声,另一方面又不可能对等;一方面是理智审慎的译者,一方面又激情奔涌,不时地要介入、要成为创造者的译者"②。本雅明之所以凸显译者的地位和创造性,并非为了颠覆原作的原创性,而是强调译者肩负完善原作语言、实现救赎的艰巨任务,但是本雅明并没有把译者提升至比肩作者的地步,因为原作才蕴含着"纯语言的内核",是译者任务可行性的保障。换言之,译者只在促进语言意指方式互补、实现纯语言的前提下才拥有主动权和创造力。也就是说,本雅明并未取消作者与译者的区别,而是在完全确立作者原创性地位的基础上给予译者发挥创造性的空间,译者似乎拥有了主动权,不用对作者唯命是从,但仍是服务于作者,不能与作者平起平坐。

相较而言,德里达完全消解了原作与译作、作者与译者之间的区别,把

① 单德兴. 翻译与脉络. 北京:清华大学出版社,2007:7-8.
② 葛校琴. 后现代语境下的译者主体性研究. 上海:上海译文出版社,2006:119.

译作与原作、译者与作者平等视之，认为译作与原作可以互补共存。"德里达指出过，所谓原作实际上并不是'原创'的，它只是一个意念的演绎，本身也就是翻译，因此，我们根本无法划分翻译与原作的界线。"[①] 在德里达看来，所谓"原作"其实从未拥有过确定的、在场的终极意义和原创性的内容，只拥有意义的延异性即语言符号作为能指与其他能指相互指涉，而以传达原作意义为旨归的译作最终获得的也仅仅是原作语言意义延异形式的"有调节的转换"，期待和召唤下一次翻译与另一个译作的传递。正因如此，德里达才认为原作与译作并无本质区别，均是传达意义差异性的能指符号集合，而且这些能指符号集合构成的文本也不具备任何原创性，是先前的文本的转写或译作，先前的文本同时又是更前文本的译作，而译作又会被视为新的原作，将意义的延异性转换到后面的译作中。由此，德里达彻底颠覆了原作与译作的主从关系，把译作提升至原作的地位，把译作视作原作的补充，因为原作必须借助译作才能将无限的意义链以及对传达超验所指的期望传递下去，原作永远都是有待完成的、有待满足的。

为了追问"原作"与"译作"、"作者"与"译者"这些概念的意义，德里达假设了一个超验的女性作者以及由她创作的一个具有终极意义的、绝对原创性的原作，即"她的自传"。在这样一个假设的前提之下，所有文本都是对"她的自传"的转述、改写或翻译，因此，"作者"与"译者"均无权宣称自己享有所创作文本的拥有权和创作权，因为所谓"作者"可以说他在文本中表达了自己的思想内容，但是"作者"的思想实质上也是转述超验的"她"的事迹。尽管"作者"也声称自己使用了独特的言辞表述方式，但是他所使用的语言也只是"她的自传"能够允许加以转述的语言或表述方式，绝不源自"作者"的原创。如此一来，对于德里达而言，"作者"和"译者"仅仅具备文本签署人的身份，只是为了区分文本的转述顺序，那译者与作者的地位便是平等的，并且译者补充丰富了作者的转述方式。德里达消解原作和作者原创性的同时也抹杀了译作和译者的创造性，因此，在德里达眼里，真正的原作不存在，全都是转述文本，既无作者又无译者。

---

①   Bassnett, S. *Comparative Literature: A Critical Introduction*. Oxford: Blackwell, 1993: 151.

二、不可能之任务与无法偿清的债务

既然本雅明与德里达对于译者的地位认识不一，那他们对译者的任务或职责的看法也必然不同。本雅明非常重视译者的创造性，因此他并没有为译者制定一个必须遵守、不可置疑的准则，而是制定了一个能充分发挥译者主观能动性和创造性的纲领："译者的职责在于从目标语中发现那个特殊的意指，使其在目标语中与原作引起共鸣"，"诗人的意指出乎本心、秉其自然、宛在目前；而译者的意指则有其所本、欲致其善、存乎一心。原因在于，化多种语言为一种真正的语言这一宏旨鼓舞着他的工作"。[①] 依照德里达的寓言理论，翻译的作用是帮助原作语言拆解原作语言的寓言性，促成其意指方式与译入语的意指方式形成互补，以期最终实现纯语言。在这一项任务中，译者的任务就在于发挥主观能动性和创造性，体会两种语言意指方式的差异和形成补充的可能性。优秀的译者能最大限度地避免"忠实地"传达原作意义，能体会到原作语言的意指方式与译入语的意指方式的差异，使两者实现最大限度的互补。本雅明阐述了译者与诗人所承担的职责不同，并没有贬低译者的作用，反而阐明了译者和诗人一样都需要发挥创造性。本雅明最容易招致误解的地方就在于，他赋予译者恢复语言实在与万物精神实在同一性的崇高任务，却呼吁译者采取逐字逐句直译这种"毫无创造性"可言的翻译方法。然而，本雅明所倡导的逐字逐句直译并非我们通常所说的机械死译、硬译原作语词，否则任何略懂原作语言的人都可以在双语词典的帮助下对原作进行字面直译，那也无所谓优秀译者和拙劣译者之分。实际上，本雅明要求译者在句子层面上而非词汇层面上揣摩原作语言意指方式与译入语意指方式的差异，从而寻找黏合纯语言圣器的碎片。

但令人惋惜的是，一方面，本雅明给予译者和翻译崇高使命，为人类救赎指明了方向；另一方面，他又不经意间流露出深深的怀疑和失望。"要而言之，这两种语言的意指方式互补并不断趋近于其意指。在具体的、没有与其他语言形成互补的语言当中，意指永远不可能在相对独立的语言单位，如单个的

---

① 本雅明. 译者的职责. 李茂增，译 //本雅明. 写作与救赎——本雅明文选. 李茂增，苏仲乐，译. 上海：东方出版中心，2009：64.

词语或者句子中得到体现；相反，在它作为纯语言，从所有不同意指方式无间的和谐当中出现之前，它总是处于变动不居的状态。"① 在本雅明忧郁的目光注视下，无论译者如何竭尽全力地促成原作语言意指方式与译入语意指方式的互补，如何在翻译中最大限度地摆脱传达原作意义的诱惑和束缚，但语言存在与万物精神的同一性和超验的纯语言依然是隐退于人类世界的背景之中，是可望而不可即的。纯语言只有在人类全体语言的意指方式形成总体性互补的过程中显现，永远不可能在具体的某一种语言中得以揭示或完成。因此，不论译者完成的每一次翻译活动如何出色地促成了原作语言与译入语的意指方式补充，但绝无可能一次性地或一劳永逸地完成由有限向无限的飞跃。一次的翻译最多促使人类语言更清晰地趋向纯语言这一超验目标，但纯语言的最终实现只能不断依靠下一次翻译。或许本雅明坚信，虽然纯语言是造物世界遥不可及的，但只要不间断地实施翻译，这一超验目标至少是可以遥想的。译者的真正任务在于不断实施翻译，从而"检验出：它（纯语言）隐晦的奥义距离显现还有多远？我们对其间距离的体认又能在多大程度上消弭这种距离"②。

在本雅明的眼里，译者是运用翻译手段表征语言言意分裂的现实状态、意欲以寓言二律背反性指涉超验世界的寓言家，与巴洛克悲悼剧的作家们一样。面对寓言化的人类语言，人类只能通过逐字逐句直译原作语言来表征能指与所指的非同一性关系（表现为任意性、偶然性、主观性），但是每一次寓言化都不可能一劳永逸地拆毁原作语言的寓言性，从而恢复同一性，因为由言意分裂向言意同一的超越、由有限世界向无限世界的飞跃必须以消除造物世界的有限性为前提，如此一来，就形成了一个无法解决的悖论：纯语言的实现依赖翻译来穷尽或拆解所有人类语言的寓言性，但是，寓言性是这个有限的凡俗世界的本质和基础，译者作为造物，本身也属于这个寓言世界，那他能借助寓言化的方式消除寓言性吗？或许本雅明也意识到了这一悖论，因此他不无失望地指出："这也就是认可了一切翻译都只不过是欲与语言的陌生性达成一致的权宜之策。对于语言陌生性一蹴而就、一劳永逸的解决，而非一时的权宜之

---

① 本雅明. 译者的职责. 李茂增，译 //本雅明. 写作与救赎——本雅明文选. 李茂增，苏仲乐，译. 上海：东方出版中心，2009：62.

② 本雅明. 译者的职责. 李茂增，译 //本雅明. 写作与救赎——本雅明文选. 李茂增，苏仲乐，译. 上海：东方出版中心，2009：62.

策，我们仍然力所不及。"① 德·曼从《译者的任务》的德文题目中解读出本雅明的绝望："如果文本的名称是 'Die Aufgabe des Übersetzers'，那么，就必须把它读作同义反复，Aufgabe，任务，也指不得不认输的人。如果你加入环法自行车比赛，但又放弃了，那就是 Aufgabe——'er hat aufgegeben'，他没有继续比赛。在那个意义上，这也是翻译者的失败、放弃。"② 虽然没有其他证据能够佐证德·曼的解读是正确的，但德语词"Aufgabe"的确在意指任务、职责的同时兼指失败和放弃之意，或许本雅明真以这种矛盾悲观的情绪来看待译者的职责。依照本雅明的观点，译者肩负的任务本质上是一项不可能之任务，因为不论译者如何竭力摆脱意义的羁绊，将原作语言中囚禁的"纯语言"碎片释放出来，都只能无限趋近那个永不可实现的终极目标。本雅明认为，译者的任务在于，尽管纯语言遥遥无期，但译者可以帮助我们人类看清我们距离最终救赎的目标多远，于绝望之处获得救赎的希望。

与本雅明悲观之中满怀希冀的态度大为不同的是，德里达彻底取消作者与译者的区别，否认作者和译者的创造性，把作者与译者等同视为永远不在场的"原创文本"的签署者，即"她的自传"的转述者。他甚至认为，本雅明所谓的"译者的任务"（Die Aufgabe des Übersetzers）不是通常意义上的任务，而是绝对律法或超验法则所规定的必须偿还的债务、履行的契约、践行的承诺："文章题目的一个字就交代了'任务'（Aufgabe），总是注定要完成的（由其他人所赋予的）使命、承诺、职责、责任。这里已经突出了一条法则，翻译者必须为之负责的一条法令。他还必须完成这项任务，这项可能意味着过错、过失、错误甚或罪过的任务。""翻译者欠下了债务，他在自己眼里是一个身陷债务的翻译者；他的任务是偿还（render），偿还一定是已经给了他的东西。在与本雅明的标题相一致的词语中（Aufgabe，职责，使命，任务，问题，所分配的任务，必须完成的任务，必须偿还的债务），从一开始就有 Wiedergabe，Sinnwiedergabe 的意思，即归还（restitution），意义的归还。如何理解这种归还、甚或这种偿还呢？仅仅是归还意义吗？那么，这个领域中的意义又是什么

---

① 本雅明. 译者的职责. 李茂增，译 //本雅明. 写作与救赎——本雅明文选. 李茂增，苏仲乐，译. 上海：东方出版中心，2009：62.

② 德·曼，保罗. "结论"：瓦尔特·本雅明的"翻译者的任务". 陈永国，译 // 郭军，曹雷雨. 论瓦尔特·本雅明：现代性、寓言和语言的种子. 长春：吉林人民出版社. 2003：93.

呢？"①在德里达看来，翻译在于履约或偿债，而要求译者履行的或偿还的东西便是译者从原作处获得的东西。照此来理解，本雅明所要求译者归还的东西是囚禁于原作语言中的纯语言碎片，译者应当通过直译打破原作语言的寓言性，把纯语言碎片解放出来。相比之下，德里达认定翻译的本质在于意义的传达，因此，他认为译者必须传达或归还的是意义，绝不是我们通常所说的意义，而是德里达所说的不在场的超验所指、永远处于延异中的意义。如此比较来看，德里达与本雅明的观点似乎相去不远，均是强调译者负有实现超验所指的职责或使命，但两者的本质在于是否承认译者任务的可能性。实质上，德里达对本雅明的理解略有偏差。本雅明早已确立了原作、作者之于译作、译者的独创性地位，但译者从未与作者"签约"，译者从未向作者借债，无须在译入语中偿还或传达出从原作语言中获得的东西的债务；相反，译者要竭力摆脱"总是要传达某种东西的冲动或要求"，通过拆解原作语言言意分裂性，"从目标语中发现那个特殊的意指，使其在目标语中与原作引起共鸣"。然而，德里达以无限延异、不在场的意义来阐明任何人类口头和书面交流（包括写作和翻译）的相对可行性（本质是绝对不可行性），抹除原作与译作、作者与译者的本质差别。因此，德里达在断言本雅明所说的翻译是一种译者履约或偿债的行为后，进而质疑这个由作者与译者所订立的契约的有效性：既然在场的意义永远不可得，作者与译者双方所处境遇完全相同，都无可传达或转述，那又如何签订归还某种内容或东西的契约或债务关系呢？"如果翻译者的债务既不是拖欠给作者的（作者即便活着，但由于其文本具有一个生存结构，也等于死了），也不是拖欠给必须再生产或再现的一个模式的话，那么，他拖欠的是什么债务？谁的债务呢？如何给这个什么或谁命名呢？如果不是文本的已死或还活着的有限作者，那么，这个专有名词又是什么呢？谁是这个做如此承诺的翻译者？他也许在对自己做出承诺之前就已经对别人做出承诺了。至于文本的生存，既然翻译者已经与有限和必死的生产者（其'作者'）处于同一种境遇，那就不是他，不是作为有限和必死之存在的自己。那么是谁呢？当然是他，但是以谁或什么的名义呢？这里的关键问题在于专有名词。在生者的行为似乎对

---

① 德里达. 巴别塔. 陈永国，译 // 郭军，曹雷雨. 论瓦尔特·本雅明：现代性、寓言和语言的种子. 长春：吉林人民出版社，2003：53-54.

文本在翻译——被翻译和在翻译——中的生存不那么重要的地方，非常有必要突出专有名词的签名，不能轻易地将其从契约或债务中抹除。"①

德里达认为，既然译者订立的契约是归还拖欠物的契约，那拥有拖欠物的原主人才是契约的发起者以及与译者共同签订契约的人。德里达否认原作和作者具有可传达或可转述给译作、译者的确定意义，认为译者所拥有的不过是意义延异性、不在场的所指。假使真要设立一个确定的文本源头或根基以揭露原作与译作的虚假之分，那只能是超验维度上的终极意义，也即"她的自传"所拥有的全部意义。德里达由此找到了翻译这一契约的真正发起者和订立者："她"（即上帝），而现实中的作者、译者均是这一契约的履行者和负债者。德里达的论述也回到了与本雅明所谓的"上帝记忆"的领域：上帝要求翻译、呼唤译者；上帝要求"她的自传"被人类解读、传达、转述、翻译；但由于其超验性和意义的不在场性，作者和译者都无可解读、传达、转述、翻译，只得将这笔未偿还的债务不断"转移"（Überleben、Übersetzen、Übertragen）出去。"由于双方都无力偿还，这笔双重债务在名字之间消逝。它先验地超越名字的承载者，如果承载者指在名字幸存之后消失的必死的身体的话。那么，我们说，一个专有名词既属于语言，又不属于语言，确切地说，甚至不属于有待翻译的全部文本。"② 德里达进一步认为，这笔债务由处于有限造物状态的人永远偿还，也无力承担，因此定契双方或债务双方实质上不涉及有限的人，而是"她的自传"与作者和译者创作或签署的语言文本。换言之，"原文一开始就负债于翻译者。原文是第一个负债者，第一个请求签名者；它从一开始就缺乏什么，就请求翻译"③。按德里达的解释，上帝发起了翻译的契约，原作（而非作者）是第一个无力偿还债务的主体，它要把这笔债务转移出去，因此，它要求被翻译，希望译作帮它偿债，但遗憾的是，译作也是负债者，依然无法偿还原作所欠的债务，它也需要翻译，希冀另一个语言文本替它履行偿还债务的契约，直至契约最终完成。德里达因而指出，翻译这个要求偿还债务的契约实际上是

① 德里达. 巴别塔. 陈永国，译 // 郭军，曹雷雨. 论瓦尔特·本雅明：现代性、寓言和语言的种子. 长春：吉林人民出版社，2003：61.
② 德里达. 巴别塔. 陈永国，译 // 郭军，曹雷雨. 论瓦尔特·本雅明：现代性、寓言和语言的种子. 长春：吉林人民出版社，2003：62.
③ 德里达. 巴别塔. 陈永国，译 // 郭军，曹雷雨. 论瓦尔特·本雅明：现代性、寓言和语言的种子. 长春：吉林人民出版社，2003：61.

一个超验的、终极契约，不断要求后来译作替代前面的文本来履行其完成的契约，"这种超验意义上的翻译契约就是契约本身，绝对的契约，契约的契约形式，使契约成为其契约的契约"①。德里达由此断言，一切语言文本都是"她的自传"的负债者，永远无法履行这个翻译契约，即无法偿清这个契约规定的"意义"债务，具有绝对不可译性，但同时所有文本都需要不断转移这笔债务，需要后面的文本来帮助偿还其债务，又具有相对可译性。如此看来，德里达强调翻译契约的超验性而阐述了翻译活动的相对可行性，彻底取消了作者与译者的区别和主体性。面对无法偿还但不断转移的翻译债务，作者和译者消失了，只剩下了语言文本，而译者的任务和职责最后变成了译作的任务和职责，也是原作的任务和职责，即偿还永远无法传达的超验的、终极的意义。

本雅明在确立原作和作者（譬如诗人）的独创性的基础上，把译者视作表征语言寓言性意欲向同一性超越的寓言家，尽管他对译者是否有希望完成人类救赎的任务深表怀疑，但仍坚信译者能够通过翻译促进纯语言的实现。而德里达的态度更为决绝，将翻译视为涉及原作和译作偿还债务的超验契约，是"她的自传"永不满足的、期待人类传达的要求，直接消解了作者和译者的存在价值和意义。

一言以蔽之，尽管本雅明寓言式翻译思想与德里达解构主义翻译思想有相通之处，或者说德里达在阐述本雅明翻译观时也借鉴了他的部分观点，但德里达立足于绝对不可译性，以无限延异的意义强调了翻译的相对可行性，从而解构了原作、作者、译作、译者的区别和原创性。相比之下，本雅明将文学作品实现纯语言的超验可译性视为现实翻译活动的绝对保障，从而将翻译视为以寓言表征人类语言言意分裂性，从而借助二律背反性实现人类救赎的形式，如此来看，两者有本质的差别，或许可以认为本雅明有关超验可译性的认识启发了德里达的解构思想。两者的具体差别可总结如下：

（1）在对待原作方面，德里达以意义的无限延异性和无限流动的意义链否认一切文本能够传达固定不变的内容或意义，认为文本是无数能指的踪迹，从而以"互文性"完全抹杀了原作的独创性。"文本大量涌现，每一个文本都与

① 德里达. 巴别塔. 陈永国, 译 // 郭军, 曹雷雨. 论瓦尔特·本雅明: 现代性、寓言和语言的种子. 长春: 吉林人民出版社, 2003: 63.

先前的文本略有不同：它们都是翻译的翻译。每一个文本都有它的独特性，同时也是另一个文本的译作。任何文本都不可能是绝对的原作，因为语言本身就是一种翻译。首先是对非言语世界的翻译，其次每一个符号和每一个短语都是对另一个符号和另一个短语的翻译。"① 相比之下，本雅明面对已然呈现为寓言的造物世界，为了寻找人类的救赎之道，坚持文学作品具有实现超验同一性的潜能，而译作的价值即在于帮助原作催生"纯语言"的萌芽，把"纯语言"的碎片从原作语言的寓言性中解放出来。在本雅明看来，原作的可译性不在于信息交流或意义传达，而在于万物精神的同一性呈现，这是他全部翻译思想的根基。

（2）在对待作者方面，"解构主义强调的是互文性，而不是作者，宣布上帝已死，力图从根本上颠覆作者作为意义来源的理念。因而解构主义翻译理论否定作者的原创性，甚至否定作者的著作权"②。然而，本雅明既重视原作的超验可译性，也非常看重作者的创造性，曾指出"诗人的意指出乎本心、秉其自然、宛在目前"③，承认艺术产品的永恒性。

（3）在对待译者方面，德里达只关注承载语言符号和能指踪迹的文本，将译者与作者贬斥为文本的签署人，彻底抹杀了译者在意义生产和传达上的原创性，因为德里达认定意义始终不在场，我们在文本中把握和传达的意义永远是在具体语境中人为建构的意义或有限的意义链。随着语境变换，意义不断流变，不可捉摸，"忽视人（即译者）在翻译过程中的作用，似乎翻译过程中的很多工作语言自己就可以完成。这与翻译实践的真实情况有所偏差，也不利于关于译者的理论研究"④。本雅明却认为，虽然译者与作者的工作方式不同，但译者肩负重现纯语言的崇高使命，其创造力的高低决定了其能否完成这一使命。

（4）在对待译作方面，德里达认定译作与原作均为"她的自传"的转述，两者相互补充、共存，原作期待译作偿还债务、完成翻译的契约，其生存离不

---

① Bassnett, S. *Translation Studies*. Shanghai: Shanghai Foreign Education Press, 2010 : 44.

② 蒋骁华，张景华. 重新解读韦努蒂的异化翻译理论——兼与郭建中教授商榷. 中国翻译，2007（3）：42.

③ 本雅明. 译者的职责. 李茂增，译 //本雅明. 写作与救赎——本雅明文选. 李茂增，苏仲乐，译. 上海：东方出版中心，2009：64.

④ 李宏鸿. 多声部的和谐：解构主义翻译观研究. 天津：南开大学出版社，2015：246.

开译作，而译作接手了原作的债务，继承原作有限的意义延异性，在译入语环境中开启了新的意义链，成为新的能指文本，再次期待后来文本的翻译。本雅明强调译作更新、拓展和延续了原作的生命，但否认译作与原作一样具备超验可译性，不能被二次翻译。

（5）在翻译方法方面，德里达认为翻译的本质在于偿债或履约，现实中实施的翻译活动实质上都是意义延异性的转换，因此，他提倡"确当的翻译"的标准，即最大可能地将在当下语境中所能把握到的原作语言延异性传递到译入语中的翻译。相比之下，本雅明倡导逐字逐句的直译，意欲通过直译原作语词，促进原作语言和译入语的意指方式形成互补。换言之，德里达认定翻译的相对可行性，强调"语境之外无意义"，因此所提倡的翻译方法也是具体语境之中"确当的翻译"。本雅明所说的逐字逐句直译貌似是一种操作性较强的翻译方法，但如何摆脱意义传达的羁绊，在译入语中如何感应原作语言对"纯语言"的回响，需要译者发挥个人创造性。

综上所述，本雅明的寓言翻译观与德里达的解构主义翻译观本质不同，本雅明绝不能被简单地归为解构主义翻译学派。本雅明有关可译性、原作与译作的关系、翻译的职责等的观点的确与以德里达为首的解构主义翻译思想极其相似，但本雅明的翻译观源自其作为艺术批评方法的寓言理论，与德里达否认意义在场的解构主义全然不同。如果对本雅明的寓言翻译观的内涵缺乏了解，则必定会赞同德里达对本雅明翻译思想的解构主义式阐释，从而把德里达对本雅明的推崇当作证据而将本雅明归入解构主义学者之列。

第七章

本雅明之于译学研究

总体而言，中西译学研究的发展历程大体类似，可以粗略地划分为语文学式翻译研究范式、结构主义语言学范式、解构主义多元化翻译研究范式等三大范式发展阶段。① 其中，解构主义多元化翻译研究范式阶段是当前中西译学研究所处的阶段。在这三个阶段中，最后一个阶段的影响最为深远。在解构主义思潮的影响下，各种翻译流派应运而生、百家争鸣，展现出一种多元化、多向度、多视角、跨学科、跨领域的综合发展局面。譬如，研究影响和制约翻译过程外部社会文化因素的翻译研究学派，从翻译过程的行为、参与者的角色和翻译活动发生环境等三方面研究翻译活动目的性的德国功能主义学派，研究译者主体性与主动性的解构主义理论学派，研究和批判宗主国家与殖民地国家之间、强势文化与弱势文化之间翻译不平等性的后殖民主义政治学派，从性别歧视角度考察翻译活动并强调女性地位的女权主义学派。

　　在中西翻译史或中西译学理论研究史中，本雅明经常被冠以解构主义的标签，甚至被推崇为解构主义的鼻祖，很多文学批评家和译学理论家"粗暴地"将他的翻译思想与以德里达为首的解构主义学者的理论混为一谈，也有人断章取义地借用他的理论概念或术语来阐释一些解构主义学者的思想，很少有人结合他的哲学思想、文论思想对他的翻译思想进行细致深入的阐发。本书第七章将从语言的意义、翻译的本质、原作与译作的关系、译者的地位等四大方面阐述本雅明寓言式翻译观与德里达"延异性"解构主义翻译观的共性和差别，特别指出本雅明的翻译观与他的寓言理论一脉相承，甚至可以认为是他的寓言理论在翻译领域的展现。正是在寓言理论的观照下，我们才能辨识出本雅

---

① 吕俊还提倡在解构主义范式后面加上建构主义范式。西方译学界则呼吁将社会学式范式、符号学范式、文化学范式、实证主义范式纳入后现代主义范式发展阶段。方梦之指出，自解构主义研究范式后，中国的翻译研究还经历了后语言学范式、认知范式和生态学范式。然而，得到公认的是，"这些多元范式缺乏主干，没有本体理论的制约与统领"（方梦之.翻译学辞典.北京：商务印书馆，2019：109.），因此，笔者遵照吕俊的观点，认为当前中西译学仍处于解构主义多元化研究阶段。陆杨也曾说道："今天世界上所有的人，不管情愿不情愿，意识到或没有意识到，一定程度上都是解构主义的继承人。"（转引自：李宏鸿.多声部的和谐：解构主义翻译观研究.天津：南开大学出版社，2015：247.）

明翻译思想的实质：他强调以语言的非同一性即寓言性来表征和祛除能指与所指统一关系的遮蔽，但正如他坚信巴洛克艺术作为寓言形式具有指涉神性世界的能力一样，他坚信艺术作品的非同一性语言中蕴含着指涉超验同一性真理语言的碎片，只要通过翻译寻找原作语言与译入语在意指纯语言的趋势中的互补性，穷尽所有语言的互补性，那超验的同一性目标必然会自行展现。这种为了建构而解构的思想与拒绝和拆解一切同一性、一切逻各斯的解构主义思想[①]是全然不同的。正如吕俊所指出的一样，解构主义并未给我们带来任何新的真理理论，它本身也没有一个整体性理论框架，没有统一的纲领。可以说它只是一种精神，一种反思性精神、一种怀疑主义和破坏精神、一种否定性思维方式。所以，在它之后，人们会茫然，会困惑，原来的理论性被破坏了，原来的结构被解构了，而它又没有为我们带来一个新的理性。这使得走到今天的翻译学面临空前的困惑[②]。笔者认为，本雅明的寓言式翻译观与其说体现了一种彻底的破坏精神，毋宁说展现出一种深刻的建构精神。本雅明对人类语言同一性假象的拆解实则是为了揭示和表征其非同一性真相，真正的目的是穷尽语言的言意分裂性和非同一性，从而实现向言意同一性的纯语言超越。本雅明本意不在解构而在建构，他意欲建构一个超然于破碎的、非同一性的造物世界之上的完美神性世界，虽然这一目标始终是超验的、人类难以企及的，但他至少指明了由有限性向无限性超越、借助全体人类语言的相互补充而实现真理语言的方向。因此，本书的研究价值在于：（1）阐明本雅明翻译思想本质是寓言建构思想，与否认逻各斯、拆毁一切形而上学的德里达解构主义翻译思想具有本质差别；（2）通过考察本雅明的翻译实践和翻译批评实践，指出本雅明赋予译者以寓言救赎世界的崇高任务，但并未将其成功贯彻于现实的翻译实践和翻译批评实践中，间接地证明其理论的超验救赎意义；（3）联系中西翻译研究范式研究，从可译性、翻译本质和译者主体性等三方面阐发本雅明翻译思想的启发意义，同时本章还归纳和总结了本雅明寓言式翻译思想的不足。

---

① 有学者认为，否认人类一切思想建构的解构主义容易走向彻底的虚无主义。
② 吕俊. 跨越文化障碍——巴比塔的重建. 南京：东南大学出版社，2001：5.

第一节　本雅明寓言式翻译思想对译学研究的借鉴意义

正如本书绪论所言，本雅明既不是文学翻译家，亦不是翻译理论家。他在《译者的任务》一文中尽管探讨了诸多翻译论题，但却并非专门为翻译研究而作，其初衷是对他在《巴黎风景》德译本中所采取的翻译方法做出理论上的总结和辩护。因此，本雅明寓言式翻译思想并不直接对译学研究产生影响，阐明本雅明翻译思想的本质并不能直接明确其翻译思想为当前译学研究做出的贡献。本书的研究表明，寻找本雅明寓言式翻译思想中与当前译学研究的共同论题，并将其置入当前译学研究的共同视阈中加以阐发，可拓展本雅明寓言式翻译思想对当前译学研究的借鉴意义。本书正是着眼于可译性、翻译本质和译者主体性等本雅明寓言式翻译思想中的三大论题，联系中西译学研究现状，突显本雅明翻译思想对于当前译学研究的价值。

一、可译性

可译性问题不仅事关翻译的本质，而且也是回答翻译是否可能的关键，因此，它始终是译学研究普遍关注的问题之一，而"可译性与不可译性是西方翻译理论界长期以来争论的重要论题"[1]。直至今日，可译性问题即使不是译学研究的热点，也是任何译学研究和翻译实践必须正面回答的问题。事实上，译学史上每一次译学研究范式的变化，都离不开对可译性问题的探讨。特别是随着 20 世纪 80 年代末西方译学"文化转向"以及解构主义思潮的兴起，中西译学研究都进入了多元化、多向度的发展阶段，近年来涌现的后语言学范式、认知范式、生态学范式、社会学范式、符号学范式、文化学范式、实证主义范式、基于语料库的译学研究范式发展迅猛，可译性问题在译学研究中依然占据重要的地位。本雅明有关超验可译性和可译性与不可译性辩证关系的认识必将为当前译学研究提供借鉴。

---

① 方梦之. 翻译学辞典. 北京：商务印书馆，2019：287.

1. 可译性观点概述

纵览中西译学理论史可知，有关可译性／不可译性的传统认识可大致分为可译论、不可译论、相对可译论和辩证论四种类型。可译论认为，"人同此心，心同此理"，人类思想具有同一性和可通约性，人类不仅具有相同构造的身体器官，而且在认识和思维方式等方面具有普遍性，"任何一种语言的意义都打下了人类认识客观现实的印记"[①]；因为语言是人类认识世界、改造世界的产物，同时也是人们表达思想，进行思维活动的工具。人们在主观世界和客观世界的相互作用过程中，在思维认识等方面有许多共同之处，因而具有认知表达功能的语言在不同民族的交往中具有可理解性。唯其人类的共性，不同民族之间的交流才是可能的，而且几千年的中西翻译史也证明了翻译的可能性。的确，人类各种语言、文化之间存在共性，但是要实现完全充分的翻译是不可能的，因为任何一种人类语言都不可能百分百地模仿现实和传达人类的思想、经验、观念。

相比之下，不可译论与萨丕尔－沃尔夫假说（Sapir-Whorf hypothesis）有密切关系。后者认为不是思维决定语言，而是语言决定思维；语言不是思维的工具，而是民族精神和世界观的体现。语言和语言之间的差别不再是语言符号体系的不同，而是世界观不同。一个人一旦掌握一门语言之后，该语言就对他的思想观念、世界观起着支配、主导、制约作用，令他成为该语言的"囚徒"，处处受制于该语言。约翰·坎尼森·卡特福德（John Cunnison Catford）在《翻译的语言学理论》（*A Linguistic Theory of Translation*）中将不可译性划分为语言不可译和文化不可译，前者是"指在语言形式方面，目的语没有与源语文本相对应的形式特征"，"主要由语言文字的本质特征和物理形式所造成"[②]，后者是"指由于文化差异而造成的不可译性"[③]。

顾名思义，相对可译论是上述两种观点的调和。"持相对可译者认为，语言的绝对可译性和绝对不可译性都是不存在的，世界上一切翻译活动都是在可译和不可译这两个极端中进行的。"[④] 关世杰在《跨文化交流学——提高涉外交

---

① 方梦之. 翻译学辞典. 北京：商务印书馆，2019：287.
② 方梦之. 翻译学辞典. 北京：商务印书馆，2019：654.
③ 方梦之. 翻译学辞典. 北京：商务印书馆，2019：502.
④ 曾剑平，况新华. 翻译技巧与研究. 北京：航空工业出版社，2002：133.

流能力的学问》中指出："翻译完完全全的可能是没有的，完完全全的不可能也是没有的。世界上一切翻译活动都是在这两个极端中进行的。"①

此外，也有学者认为应当辩证地看待可译性与不可译性的问题，具体来说，他们认为，可译性与不可译性是对立而统一的关系，在一定情况下，两者可以相互转化。譬如，法国译学家乔治·穆南（George Mounin）在其专著《翻译的理论问题》（*Les Problèmes théoriques de la traduction*）中断言，语言和世界的关系是辩证统一的，那语言与语言之间的关系也是如此。一方面，语言制约着人们认识世界、改造世界的方式和能力；另一方面，人类从广泛开展的实践活动中获得了认识物质世界的知识和经验，对语言的发展变化施加了反向影响。"一种文化的历史演变过程中，人们对世界的认识和对世界的无知两者之间的冲突，往往首先表现为经验世界和语言之间的冲突。两种语言每一次接触都使那些非共同的情景差别（语言学上的和非语言学的）得以减少。由此得出符合逻辑的结论是：翻译是可能的，但可译性是相对的，可译性的限度（即不可译性）也是相对的、变化不定的。这就是翻译的辩证法。"②

论及可译限度时，卡特福德也认为可译性与不可译性具有辩证统一的关系："事实上，可译性表现为一个渐变体而不是界限分明的二分体。源语的文本或单位或多或少是可译的，而不是绝对的可译或是绝对不可译的。"③ 而且，语言的发展演变史和人类国际交流的历史也证明了原先"不可译"的语言或文化因素逐渐会变成可译的，甚至无须翻译便可理解，而原本"可译的"或可理解的东西也会由于语言、文化的衰亡或时过境迁而沦为"不可译"的或不可理解的。

综上所述，四种有关可译性的传统观点均建立在语言与思维主客体二元对立关系的基础上。本雅明却以语言实在与精神实在的分裂性、物质与精神的非同一性揭示这一主客体二元关系的假象，从而完全颠覆了有关可译性的传统认识。

---

① 关世杰. 跨文化交流学——提高涉外交流能力的学问. 北京：北京大学出版社，1995：249.
② 林煌天. 中国翻译词典. 武汉：湖北教育出版社，1997：361-362.
③ 方梦之. 翻译学辞典. 北京：商务印书馆，2019：287.

2. 本雅明寓言式翻译观中的可译性

本雅明认为，所有的人类语言之间存在亲缘性。所谓"亲缘性"，不是相似性或共性，而是超验的互补性。互补性意味着所有语言的意指方式在相互补充融合的总体性中实现"纯语言"，即真理语言，具有语言与精神、与真理的同一性。在本雅明看来，"纯语言"既是所有人类的语言的起源，也是人类语言意指方式的超验的总体性趋向意指，人类语言正是在趋向"纯语言"的意义上才具有互补性。纯语言是人类的原初语言，得自上帝的语言，具有绝对的同一性，而随着人类的堕落，纯语言便蜕变为多种多样的现实的人类语言。与此同时，人类语言也就失去了原初的同一性，陷入了外在意指关系之中，具有了寓言性。我们通常所重视的语言"意义"实际上是这种外在意指关系或寓言性的展现。

由此，本雅明反对将翻译视为一种语际语义的转换，也反对将翻译视为一种语际交流，因为不论是转换还是交流，必然是以语言的意义为基础的，而意义却并不是语言的本质属性，而是寓言性的体现。本雅明认为，如果以语言的意义传达为翻译的目的，那翻译将是永远不可能的，因为不同的语言具有不同的外在意指关系即寓言性，也即具有不同的意义，语言之间不存在天然的相似性，不可能实现意义的完全转换。因此，翻译的本质在于促进语言间的意指方式互补，恢复语言同一性。基于这样的认识，本雅明将可译性建立在现实语言意指方式实现纯语言的超验互补性之上。本雅明并没有断言翻译是完全可能的，还是完全不可能的，而是将可译性视为原作的固有特质。翻译是否可能只取决于原作，如果原作语言的意指方式能与译语的意指方式形成互补和融合，有助于实现纯语言，那原作就是可译的，翻译就是可能的；否则便是不可译的，翻译也是不可能的。但是，要确认原作语言的意指方式是否能与译语意指方式构成互补，也只能在翻译中实现。本雅明的观点似乎陷入了循环论证之中：具有可译性的作品才是可以被翻译的，而可以被翻译的作品也就是具有可译性的。实质上，这正是本雅明对于可译性与"可被翻译"完全等同的强调。本雅明的观点非常明确：只要谈论可译性或翻译是否可能的问题，就必须回溯到翻译之中；只要能进行翻译，那翻译就是可能的，原作就具有可译性；不能

进行翻译 ①，那翻译就是不可能的，原作就不具有可译性。这完全不同于以上提到的四种有关可译性的观点。上述四种观点都意欲脱离翻译过程，而从语言与人的主、客体关系中确立一个翻译的可行性标准，然后才进入具体的翻译过程中重新提出一个翻译限度的标准。相比之下，本雅明却拒绝主、客体关系的干预，翻译是否可行，决定权并不在于人对语言的支配关系，而是取决于翻译本身。值得注意的是，可译性问题的探讨必然直接与对翻译本质的界定密切相关。如果抛弃对于翻译本质的认识，单纯来谈可译性是没有任何意义的。

由此，本书揭示出，本雅明有关可译性的观点将为当前译学研究提供两点认识：

（1）探讨可译性，必须对翻译本质进行研究和界定，如果没有在翻译本质的问题上达成共识，则可译性问题也就不可能有定论。

（2）探讨可译性，应该直接考察原作中是否存在那些始终无法传达的意蕴，绝不能单纯以信息交流、意义传达和读者接受作为评判维度。

二、翻译本质

翻译本质问题始终是译学研究的基本命题，其重要性不仅在于它关系到翻译概念的合理性，而且涉及翻译理论有效性的问题。如果无法回答翻译本质是什么或者翻译是什么的问题，则任何翻译理论都是无的放矢。因此，翻译本质问题的研究永远不会过时，一直是中西译学研究关注的重点。本雅明寓言式翻译观对于翻译本质的独特阐释对于当前译学研究具有一定借鉴价值。

1. 翻译本质的探讨

自译学研究的"文化转向"以来，译学研究重点开始由翻译活动内部的语言转换研究转向外部社会、文化等因素的研究，研究的主体也从原作和作者转向译者、读者以及任何影响翻译活动的主体，研究的方法由规定转向描写，同时不同学科、不同社会思潮都进入了翻译研究的领域，译学研究成为一种多学

---

① 值得注意的是，在本雅明看来，"原作不能被翻译"指的是原作无助于纯语言的实现，而不是指没有合适的译者翻译。相反，只要原作语言的意指方式能与译语的意指方式互补，促进同一性的实现，即使它找不到合适的译者来翻译，也不能说它不能被翻译，它的可译性依然是得到肯定和保障的。

科、多向度的开放性研究。得益于此，译学研究的视野愈来愈广阔，研究视角和方法愈来愈多样化，但与此同时，翻译的概念愈来愈模糊，难有共识，如翻译是科学，翻译是艺术，翻译是改写，翻译是目的性行为，翻译是操纵，翻译是创造，翻译是叛逆，翻译是解释，翻译是跨文化交际行为，翻译是政治行为，不一而足，以至于每种翻译理论流派，甚至每位学者在进行任何译学研究时，都不得不先对翻译本质界定一番。翻译本质问题或翻译是什么的问题突显为当前国内译学研究的热点问题之一。

许钧在《翻译论》中曾将翻译本质问题分析为两个问题：（1）形而上的翻译本体论问题；（2）形而下的翻译性质问题。"当我们把'翻译'当作思考与研究的对象时，首先就会给自己提出这样一个问题：什么是翻译？或者换一种说法：翻译是什么？这一问题的提出，具有双重的含义。首先是形而上学的：翻译作为一种人类活动，应该在哲学的意义上，在本体论的意义上，弄清楚它的存在本质：它到底是一种怎样的活动？其次是形而下的：翻译作为一种实践活动，它的具体活动形式到底是什么？人们力图翻译的是什么？"①许钧认为，以往任何对翻译本质的界定都属于形而下层面的翻译性质问题研究，这一层面上的研究不可能有定论。若想真正对翻译本质达成共识，只有从形而上翻译本体论角度来对翻译本质做出界定。

陈大亮也赞同道："从经验的形而下层面认识翻译的本质，缺乏在本体论形而上层面的思考。结果导致'存在问题的遗忘'，从而错失对翻译本质的正确认识。"②由此，翻译本质的问题成为翻译本体论问题。

张思洁一针见血地指出，正是缺乏对翻译本体论问题研究，翻译理论才失去了共识的基础（无论是形而上意义上的还是形而下意义上的），"也就使翻译理论研究缺乏共同而深厚的理论根基和文化根基；一如哲学本体论所要把握的是存在之为存在，翻译本体论所要把握的正是翻译作为活动之存在。正是这种研究，把翻译研究领域内各个方面的研究统携为一"。③当前译界学者开始从翻译本体论层面对翻译本质问题进行研究。实质上，本雅明翻译观中对翻译

---

① 许钧. 翻译论. 武汉：湖北教育出版社，2003：25.
② 陈大亮. 翻译本质的形而上学反思. 天津外国语学院学报. 2007（1）：25
③ 张思洁. 中国传统译论范畴及其体系. 上海：上海译文出版社，2006：82-83.

本质的论述同时包括形而上的本体论层面和形而下的翻译性质层面，可为当前译学研究提供佐证和理论视角。

2. 本雅明寓言式翻译观中的翻译本质

首先，本雅明是在本体论的意义上来界定翻译的。他明确指出，翻译是一种形式，"翻译无非是一种形式。但若要将其理解为一种形式，我们就必须返回到原作，这是因为支配着翻译的法则实际上存在于原作之内，寓于其不可译性当中"①。也就是说，翻译是取决于原作可译性的一种形式。本雅明所说的"形式"并非通常意义上的"形式"，而是"存在"。翻译是取决于可译性的"存在"，那可译性又是什么呢？本雅明认为，可译性是原作所固有的使翻译成为可能的属性，可译性又取决于翻译。只要原作能被翻译，原作就具有可译性，否则就不具有可译性。如此一来，翻译成为取决于自身的"存在"。本雅明最终所阐明的论点是，翻译不是别的任何存在，它是依据"自身得以存在"的存在，看似是一种同义反复，实则是对作为"存在"的翻译的强调。翻译是一种独立自主的存在，只要它使自身的存在成为可能或者说自身能够存在，那它就是存在着了的；如果它不能使自己存在，那它就不是存在的。这与张柏然的观点不谋而合："翻译存在的终极根据不是别的，就是自身这种主体性的翻译活动，它依这种活动而存在，或者说，它的存在本身就呈现为一种活动"，而且"翻译之在即翻译活动，翻译活动即翻译之在，这两者原本等义。翻译正是在一种特殊的人类的'生命——精神'的活动中方才显现其身，这种活动虽然不是实体性的在者，但却是翻译作为一种对象存在的终极根据"②。由此得出结论，翻译就是呈现自己的"形式"或"存在"。这样的观点并非毫无用处，它从本体论的角度不仅肯定了翻译存在的意义，而且强调了翻译并不是一种实体存在物，而是一种对象间的呈现关系。

其次，本雅明同样从形而下的层面对翻译的本质做了界定。本雅明并没有直接阐明翻译是什么样的活动或者翻译应该具备哪些特点，而是从翻译的作用、翻译的目的、翻译的功能和翻译的使命出发来论述的。在他看来，翻译的

---

① 本雅明. 译者的职责. 李茂增，译 // 本雅明. 写作与救赎——本雅明文选. 李茂增，苏仲乐，译. 上海：东方出版中心，2009：58.

② 张柏然. 翻译本体论的断想. 外语与外语教学，1998（4）：48.

功能就是促进原作语言意指方式与译语意指方式互补，从而实现纯语言，或者说翻译是旨在实现语言的同一性而对原文语言进行的再寓言化过程。本雅明将翻译界定为一种寓言化方式，并不是想说明翻译是什么样的"存在"，而是想阐明翻译活动的特点。也正是从这个意义上，本雅明才能探讨所要翻译的到底应该是什么，要采取什么样的方式。因此，形而下层面对翻译本质的界定同样必要。

笔者认为，本雅明有关翻译本质的论述可为当前译学研究提供两点理论参考：

（1）翻译本体论的研究是解决"什么是翻译或翻译是什么"纷争的有效途径；

（2）形而上本体论层面研究应与形而下的认识论层面的研究并举。

三、译者主体性

翻译理论的根本问题之一就是如何描述和解释译者在翻译过程中所扮演的角色。因为译者是翻译活动的实践主体，在翻译过程中具有不可或缺的重要地位，所以，译者的主体性问题一直是翻译研究的永恒话题之一。尤其自西方20世纪80年代解构主义思想的兴起以及译学研究的"文化转向"以来，译者主体性问题更加得到空前的重视和研究。近年来，译者的主体性是我国译学研究中重要主题之一，尤其自《中国翻译》杂志2003年第一期专门开辟《翻译主体研究》专栏以来，国内学者纷纷借鉴西方翻译理论来探讨译者主体性问题，并取得了一定成果。本雅明寓言式翻译观中有关译者主体性的认识对于当前译学研究有一定借鉴价值。

1. 译者地位变迁

所谓译者主体性，指的是"译者在翻译活动中表现出来的本质特性，即翻译主体能动地操纵原作、转换原作，使其本质力量在翻译行为中外化的特性"，"译者主体性亦即译者的主观能动性，主观能动性在克服客观制约性中得到表现"。[①] 而译者主体性这一主题进入中西译学研究视野是从译者的主体地位得

---

① 方梦之. 翻译学辞典. 北京：商务印书馆，2019：618.

到认可或重视而开始的。

纵观古今中外的翻译研究史，译者的主体地位经历了一个由蒙蔽到彰显的演变过程。传统的翻译理论以"忠实"为翻译最高标准，即要求译作把原作的内容确确实实地完全表达出来，不允许任何改动。基于这一原则，人们主张译者应该竭力消除主观的痕迹，充当"隐形人"的角色，力求译文绝对地忠实于原作，成为原作在译语中的影子或替身。因而，无论是严复提出的"信、达、雅"还是亚历山大·弗雷泽·泰特勒（Alexander Fraser Tytler）提出的"忠实""风格一致"与"通顺"的翻译三原则，都尊崇原作的独创性地位，并成为后世译学家的研究范式和译者的行为准则。约翰·德莱顿（John Dryden）对译者地位的描述可谓恰如其分：译者是原作者的奴隶，认为奴隶只能在别人的庄园里劳动，给葡萄追肥整枝，然而酿出的美酒却是属于主人的。

到了结构主义语言学时期，译者的地位仍未获得应有的重视。以奈达、穆南、卡特福德、雅各布逊为代表的结构语言学家依然把翻译看作一种跨语言的语码转换行为、信息传递行为。在他们看来，译者只要掌握了编码、解码等语码转换规律和技巧，就完全可以将原作的内容和信息解码出来，然后再用译入语重新编码成对应的译文内容和信息。因此，"对等""等值""等效"原则成为新的翻译标准，而译学研究也从一门艺术，摇身一变，成为研究文本内容和语言信息等值或等价转换规律的科学，而译者仅仅充当了解码器和编码器的角色。

随着 20 世纪 80 年代末解构主义思潮的兴起，西方结构主义语言学范式受到了质疑。语言逻各斯主义和语言中心主义受到批判，原先封闭自足的语言系统也被打破，翻译不再是一种不受任何干扰的真空条件下进行的语言转换活动，而是时刻经受社会、文化、政治等外部因素影响的真实活动。由此，译学研究迎来了"文化转向"，译学研究重点从翻译活动的内部语言转换研究转向了社会、历史、政治、文化等外部因素对翻译活动影响的考察，从而形成了各具特色的翻译理论流派。不论这些理论流派观点和研究重点如何各异，都有一个共同之处：重视译者在翻译活动中的地位，强调译者的主观能动性。如翻译研究学派认为，文学翻译实际上不是如何遵循或使用规则，而是一个译者做出抉择的过程：译者自己按照其所占有的最充分材料，来决定把一个文本介绍给特定时期的特定文化时所使用的最有效的策略，巴斯奈特更把翻译看作"译者摆布文本的一个过程"，用多元论取代了单一的忠实原文的教条，使人们对原文这个概念产生多方面的怀疑，而功能主义学派认为，翻译是一种有目的的行为，译者是根据翻译的赞助人要求、译文读者的情况等出发，从原作的多源信息中进行选择性翻译的。如果说，"文化转向"之前译者始终处于被遮蔽、被贬抑的"隐身"地位，那么此时译者的地位受到重视和彰显，尤其是解构主义学派更是将译者的地位推向了另一个极端。解构主义学者用互文性消解了原文和作者的原创性地位，声称"上帝死了"和"作者死了"强调译文是原文的创造性再生，译者与作者拥有同等地位，是创作主体。从此，译者不再是仆人，他变成了叛逆者、解放者、改写者，甚至将主人取而代之。

2. 本雅明寓言式翻译观中的译者主体性

传统翻译理论要求译者隐身，彻底抹杀译者主体性，固然不可取；但是解构主义过分强调译者主体性地位，消解原作和作者的独创性地位，并将译者与作者置于同等地位，又陷入了另一个极端。因此，对译者主体性地位的探讨和认识既不能是对两种极端的简单否定，也不能是两种观点的调和，而应建立在对翻译活动独特性的肯定和正确认识的基础之上，同时对于译者主体性的认识不可能是单一的、一劳永逸的，应是多元、多向度的。经研究发现，本雅明对译者主体性的探讨可提供这样一个理论视角。

首先，本雅明严格区分创作与翻译。一方面，本雅明将翻译视为与创作（特指诗歌等文学作品的创作）同等重要的自足的创造性工作。他将创作喻为身处语言森林腹地，从总体性的艺术理念上意指具体的创作情境的一种活动，也就是说，创作是以具体的艺术形式实现对艺术理念的象征；而将翻译喻为置身于原作语言森林之外，在译语中呼唤原作但不涉足其中的活动，即翻译不介入原作的语言意指关系，而是将原作带入译语世界，通过译语的意指方式来补充和完善原作语言的意指方式，实现语言的同一性。另一方面，本雅明确认翻译与创作的本质区别。他认为，翻译不仅是原作语言向译语的转换过程，而且是源语与译语意指方式相互融合补充的过程。相比之下，解构主义以文本互文性消解了翻译与创作的区别，将翻译与创作同等视之，认为翻译即是文本的改写、创作，而文本创作本身也是翻译。解构主义在强调翻译重要性的同时也取消了翻译。既然翻译与创作毫无分别，"翻译"这一词还有存在的价值吗？

其次，本雅明强调原作和作者的原创性。本雅明颠覆了传统的"忠实"原则，但并没有由此否认原作和作者的原创性。本雅明认为，原作和作者的原创性体现为蕴含"纯语言内核"的语言意指方式，或者说具有与译语产生互补，实现纯语言的潜力的语言表意结构，而原作的意义和内容则是这种意指方式不可避免的附带物。翻译既不是对原作意义和内容的忠实复制，也不是对原作语言意指方式的复制和模仿，而是对原作意指方式的补充和完善。本雅明确立原作和作者的原创性的目的并不是重新将译作和译者重新纳入原作和作者的统治和奴役之下，而是为译作和译者树立一个起点，一个具有确定的具有创造性的待补充、待完善的原作。所谓"待补充、待完善的"原作与解构主义所认为的"不完整的"原作是有区别的。解构主义认为，因为文本的意义始终是不确定的，具有语境性，因而文本是一个开放的不完整的结构，需要其他文本以"互文性"进行补充和替换，以实现意义的不断延异性。在解构主义看来，"不完整性"是文本的根本特性，是可译性的体现，同时也是译者得以对文本意义进行多样解读和改写的依据。而本雅明强调译作对原作的补充，其目的并不是以此来展示原作语言的完整性，而是从超验的语言同一性角度来论说原作语言的发展潜力。本雅明并不否认原作具有确定的意义和内容，原作语言中语言与意义的关系仿佛"水果和外皮是浑然天成的整体"。当然，解构主义所言的"意义"与本雅明所论的"意义"是不同的，解构主义的"意义"指的是一种永远不在场的终极所指，是超验之物，文本的意义仅是这种意义的"踪迹"或语言符号的相互指涉关系。而本雅明的"意义"指的是语言的非同一性体现或寓言性，即语言的外在意指。尽管他承认语言的非同一性是人类加诸语言的，但他并不否认这种意指关系是不确定的，而是承认语言的寓言性是一种稳定的、确定的结构。因此，他所追求的正是以翻译的再寓言化过程打破这种人为的稳定的结构，实现同一性。相比之下，解构主义却以超验的"意义"否定了语言具有稳定的意指结构，从而消解了一切结构、中心。从这个意义上讲，本雅明强调，原作和作者的原创性对于确立翻译的独立性具有重要的意义。如果原作和作者都被消解了，那么"翻译"这一概念本身就会成为问题。

最后，本雅明重视译者主体性的发挥。本雅明在确立原作和作者地位的同时，并没有贬抑译作和译者的地位。相反，他将译者从对原作和作者的屈从地位中解放出来，赋予他补充和完善原作的使命。但与此同时，本雅明也没有无限夸大译者的地位，译者并不能凭其所好，任意行事，仍然要按照原作的需求，千方百计地去完善它。本雅明并不强调译者对原作的拆解，而关心译者如何将原作带入译语世界，如何完成对原作的补充。按照本雅明的观点，译者并不是翻译活动中唯一的主体，作者也是翻译主体之一。翻译过程并不是一个译者摆布原作的过程，而是必须预设作者创作原作的过程，只有承认作者的创作过程是翻译过程中必不可少的环节之一，才能保证译者对原作原创性的尊重以及探讨对原作的补充和完善。因此，本雅明的译者主体性既没有被绝对压制，也没有被绝对扩大，本雅明强调的是一种尊重原作原创性和接受补充和完善原作的使命的前提下的译者主观能动性的发挥。译者尊重原作原创性，并不是要听从和服从原作，而是要倾听原作的呐喊，然后才能在译语中寻找原作的回响，而且原作之所以能够产生"呐喊"，并不是文本语言结构和艺术形式使然，而是归功于作者在具体情境中的创造。

笔者认为，在本雅明的翻译观中，翻译主体既包括译者，也包括潜在的作者，译者通过原作倾听作者寓于作品艺术形式中的意指，即包裹之中的"纯语言内核"语言的寓言性，然后在译语中寻找对"纯语言内核"产生回应的意指方式，以译语的寓言性外壳消解源语的寓言性外壳，伺机解放纯语言。译者并不与作者发生直接关系，他们的关系仿佛是以原作为中介的间接的雇佣与被雇佣关系。作者以原作发出雇佣请求：最大限度地完善原作语言；译者接受雇佣，依照雇主要求完成任务。译者正是在这一雇佣关系之下发挥主观能动性的。雇佣关系既不同于"忠实"原则下的主仆关系，也不同于解构主义所强调的反客为主的平等关系。作为隐形雇主的作者只要求译者完成任务，不要求译者唯命是从，也不限定完成任务的方式，更不强求一次完成，只要没有完成实现纯语言的终极目标，任务会一直持续下去。译者主体性问题成为译者与作者主体间性的问题，译者主体性是在译者和作者关系制约之下的主体能动性发挥。这与当下我国一些学者对于译者主体性的认识有一定相似之处。例如，吕俊和许钧都以尤尔根·哈贝马斯（Jürgen Habermas）的交往行为理论（Theorie des Kommunikativen Handelns）为基础，将翻译活动视为作者、译者和读者之间的双向的构建性对话活动，以主体间性研究来替代单纯的译者主体性研究。

笔者发现，通过对本雅明寓言式翻译观中译者主体性论题的阐发，不仅有助于梳理西方译者主体性研究发展脉络，阐明本雅明思想与解构主义翻译思想的区别，而且可为当前翻译主体间性研究提供一个新的参考依据和理论视角。

第二节　本雅明寓言式翻译思想的不足

笔者认为，就其对译学研究的借鉴意义而言，本雅明寓言式翻译思想的理论价值和贡献是突出的和卓著的，但同时它在当前译学研究视阈中所暴露出的不足也是不容忽视的。

首先，本雅明寓言式翻译观带有强烈的犹太神秘主义倾向。本雅明的语言观是德国浪漫主义语言观与犹太神秘主义语言观的混合体，关于语言起源、语言本质、语言同一性的认识以及对于结构主义语言观的批判大部分是基于犹太神秘主义思想的，而且在他翻译思想的论述中处处可见其神学思想痕迹，如"纯语言""圣器""上帝的记忆"，以及将《圣经》的语言视为真理语言等；他将翻译视为寓言化过程，赋予翻译、译者以重现语言同一性，实现救赎的使命的观点源自犹太神秘主义"回归"救赎观，即救赎在于寻找返回"过去"。正因为其神学倾向如此明显，有的学者甚至断言，本雅明的翻译思想完全是神学思想。由于其犹太神秘主义特质，本雅明的翻译思想不仅晦涩难懂、不易把握和阐述，而且其概念和理论体系流于神秘，难以界定和阐释。最为重要的是，他缺乏对实际翻译活动的考察，武断地为译者赋予了救赎的伟大使命，无益于翻译研究和翻译活动的开展。换言之，本雅明的"翻译"概念所体现的一种宗教的、理想化的人类自我救赎行为，对于译者而言，只能作为一种宗教式的"心理慰藉"，不具有任何现实意义。正如道格拉斯·罗宾逊坦言，他实在不明白本雅明所说的翻译是什么，也不关心他到底想说什么，他只在乎如何把手头的翻译工作做好。

其次，本雅明寓言式翻译观完全忽视了读者的作用。由于深受德国浪漫主义批评观的影响，本雅明认为艺术是一种相对封闭自足的"内省"媒介，不具有任何目的性和功利性，拒绝任何主客体关系的介入和审美判断，因此他完全排除了读者的作用，提出任何艺术作品都不是为了读者之故，而是为了自身超越之故。由这样的观点出发，本雅明认为，译作不是为了读者阅读，而是为了原作生命的延续，为了实现纯语言。不论是原作还是译作，都不是为了读者的阅读，因为"阅读"就意味着解读意义；而本雅明认为，意义只是语言寓言性的体现，并不是语言的真正本质，而语言的本质是寓于寓言性之中的同一性或"纯语言内核"。只有原作才具有纯语言的生命，而译作只是对原作生命的强化和补充，本身并不先天地具有纯语言的生命，因此，译作是不可译的。如此一来，读者对于译作的阅读和审美判断对翻译过程而言，就没有任何重要性了，译作在翻译过程结束之后，也就完成了自己的任务，虽然它仍然存在，可为读者阅读和欣赏，但是读者对于实现纯语言这一翻译使命的是不起任何作用的，译者在翻译过程中也不会考虑读者，译者只需关注如何实现原作语言意指方式与译语意指方式之间的互补就足够了。需要强调的是，在本雅明眼中，在翻译过程中，译者并不通过扮演读者的角色来接近原作，而是必须始终以其特定的译者身份以区别于创作的方式来完成翻译：在译语中寻找原作语言的回响。简言之，本雅明完全拒绝"读者"这一角色，而只钟情于"译者"，并且规定了译者工作与作者工作的区别。这当然与他对翻译本质的界定有关。本雅明认定译作是对原作生命的延续，翻译的唯一功能就是借助译语的补充，促进源语的不断成长，最终实现同一性，任何与这个目标无关的主体都被排除。本雅明如此坚持翻译的"超验"使命，而不顾真实翻译活动的特点，武断地割裂读者与翻译活动关系，与当前多元、多向度的开放的译学研究精神是背道而驰的。实际上，当前译学始终强调翻译活动是一个作者、译者、读者共同参与的过程，对任何一个主体的重视都不能贬抑其他主体。本雅明只注意作者和译者的重要地位，忽视甚至拒绝读者的观点是值得商榷的。

再次，本雅明寓言式翻译观是一种悖论式翻译观。一方面，本雅明摒弃任何目的性和功利性，将翻译视为突破语言寓言性、实现同一性的再寓言化方式；但另一方面，他又认为一切都是徒劳的权宜之策。他悲观地指出，身处寓言的世界、堕落的世界，一切反抗寓言的行动都是暂时的、永无止境的，永远无法彻底摆脱寓言，救赎的曙光永远是可望而不可即的。翻译只能昭示我们离救赎之日有多远，并不能保证实现同一性，获得救赎。可见，本雅明在赋予翻译以超验意义上的救赎任务的同时，又对翻译产生了深深的怀疑。他的翻译观正是这样一种悖论的合题。正题是：翻译是可能的。反题是：翻译是不可能的。合题是：在超验的纯语言意义上而言，翻译既是可能的，又是不可能的。这样一种翻译观为当前译学提供一种形而上学的理论视角的同时，又容易使翻译研究陷入无所适从的尴尬境地。

总而言之，对本雅明翻译思想的研究应当做到以下方面：（1）顺应当前中西翻译研究发展趋势，有针对性地深入阐释；（2）借鉴当前译学研究成果，分析、整理、阐释、转化其概念体系；（3）通过与解构主义思想对比，为其思想做出准确定位；（4）梳理其思想渊源和发展脉络，对其缺陷和不足做出合理性解释；（5）借鉴本雅明其他学术思想体系，对照和阐发其翻译思想。可以有足够理由相信，只要辩证地、合理地看待本雅明翻译思想，必能克服其缺陷和不足之处，为当前译学研究做出更大的理论贡献。

参考文献

阿加辛斯基. 时间的摆渡者：现代与怀旧. 吴云凤，译. 北京：中信出版社，2003.

本雅明. 发达资本主义时代的抒情诗人. 张旭东，魏文生，译. 北京：生活·读书·新知三联书店，1989.

本雅明. 德国浪漫主义的批评概念（节选）// 本雅明. 本雅明文选. 陈永国，马海良，编. 北京：中国社会科学出版社，1999：3-42.

本雅明. 德国浪漫派的艺术批评概念 // 本雅明. 经验与贫乏. 王炳钧，杨劲，译. 天津：百花文艺出版社，1999：27-137.

本雅明. 评歌德的《亲和力》// 本雅明. 经验与贫乏. 王炳钧，杨劲，译. 天津：百花文艺出版社，1999：143-233.

本雅明. 德国悲剧的起源. 陈永国，译. 北京：文化艺术出版社，2001.

本雅明. 莫斯科日记·柏林纪事. 潘小松，译. 北京：东方出版社，2001.

本雅明. 迎向灵光消逝的年代：本雅明论艺术. 许绮玲，林志明，译. 桂林：广西师范大学出版社，2004.

本雅明. 未来哲学纲领. 胡止水，译. 世界哲学，2007（4）：85-90.

本雅明. 论原初语言与人的语言. 苏仲乐，译 // 本雅明. 写作与救赎——本雅明文选. 李茂增，苏仲乐，译. 上海：东方出版中心，2009：3-18.

本雅明. 历史哲学论纲. 李茂增，译 // 本雅明. 写作与救赎——本雅明文选. 李茂增，苏仲乐，译. 上海：东方出版中心，2009：38-50.

本雅明. 译者的职责. 李茂增，译 // 本雅明. 写作与救赎——本雅明文选. 李茂增，苏仲乐，译. 上海：东方出版中心，2009：57-69.

本雅明. 歌德的《亲和力》// 本雅明. 本雅明文选. 陈永国，马海良，编. 北京：中国社会科学出版社，2011：45-119.

本雅明. 德国悲剧的起源（节选）// 本雅明. 本雅明文选. 陈永国，马海良，编. 北京：中国社会科学出版社，2011：120-194.

本雅明. 单向街 // 本雅明. 本雅明文选. 陈永国，马海良，编. 北京：中国社
　　会科学出版社，2011：362-421.

本雅明. 巴黎，19 世纪的首都. 刘北成，译. 北京：商务印书馆，2013.

本雅明. 德意志悲苦剧的起源. 李双志，苏伟，译. 北京：北京师范大学出版
　　社，2013.

比梅尔. 当代艺术的哲学分析. 孙周兴，李媛，译. 北京：商务印书馆，
　　1999.

柏拉图. 柏拉图全集（第二卷）. 王晓朝，译. 北京：人民出版社，2015.

布罗德森. 本雅明传. 国荣，唐盈，宋译宁，译. 兰州：敦煌文艺出版社，
　　2000.

蔡新乐. 相关的相关：德里达"相关的，翻译"思想及其他. 北京：中国社会科
　　学出版社，2007.

陈大亮. 翻译本质的形而上反思. 天津外国语学院学报，2007（1）：24-30.

陈嘉映. 海德格尔哲学概论. 北京：生活·读书·新知三联书店，1995.

陈蒲清. 世界寓言通论. 长沙：湖南教育出版社，1990.

德里达. 书写与差异（上）. 张宁，译. 北京：生活·读书·新知三联书店，
　　2001.

德里达. 巴别塔. 陈永国，译 // 郭军，曹雷雨. 论瓦尔特·本雅明：现代性、
　　寓言和语言的种子. 长春：吉林人民出版社，2003：43-82.

德里达. 什么是"确切的"翻译. 陈永国，译 // 陈永国. 翻译与后现代性. 北
　　京：中国人民大学出版社，2005：147-170.

德里达. 多重立场. 余碧平，译. 北京：生活·读书·新知三联书店，2006.

德·曼. "结论"：瓦尔特·本雅明的"翻译者的任务". 陈永国，译 // 郭军，曹
　　雷雨. 论瓦尔特·本雅明：现代性、寓言和语言的种子. 长春：吉林人民
　　出版社. 2003：83-111.

方梦之. 翻译学辞典. 北京：商务印书馆，2019.

高宣扬. 德国哲学通史（第一卷）. 上海：同济大学出版社，2007.

葛校琴. 后现代语境下的译者主体性研究. 上海：上海译文出版社，2006.

关世杰. 跨文化交流学——提高涉外交流能力的学问. 北京：北京大学出版

社，1995.

郭建中. 当代美国翻译理论. 武汉：湖北教育出版社，2000.

郭军. 序言：本雅明的关怀 // 郭军，曹雷雨. 论瓦尔特·本雅明：现代性、寓言和语言的种子. 长春：吉林人民出版社，2003：序 1-46.

韩子满. 解构主义翻译理论与解构主义理论的翻译——以本雅明《译者的任务》中译为例. 外语研究，2008（1）：73-77.

赫尔德. 论语言的起源. 姚小平，译. 北京：商务印书馆，1998.

赫伊津哈. 中世纪的衰落. 刘军，等译. 杭州：中国美术学院出版社，1997.

洪堡特. 论人类语言结构的差异及其对人类精神发展的影响. 姚小平，译. 北京：商务印书馆，1997.

洪堡特. 洪堡特语言哲学文集. 姚小平，编译. 长沙：湖南教育出版社，2001.

黄颂杰，等. 现代西方哲学辞典. 上海：上海辞书出版社，2007.

伽达默尔. 诠释学 I：真理与方法. 洪汉鼎，译. 北京：商务印书馆，2010.

蒋骁华，张景华. 重新解读韦努蒂的异化翻译理论——兼与郭建中教授商榷. 中国翻译，2007（3）：39-44.

康德. 康德三大批判精粹. 杨祖陶，邓晓芒，编译. 北京：人民出版社，2001.

克拉默. 本雅明. 鲁路，译. 北京：中国人民大学出版社，2008.

李宏鸿. 多声部的和谐：解构主义翻译观研究. 天津：南开大学出版社，2015.

李红满. 解构主义翻译理论的发轫——读沃尔特·本雅明的《翻译的任务》. 山东外语教学，2001（1）：36-39.

林煌天. 中国翻译词典. 武汉：湖北教育出版社，1997.

刘北成. 本雅明思想肖像. 上海：上海人民出版社. 1998.

刘进. 弗雷德里克·詹姆逊的寓言理论评析. 四川师范学院学报（哲学社会科学版），2003（1）：40-43.

刘进. 弗雷德里克·詹姆逊文化诗学研究. 成都：巴蜀书社，2003：67.

刘军平. 解构主义的翻译观. 外国语（上海外国语大学学报），1997（2）：51-54.

刘军平. 再思翻译的主体性与主体间性——从主客二分到视角共享 // 胡庚申. 翻译与跨文化交流：整合与创新. 上海：上海外语教育出版社：2009：132-148.

刘宓庆. 中西翻译思想比较研究. 北京：中国对外翻译出版公司，2005.

罗良清. 西方寓言文体和理论及其现代转型. 北京：中国社会科学出版社，2015.

罗素. 西方哲学史（下卷）. 马元德，译. 北京：商务印书馆，2006.

吕俊. 跨越文化障碍——巴比塔的重建. 南京：东南大学出版社，2001.

马小彦. 欧洲哲学史辞典. 开封：河南大学出版社，1986.

摩西. 历史的天使. 梁展，译. 上海：华东师范大学出版社，2017.

秦露. 文学形式与历史救赎：论本雅明《德国哀悼剧起源》. 北京：华夏出版社，2005.

单德兴. 翻译与脉络. 北京：清华大学出版社，2007.

斯皮瓦克. 从解构到全球化批判：斯皮瓦克读本. 陈永国，赖立里，郭英剑，编. 北京：北京大学出版社，2007.

谭鑫田，龚兴，李武林，等编. 西方哲学词典. 济南：山东人民出版社，1991.

托多罗夫. 象征理论. 王国卿，译. 北京：商务印书馆，2004.

王东风. 解构"忠实"——翻译神话的终结. 中国翻译，2004（6）：3-9.

王宁. 翻译研究的文化转向. 北京：清华大学出版社，2009.

沃林. 瓦尔特·本雅明：救赎美学. 吴勇立，张亮，译. 南京：江苏人民出版社，2008.

许钧. 翻译论. 武汉：湖北教育出版社，2003.

徐友渔，周国平，等. 语言与哲学——当代英美与德法传统比较研究. 北京：生活·读书·新知三联书店，1996.

杨乃乔. 解构的阐释与逻各斯中心主义——论德里达诗学及其解构主义阐释学思想. 中国诗歌研究，2002（1）：287-330.

姚小平. 洪堡尔特语言理论的历史背景. 外语教学与研究，1987（3）：17-25，29.

于闽梅. 灵韵与救赎——本雅明思想研究. 北京：文化艺术出版社，2008.

曾剑平，况新华．翻译技巧与研究．北京：航空工业出版社，2002．

张柏然．翻译本体论的断想．外语与外语教学，1998（4）：45-48，56．

张思洁．中国传统译论范畴及其体系．上海：上海译文出版社，2006．

张旭春．寓言与象征．外国文学评论，2013（3）：162-179．

章国锋．文学批评的新范式——接受美学．海口：海南出版社，1993．

朱刚．本原与延异：德里达对本原形而上学的解构．上海：上海人民出版社，2006．

朱立元．接受美学导论．合肥：安徽教育出版社，2004．

朱宁嘉．艺术与救赎：本雅明艺术理论研究．上海：上海人民出版社，2009．

Askani, H. *Das Problem der Übersetzung—dargestellt an Franz Rosenzweig: die Methoden und Prinzipien der Rosenzweigischen und Buber-Rosenzweigischen Übersetzungen*. Tübingen: J. C. B, Mohr (Paul Siebeck), 1997.

Atkinson, R. F. *Knowledge and Explanation in History: An Introduction to the Philosophy of History*. London: The MacMillan Press, 1978.

Bassnett, S. *Comparative Literature: A Critical Introduction*. Oxford: Blackwell, 1993.

Bassnett, S. *Translation Studies*. Shanghai: Shanghai Foreign Education Press, 2010.

Benjamin, W. *Gesammelte Schriften* (band III). Frankfurt: Suhrkamp Verlag, 1972.

Benjamin, W. *Gesammelte Schriften* (band IV) . Frankfurt: Suhrkamp Verlag, 1972.

Benjamin, W. *The Correspondence of Walter Benjamin, 1910–1940*. Jacobson, M. E. (trans.). Chicago: The University of Chicago Press, 1994.

Benjamin, W. *Selected Writings* (Volume 1). Bullock, M. & Jennings, W. M. (ed.). Cambridge, MA: The Belknap Press of Harvard University Press, 1996.

Benjamin, W. *Selected Writings* (Volume 2). Jennings, W. M., Eiland, H. & Smith G. (ed.). Livingstone, R. et al. (trans.). Cambridge, MA: The Belknap Press of Harvard University Press, 1999.

Berman, A. *La traduction et la lettre ou l'auberge du lointain in Les tours de Babel: essais sur la traduction*. Mauvezin: Trans-Europ-Repress, 1985.

Berman A., et al. *The Age of Translation: A Commentary on Walter Benjamin's "The*

Task of the Translator". Wright, C. (trans.). London: Routledge, 2008: 40.

Brodersen, M. *Walter Benjamin, a Biography*. Martin, D. (ed.). Malcolm, R. G. & Ingrida, L. (trans). London: Verso, 1996.

Davis, K. *Deconstruction and Translation*. Shanghai: Shanghai Foreign Language Education Press, 2004.

de Man, P. *Blindless and Insight: Essays in the Rhetoric of Contemporary Criticism*. Minneapolis: The University of Minnesota Press, 1983.

de Man, P. *Resistance to Theory*. Minneapolis: The University of Minnesota Press, 1986.

Derrida, J. *Speech and Phenomena and Other Essays on Husserl's Theory of Signs*. Allison, B. D. (trans.). Evanston: The Northwestern University Press, 1973.

Derrida J. *Margins of Philosophy*. Alan, B. (trans.). Chicago: The University of Chicago Press, 1982.

Derrida, J. *The Ear of the Other: Otobiography, Transference, Translation*. Kamuf, P. (trans.). Lincoln: The University of Nebraska Press, 1988.

Derrida, J. What Is a "Relevant" Tranlsation?. Venuti, L. (trans.)// Venuti, L. *The Translation Studies Reader*. New York: Routledge, 2014.

Gentzler, E. *Contemporary Translation Theories*. Shanghai: Shanghai Foreign Language Education Press, 2001.

Jay, M. *Permanent Exiles. Essays on the Intellectual Migration from Germany to America*. New York: The Columbia University Press, 1985.

Kahn, L. *Between Two Worlds: A Cultural History of German-Jewish Writers*. Ames: Iowa State University Press, 1993.

Kaulen, H. *Rettung und Destruktion: Untersuchungen zu Hermeneutik Walter Benjamins*. Tübingen: Max Niemeyer Verlag, 1987.

Nouss, A. La réception de l'essai sur la traduction dans le domaine français. *TTR*, 1997, 10(2): 71-85.

Nouss, A. & Lamy, L. La déshérence du clandestin: les rites de l'interprétation autour de l'essai sur la traduction de Walter Benjamin. *TTR*, 1997, X(2): 13-69.

Rendall, S. Translation, Quotation, Iterability. *TTR*, 1997, 10(2)：167-189.

Robinson, D. *The Translator's Turn*. Baltimore: The Johns Hopkins University Press, 1991.

Robinson, D. *Translation as a Form: A Centennial Commentary on Walter Benjamin's "The Task of the Translator"*. London: Routledge, 2023.

Rose, G. M. Walter Benjamin as Translation Theorist: A Reconsideration. *Dispositio*. 1982, 7(19－21): 163-175.

Rose, G. M. *Translation and Literary Criticism: Translation as Analysis*. Beijing: Beijing Foreign Language Teaching and Research Press, 2007.

Scholem, G. *On Jews and Judaism in Crisis. Selected Essays*. Dannhauser, J. W. (ed.). New York: Schocken Books, 1976.

Scholem, G. *Walter Benjamin: The Story of a Friendship*. Zohn, H. (trans). Philadelphia: Jewish Publication Society of America, 2001.

Scholem, G. & Adorno, W. T (eds.). *The Correspondence of Walter Benjamin, 1910－1940*. Chicago: The University of Chicago Press, 1994.

Steiner, G. *After Babel: Aspects of Language and Translation*. Shanghai: Shanghai Foreign Language Education, 2001.

Störig, J. H (ed.). *Das Problem des Übersetzens*. Stuttgart: Henry Goverts Verlag, 1963.

Venuti, L (ed.). *Rethinking Translation, Discourse, Subjectivity, Ideology*. London: Routledge, 1992.

Vermeer, H. J. *Übersetzen als Utopie: Die Übersetzungstheorie des Walter Bendix Schoenflies Benjamin*. Heidelberg: TEXT conTEXT, 1996.

Witte, B. *Walter Benjamin: Der Intellektuelle als Kritiker: Untersuchungen seinem Frühwerk*. Stuttgart: Metzler, 1976.